KB135680

궁알재

궁하고 아보면 미있는

한국어
이야기

궁 알 재

금하고 아보면 미있는

한 국 어

이 야 기

이창덕
조형일
강남욱

역락

"왜 다섯 시 다섯 분이 아니고 다섯 시 오 분이라고 말해요?" 한국어를 배우는 학생이 던진 질문이 한국어를 전공하고 수십 년 한국어를 가르쳐 온 필자를 당혹스럽게 만들었다. 한국 사람은 궁금해하지 않고 당연한 것으로 여기는 것들을 한국어를 배우는 학생들은 종종 궁금해하고 질문을 한다. 오래전에 "돈 없고 가난한 사람들"을 읽으라고 했더니 한글부터 혼자 배워온 학생이 [도온 업스고 가난하안 사람들]이라고 발음했을 때 "[업스고] 아니고 [업꼬]"라고 고쳐 읽도록 했더니 "왜 업스고 아닙니까?"라고 질문하기도 했다. 이처럼 한국어 논문이나 전공 서적에 나오지 않는 내용, 학생들이 궁금해하는데 알아보면 재미있는 한국어에 관한 내용을 묶어서 한 권의 책으로 묶어내면 좋겠다고 생각하고 있었다. 그러던 중에 한국어 전공 선생님 몇 분이 모여서 이야기를 나누다가, 그동안 한국어를 가르치면서 학생들이 궁금해하는 것들, 선생님들도 당연하다고 생각했지만 설명하기 어려웠던 것들, 한국어를 배우는 사람이라면 알아두면 유익하고 재미있을 것들을 글로 쓰고 출판하자는 데 뜻이 모아졌다.

　한국어의 역사와 문화, 속담, 발음, 어휘, 형태와 문법, 어문규정 등 대여섯 가지 주제로 대주제별 스물다섯 개 정도 질문 내용으로 책을 내기로 했다. 처음 생각했던 것과는 달리 개별 주제를 글로 옮겨 구체적 내용으로 풀어내는 데는 몇 가지 어려움이 있었다. 논문과 서적을 뒤져도 근거를 찾기 어려운 주제도 있었고, 학자들 사이에 이견이 있어 어느 주장이 옳은지 판가름 나지 않은 쟁점들도 있었고, 글의 수준을 어느 정도로 맞추어야 하는지 판단의 어려움도 있었다. 기획 단계에서는 다섯 명이 함께 쓰기로 했지만 두 분이 행정적, 개인적 사정 등으로 참여를 하지 못해 결국 세 명이 출판을 하게 되었다. 코로나19 대유행이 시작하고, 사회적 거리두기가 강화되면서 필자들이 글을 쓰고 또 모여서 집필 회의를 진행하기에도 여러 가지 제약이 따랐다. 코로나19 대유행 상황이어서 필자들이 각 대학에서 온라인 강의 준비와 진행을 하면서 글을 쓰고, 쓴 글을 가지고 모여서 집필 회의하기도 어려웠고, 또 도저히 글을 쓸 수 없는 개인적 어려움이 닥쳐 글을 쓸 수 없는 기간도 있었다. 그래서, 책 출판이 자꾸 미루어져 그만두는 것이 어떨까 하는 고민이 있었지만 수십 년 동안 한국어 공부하고 가르치면서 학생들이 궁금해하는 내용을 정리하고, 책으로 묶어내는 것은 한국어 학습자나 교육에 종사하는 사람에게도 중요하고, 필자들에게도 의미가 있는 일이라는 생각에 끝까지 가자고 마음을 모았다.

필자들이 평소에 생각해 두었던 학생들이 궁금해하는 주제로 글을 쓰고 초고를 모아, 화법과 발음, 일상생활 표현과 속담, 관용표현과 어휘, 형태와 문법, 규범과 지식으로 묶어서 정리했다. 어떤 주제는 관련 자료가 너무 부족하고, 어떤 주제는 학계에서도 아직 쟁점 정리가 안 되어 있고, 어떤 주제는 너무 전문적이어서 교양 수준으로 다루기에는 어렵고 벅찼다. 전공 학술 논문이 아니라 처음 한국어를 배우는 학생이나 한국어에 관심 있는 일반인이 재미있게 읽을 수 있는 교양서 수준으로 내용과 분량을 맞추다 보니 필자들이 쓰고 싶은 내용을 다 쓸 수 없는 경우도 있었다. 어떤 주제는 다른 분의 논문이나 전문 서적에 나오는 내용을 참고해서 쓸 수밖에 없었는데, 저작권이나 인용 표기 등을 학술논문처럼 일일이 달기도 곤란해 걸림이 되었다. 가능하면 일반 교양서 수준으로 풀어서 독자들이 쉽게 이해하도록 글을 쓰려고 노력했지만 여전히 내용이 너무 전문적이어서 어렵거나 이해하더라도 동의하기 어려운 부분이 있을 수 있다고 본다. 참고로 사용한 논문이나 책의 내용을 참고하거나 일부 인용하면서도 일일이 다 출처를 밝히지는 않았다. 학술지 논문처럼 일일이 인용 표지를 다 붙이지 못하고 꼭 필요한 부분 외에는 글의 뒷부분에 '더 읽을거리'와 참고문헌으로만 표기한 점 널리 헤아려 주시기를 부탁드린다. 무엇보다 필자들의 부족한 공부와 무지로 주제를 잘못 풀이하거나 해석한 점이 있으면 바로 잡아 주시고, 따끔한 질정(叱正) 주시기를 부탁드린다.

　길었던 코로나19 대유행을 지나 나라 안팎의 경제 사정이 어려운 가운데 이 책 출판을 지원해주신 역락 이대현 사장님과 번거롭고 복잡한 편집 업무 맡아 수고해주신 이태곤 부장님을 비롯한 편집부 여러 선생님, 영업부 박태훈 부장님께 감사를 드린다.

2023년 5월
한국어를 가르치고 배우는 이들을 생각하며
필자 일동

4부   형태와 문법

1부
화법과 발음

한국어는 정말 소리나는 대로
쓰고 읽나요?

한국어를 배우는 외국 학생 중에 한국어는 '소리 나는 대로 적는다.'라는 표준어 맞춤법 원칙을 인정하지 않으려는 학생이 있었다. '독립문'은 [동님문]이라고 소리가 나는데 왜 '독립문'이라고 쓰는지, '값만 비싸다'는 [감만 비싸다]라고 소리 나는데, 왜 소리 나는 대로 쓰지 않고 '값만 비싸다'라고 어렵게 쓰는지 의문을 갖고 있었다. 특히 '밟다, 맑다, 훑다'와 같은 겹받침이 있는 단어의 경우 실제 말소리는 여러 가지로 발음이 되는데 왜 소리나는 대로 쓰지 않는지 어려워했다. 학생들은 한국어를 배우다가 어느 정도 한국말이 익숙해지고 한글 맞춤법에 소리나는 대로 적는다고 선생님으로부터 설명을 들으면, 한국어는 소리나는 대로 적지 않는다고 이의를 제기한다. 대부분의 학생들은 한국어 표기법이 기준이 없어 보이고 어렵다고 말한다.

현재 표준어 규정으로 정하고 있는 『한국어문규정』의 '한글 맞춤법'의 제1장 총칙은 제1항("한글 맞춤법은 표준어를 소리대로 적되, 어법에 맞도록 함을 원칙으로 한다."), 제2항("문장의 각 단어는 띄어 씀을 원칙으로 한다."), 제3항("외래어는 '외래어 표기법'에 따라 적는다.")으로 구성되어 있다. 한국말을 글자로 어떻게 쓸 것인가를 정하는 정서법의 원칙을 정한 한글맞춤법 총칙은 "표준어를 소리나는 대로 적되, 어법에 맞게 적는다."로 규정하고 있다. 첫 부분의 '표준어를 소리나는 대로 적(는다).'는 규정만을 보면 소리대로 쓰는 것이 대원칙이라고 생각할 수 있다. 그러나 뒤이어 나오는 '어법에 맞도록 함'이라는 조건이 기본 원칙이다. '어법(語法)에 맞게 함'이 '소리나는 대로'보다 더 우선하는 한글 표기 원칙이다.

그렇다면 '어법(語法)'이 무엇인가를 따져보아야 한다. '어법(語法)'은 넓게 보면, 언어의 조직이나 운용에 관한 법칙이라는 점에서, 그 적용 범위가 매우 넓다. 좁게 해석하면, '단어별로 굳어진 표기 관습'에 관한 규칙을 말한다. 맞춤법 규정을 좁은 의미로 해석하면 '어법에 맞게 함을 원칙으로 한다.'는 말은 단어를 표기할 때, 단어가 사용되는 환경에 따라 여러 소리로 발음이 되더라도 그 '단어의 기본 형태를 밝혀 적는다.'는 의미로 해석할 수 있다.

단어는 소리와 의미의 결합으로 이루어진다. 기본적으로 하나의 의미는 하나의 소리로 이루어지는 것이 원칙이다. 하지만 그 소리는 단어의 의미를 나타내는 단위, 엄격히 말하면 '형태소'는 그것이 놓이는 환경에 따라서 발음이 달라지게 된다. 발음의 경제성과 편의, 다른 단어와의 구별 등 여러 요인들이 작용하여 실제 의사소통에 사용되는 단어는 여러 가지 소리 형태(변이형태소)를 갖게 된다. 예를 들어, 물건을 사고팔 때 그것의 가치를 '값'이라고 하는데, '값'은 [갑ㅅ, 갑, 감, 깝ㅅ, 깝, 깜]으로 소리가 달라진다. [갑씨, 갑또, 감만, (담배)깝씨, (담배)깝또, (담배)깜만]에서처럼 '값'이 쓰이는 음운 환경에 따라서 여러 모양으로 그 꼴이 변한다. 언뜻 생각하기에는 소리 나는 대로 쓰면 표기가 쉽고 편하다고 생각할 수 있지만, 이런 여러 변이형태를 그대로 사용하면 단어의 기본 형태를 파악하기 어려운 일이 생긴다. 또 여러 변이형태가 다른 단어의 변이형태와 소리가 같아져서 혼란을 초래할 수도 있다.

하나의 단어 표기는 한 가지만으로 고정하는 것이 좋은지, 하나의 단어라도 환경에 따라 달라지는 변이형태를 그대로 표기하는 것이 좋은지는 언어마다 다를 수 있다. 소리를 우선적으로 고려하여 여러 변이형태를 그대로 표기에 반영하면 옮겨쓰는 데는 편하지만 단어 기억과 구별이 어려워진다. 반면, 소리가 달라지는데도 불구하고 '살(다)은 낙지'처럼 하나의 단어는 하나의 표기 방식만 하도록 정하면 그 단어의 실제 발음이나 정확한 표기(국어의 경우 표준어 맞춤법에 맞는 표기)를 찾기가 어려운 경우가 생긴다.

교양 있는 사람들이 두루 쓰는
현대 서울말은 원래 된소리가 많아요?

현대 한국어 된소리되기(경음화) 현상에 대해서 필자가 자주 드는 예가 있다. "우리 한국 사람들은 '소주' 먹지 않습니다. '쏘주' 먹습니다. 그리고 더러 일부 화자들은 '쐬주'를 드시죠. '조금' 아니고 '쪼금' 더 해야 하고, '좀' 아니고 '쫌'이라 해야 맛이 납니다. 심지어 '볶음밥'도 '볶는 것'보다 '뽂아야' 맛이 나고 '가만히 좀 놔두면' 안 되고 '가만히 쫌 놔둬야' 하기도 합니다. 이처럼 현대 한국어는 초성은 물론 된소리가 일어날 환경이 아닌데도 된소리로 발음하는 것이 당연하다고 생각하고, 그래서 된소리로 잘못 발음하고도 발음이 틀렸는지 인지하지 못하기도 합니다."

다음 예로 든 단어들의 형태 표기는 /소주/처럼 빗금 안에 넣고 이의 발음인 [소주], [쏘주], [쐬주]는 중괄호 안에 넣는 것이 맞다. 단어를 적은 형태에 경음/된소리를 나타내는 형태소(ㄲㄸㅃㅆㅉ)가 없고 그 발음 환경 역시 된소리로 날 조건이 없는 경우에도 한국 사람들은 일상생활에서 이들을 된소리로 발음하는 것에 익숙해져 있다. 앞에서 예로 든 단어들을 포함하여 표기와 달리 된소리가 나는 상황을 표로 간단히 정리해 보자.

표기	발음	표기	발음
소주	[소주], [쏘주], [쐬주]	조금	[조금], [쪼금, 쪼끔, 쬐끔]
좀	[좀], [쫌]	볶음밥	[보끔밥], [뽀끔밥, 뽁끔밥, 뽀끔빱]

다른	[다른], [따른]	놔둬	[놔둬], [놔뚸]
버스	[버쓰], [뻐쓰]	댄스	[댄쓰], [땐쓰]
게임	[게임], [께임, 껨]	가스	[가스], [까쓰]
빌딩	[빌딩], [삘딩, 삘띵]	서비스	[써비쓰]

그런데 이들 된소리로 발음되는 단어들은 서로 조금씩 다른 양상으로 읽힌다. '소주'와 '좀', '다른'은 첫음절에 강세를 주고 된소리로 발음하고, '조금'은 첫음절뿐만 아니라 둘째 음절까지 된소리로 발음하는 경향도 보인다. '볶음밥'은 첫음절만 된소리로 하지 않고 모든 음절을 된소리로 발음하기도 한다. [뽀금밥/뽀금빱]으로 발음하지 않는 이유는 볶음을 [보끔]처럼 소리 내는 것이 규칙에 맞는 발음(연음규칙 적용)이기 때문이다. 이때 받침에 [ㄱ]의 음가를 두고 말고는 표준 발음 내에 허용하는 것이라고 볼 수 있다. 이들은 하나의 단어인 반면에 '놔둬'는 '놓아 두다'의 준말인 '놔두다'가 종결어미 '-어'와 결합한 표현이다. 이의 옳은(혹은 보통) 발음은 [놔:둬]가 맞다. 그런데 '놔둬' 역시 [놔:뚸]처럼 발음하는 경우가 많다. 이는 '놔둬'가 쓰이는 상황을 생각해 보면 이해되기도 한다. 무언가를 지시하거나 제지하는 상황에 쓰이는 표현이어서 강하게 힘주어 말하고 싶은 화자의 심리를 드러내기 때문이다. 아무튼 앞에서 예로 든 단어들과 달리 이 활용형 표현은 뒤에 강세를 주고, 된소리로 발음하게 된다. 하긴 울림소리(유성음)인 [ㄴ]을 된소리로 발음할 수 없으니 예사소리인 [ㄷ]을 된소리인 [ㄸ]으로 발음할수밖에 없다는 설명도 가능하다.

'스'로 끝나는 외래어인 '버스'와 '댄스', '가스'는 모두 [버쓰], [댄쓰], [가쓰]로 발음한다. 외래어 표기법에 따르면 영어 단어 표기에서 알파벳 /s/는 [쓰]로 소리나더라도 /스/로 적는 것이 어문규정에 맞다. 그런데 '스타일, 스웨터'처럼 초성에 오는 '스'는 대부분 [스]로 발음되고 '스로틀, 스로인, 스릴'처럼 [th] 발음을 '스'로 적은 것은 [쓰]로 발음되는 양상을 보인다(표준국어대사전에 '스'로 시작하는 외래어 표제어가 568개 올라 있다.). '서비스, 서브, 서핑, 서버'처럼 '서'로 시작하는 외래어는 거의 모든 단어가 [써]로 발음된다(표준국어대사전에 '서-'로 시작하는 외래어 표제어는 67개뿐이다.). '댄스'를 [땐쓰]로 발음하거나 '빌딩'을 [삘딩]으로 발음하는 현상은 영어의 유성음 [d], [b]를 발음하는 유일한 방법이 된소리로 내는 것뿐이어서 그런 것으로 추정하지만 사실 명확한 이유라고 하기는 어렵다. 이는 도시화가 진행되고 여러 외국어를 차용하는 과정에서 언중들이 한국식으로 발음하는 과정에 정착된 것 정도로 추정할 수 있다. '빌'로 시작하는 외래어는 33개가 표준국어대사전에 올라 있는데, '빌딩' 외 '빌라, 빌트-인' 외의 단어들은 거의 모두 지명이나 인명에 해당한다. 한국 사회에서 많이 쓰이는 '빌라'와 '빌트-인'을 [삘라], [삘트-인]처럼 발음하는 사람은 거의 없다. '빌라'가 영어 'vilage'의 /v/ 때문인 듯하고, '빌트인'은 복합어가 되면서 된소리 의식 약화를 보인 것으로 생각된다. '댄'으로 시작하는 외래어는 댄디즘(dandyism), 댄버라이트(danburite), 댄서(dancer), 댄스(dance), 댄스-파티(dance party), 댄스-홀(dance hall) 단 6개밖에 없다. 이들을 발음해 보면 댄스 류의 단어들은 모두 [땐]으로 발음하는 것이 편하게 느껴진다. [땐스]라는 발음이 익숙해서 그런 것으로 생각할 수 있다.

국립국어원에서 제공하는 표준국어대사전에는 2022년 8월 현재 총 20,327개의 외래어 표제어가 탑재되어 있다. 고유어로 불리는 고유 한국어 표제어는 74,835이고 한자어는 190,810개이다. 가감되다(加減되다), 가루수프(가루soup)와 같은 혼종어는 74,057개에 달한다. 가격^분석(價格分析), 가내^수공업(家內手工業)처럼 띄어 쓰는 것이 원칙이나 붙여 쓰는 것을 허용하는 구(phrase) 단위의 단어는 62,863개이다(이를 표준국어대사전에서는 단어 사이에 ^ 표시를 붙이는 것으로 적는다.). 따라서 표제어에 구까지 포함시키면 총 422,892개가 된다. 표준국어대사전에는 단어 외에 관용구 3,887개, 속담 7,436개가 실려 있기도 하다.

표준어의 기준이 되는 '교양'의 정의를 어떻게 내려야 할지 의문이지만 교양 있는 사람의 필수 요건 중 하나는 함께 살고 있는 사회 전반에 걸친 폭넓은 지식을 갖추는 것이 될 것이다. 그런데 현실적으로 40만 개가 넘는 어휘를 우리는 다 알 수도 알 필요도 없다. 지식인이 되기 위해 갖추어야 할 어휘력은 한 언어의 전체 어휘 수 중 10% 정도로 충분하다. 중요한 것은 단어 하나하나의 의미와 발음을 분명히 알고 적절한 상황이나 문맥에 맞는 단어를 선택하여 명확하고 바른 발음으로 발화하는 것이다. 동시대를 사는 사람들이 쓰는 여러 발음의 변이형을 쓰는 것이 잘못된 것은 아니다. 생활 권역이나 직업 특성에 따라 적절해 보이는 발음을, 표준발음이 아니라고 틀렸다고 할 수 없는 것이다. 하지만 표준 발음을 알면서 상용 발음을 사용하는 것과 이를 모르면서 쓰는 것은 다른 얘기다. 앞으로 교양 있는 사람이 되기 위해서는 교양 있는 사람들도 흔히 두루 쓰는 된소리를, 쓸 때마다 제대로 된 발음을 한 번씩 고민해 보며 사용하는 습관이 필요해 보인다.

한국어 '꽃'은 왜 여러 개로 소리 나는 걸까요?

한국은 사계절을 가졌다. 봄, 여름, 가을, 겨울.

봄은 따스한 볕과 함께 개나리, 진달래와 같은 꽃을 피우며 온다.

여름은 그 빨간 색깔만큼이나 열정적인 장미꽃을 지천으로 피운다. 수국 꽃도 대표적인 여름 꽃이다.

가을에 피는 대표적인 꽃은 누가 뭐라 해도 국화꽃이라고 할 수 있다. 그렇다고 한국의 가을 산자락에 국화꽃만 피는 것은 아니다. 사람들이 좋아하는 코스모스 또한 가을을 대표하는 꽃이라고 할 수 있다.

꽃이 필 것 같지 않은 계절인 **겨울**에도 꽃은 핀다. 대표적인 겨울 꽃은 동백꽃과 매화이다.

이처럼 한국은 사계절 내내 꽃으로 가득한 나라라고 할 수 있다.

이 글에 쓰인 꽃의 발음은 몇 개일까? '꽃을, 꽃이다, 꽃은, 꽃이라고, 꽃으로' 등은 [꼬츨, 꼬치다, 꼬츤, 꼬치라고, 꼬츠로]가 된다. 이는 앞말의 끝소리(받침)가 모음으로 시작하는 형식 형태소가 올 경우, 뒷말의 첫소리로 이동하는 규칙, 즉, 연음규칙을 적용한 발음이다. 그런데 이것은 한국어 어문규정의 표준발음법의 규범적 적용에 불과하다. 많은 한국인들은 이것들을 표준발음대로 발음하지 않고 [꼬슬, 꼬시다, 꼬슨, 꼬시라고, 꼬스로]와 같이 표준 발음과 다르게 발음하기도 한다.

'꽃도'는 [꼳또] 또는 [꼬또]가 된다. 사람에 따라서 [꼳-]처럼 힘주어 발음하기도 하고 [-또]에 센발음(경음)이 있으니 [꼬-]처럼 발음하기도 하는 것이다. 이와 마찬가지로 '꽃과'의 발음 역시 [꼳꽈] 또는 [꼬꽈]처럼 발음한다. 이는 앞말의 받침이 [k,t,p]계열의 소리로 끝나고 뒷말의 첫소리가 된소리로 바뀔 수 있는 음소인 경우 된소리로 발음하는 규칙 즉, 된소리되기(경음화현상) 규칙이 적용된 것이다.

'꽃만'은 [꼰만]이 된다. 앞말의 끝소리 자음 /ㅊ/이 뒷말의 첫소리 자음 /ㅁ/을 만나 절음법칙이 적용되어 대표 음소인 [ㄷ]으로 바뀌고, 그 [ㄷ]이 /ㅁ/의 영향을 받아 유성자음 [ㄴ]으로 변한 것이다. 이를 비음화(자음동화) 현상이라고 부른다.

'꽃'의 발음은 이처럼 조건에 따라 네 가지가 된다. 그리고 하나의 단어가 문장 속에서 이렇게 다양하게 발음되는 현상은 특별히 배우거나 외우지 않아도 자연스럽게 습득되어 일상 생활 속에서 자연스럽게 발음하고 있다.

그런데 이처럼 '꽃'이 조음환경에 따라 네 가지로 발음해야 할 뿐 아니라 한국어 모국어 사용자들 사이에서 표준발음 방법을 따르지 않고 발음하는 경우도 많다는 것은 제2 언어, 외국어로 한국어를 배우는 학습자들의 입장에서 보면 매우 혼란스러울 수밖에 없다. 외국인 입장에서 한국 사람들의 '꽃' 발음을 듣고 기본 형태인 '꽃'을 찾아 표기하는 것은 쉽지 않다.

꽃을 나타내는 여러 나라의 표현을 찾아보자. 'flower[flaʊə(r)](영어), Blume[blúːmə](독일어), Fleurs[flœːʀ](프랑스어), 花[hana](일본어), 花[huā](중국어), Bông hoa[bonghoa](베트남어), ดอกไม้[Dxkmî](태국어), Цэцэг[Tsetseg](몽골어)' 등의 언어에서 보이듯 한국어와 비슷한 발음 변화를 보이는 언어는 많지 않다(조사가 결합하는 형식을 지닌 언어, 어근과 어미가 결합하는 형식의 일부 언어들은 한국어와 동일한 현상을 보이기도 한다. 특히 일본어와 몽골어는 한국어와 동일한 음운변동 현상을 보이기도 한다.).

한국어 낱말이나 문장을 어떻게 발음해야 하는가는 한국 어문 규정 중 표준발음법에 잘 정리되어 있다. 그런데 현실 발음 즉, 일상생활에서 현대의 언중이 쓰는 발음은 표준 발음 규정과 다른 경우가 많다. 모든 경우에 표준발음을 쓰는 것이 바람직하기는 하지만 현재를 사는 사람들이 모두 한 가지 발음만을 사용해야 한다는 것은 쉽게 동의하기 어렵다. 다음 단어들의 표준발음을 찾아보고 그 발음 원리를 알아보자.

수놈	[수놈]	숫염소	[순념소]
	[순놈]		[수뎜소]
해님	[핸님]	머리글	[머리글]
	[해님]		[머린끌]
학여울역	[하겨울력]	서울역	[서울력]
	[항녀울력]		[서울녁]
불법	[불법]	효과	[효과]
	[불뻡]		[효꽈]
연이율	[연니율]	김밥	[김밥]
	[여니율]		[김빱]
밤이슬	[밤니슬]	순이익	[순니익]
	[바미슬]		[수니익]
인기척	[인끼척]	안간힘	[안깐힘]
	[인기척]		[안간힘]
서비스 센터	[서비쓰 쎈터]	버스	[버쓰]
	[써비쓰 쎈터]		[뻐쓰]
따뜻하군요	[따뜨타군뇨]	못 일어났어요	[모디러나써요]
	[따뜨타구뇨]		[몬니러나써요]
(회색) 겨울양복요	[겨울량보교]	닭을	[달글]
	[겨울량봉뇨]		[다글]

수놈은 [수놈]처럼 발음해야 하고, 숫염소는 [순념소]처럼 발음해야 한다. 동물의 수컷을 의미하는 접두사 '수-'는, 표준어 규정에 따르면 숫양, 숫염소, 숫쥐만 '숫-'으로 써야 한다. 이들 중 숫양과 숫염소의 발음은 각각 [순냥], [순념소]인데, 이는 일상의 발음에 표기를 맞추었기 때문이다.

해님은 [해님]으로 머리글은 [머리글]로 발음해야 한다. 일상 대화에서 [핸님], [머릳끌]처럼 발음하는 것은 규정에는 맞지 않다.

한국어의 발음 규칙을 적용하면 '학여울역'은 [항녀울력]으로, '서울역'은 [서울녁]으로 발음하는 것이 옳지만 이들 발음을 사전에서 규정하고 있지 않고 있고, 현실적으로는 [하겨울력], [서울력]처럼 발음하는 사람이 많다. 대한민국 20대 대통령 '윤석열' 대통령을 [윤서결]로 발음해야 하는지, [윤성녈]로 발음해야 하는지 실제 뉴스 진행자마다 다른 것이 현실이다. 표준발음법에 따르면 [윤서결]이 맞지만 대통령 본인이 관행에 따라 [윤성녈]로 불러달라고 대변인이 부탁했다고 한다.

'불법, 효과, 김밥' 등의 단어들은 2017년 이전에는 [불법], [효:과], [김:밥]만이 옳은 발음이었다. 그런데 사람들이 통상 [불뻡], [효:꽈], [김:빱]처럼 발음하였고 2017년 이후 이들도 올바른 발음으로 인정받게 되었다. '밤이슬[바미슬/밤니슬], 순이익[수니익/순니익], 인기척[인기척/인끼척], 안간힘[안간힘/안깐힘]' 등도 마찬가지다. 두 가지 발음 모두 표준 발음으로 인정하고 있다.

'서비스센터'나 '버스'와 같이 영어에 어원을 둔 외래어의 경우 /S/가 [씨]으로 소리 나더라도 /ㅅ/으로 적는다는 외래어 표기규정에 의해서 '서비스센터', '버스'로 적고 [써비쓰쎈터], [버쓰]로 발음하는 것이 표준발음법에 맞다.

'따뜻하군요, 못 일어났어요, 겨울양복요, 닭을' 등과 같은 표현은 앞의 단어들과는 조금 성격이 다르다. 이들은 단어에 문장 기능과 관련한 문법적 표지(어미, 조사)가 붙어 발음된 것이다. 이들은 한국어의 발음 규칙에 의하면 각각 [따뜨타구뇨], [모디러나써요], [겨우량보교/겨울량보교], [달글]이 된다. 하지만 많은 사람들이 [따뜨타군뇨], [몬니러나써요], [겨우량봉뇨/겨울량봉뇨], [다글]처럼 [ㄴ] 소리를 덧붙이거나 [ㄹ]을 탈락시켜 발음한다. 말하는 사람의 기분에 따라 때로는 강하게 소리를 덧붙이고, 때로는 발음하기 쉽게 생략해서 발음하는 것이다.

언어를 과거로부터 물려받아 일상에서 사용하고 다음 세대에 물려주는 과정에서 규정은 매우 중요하다. 하지만 현재 함께 사는 일반 언중의 다양한 발음을 표준이 아니라고 '틀렸다'고 판단하는 것은 재고해 볼 필요가 있다. 국민으로서 언중은 규범의 피지배자가 아니라 창조자이기 때문이다.

김밥은 [김빱]이라고 발음하나요, [김밥]이라고 발음하나요?

'효과'를 발음할 때 [효과]라고 발음해야 하는지, [효꽈]라고 발음해야 하는지 한국어를 가르치는 선생님들 사이에서 논란이 된 적이 있었다. '교과서'도 [교과서]가 표준발음인지 [교꽈서]가 표준발음인지, 아니면 [교과서/교꽈서] 둘다 표준발음인지 등 국어를 가르치는 선생님들도 헷갈리는 경우가 많다.

'한글 맞춤법 통일안'에 보면, 발음에 관한 규정이 나와 있다. 어릴 적부터 한국어를 듣고, 배우고 써온 사람은 자신이 하고 있는 한국어 발음이 표준발음이라고 생각하고 싶고, 방언을 사용하는 사람도 그 발음이 문제가 될 것이 없다고 생각하는 경향이 있다. '표준발음법' 23~28항이 된소리 발음에 관한 규정이다. 제23항을 보면, "받침 'ㄱ(ㄲ, ㅋ, ㄳ, ㄺ), ㄷ(ㅅ, ㅆ, ㅈ, ㅊ, ㅌ), ㅂ(ㅍ, ㄼ, ㄿ, ㅄ)' 뒤에 연결되는 'ㄱ, ㄷ, ㅂ, ㅅ, ㅈ'은 된소리로 발음한다."라고 되어 있다. 이 규정에 따라서 국밥[국빱], 닭장[닥짱], 있던[읻떤], 밭갈이[받까리], 깎다[깍따], 칡범[칙뻠], 꽂고[꼳꼬], 꽃다발[꼳따발], 곱돌[곱똘], 옷고름[옫꼬름], 덮개[덥깨], 옆집[엽찝], 넓죽하다[넙쭈카다], 읊조리다[읍쪼리다] 등은 된소리로 발음한다. 이는 한국어에서 이들 받침이 공깃길을 완전히 막았다가 다음 자음을 발음하도록 만든다는 것을 고려하면 자연스러운 현상이다. 제24항에는, "어간 받침 'ㄴ(ㄵ), ㅁ(ㄻ)' 뒤에 결합되는 어미의 첫소리 'ㄱ, ㄷ, ㅅ, ㅈ'은 된소리로 발음한다."라고 나온다. 따라서 신고[신꼬], 삼고[삼ː꼬], 껴안다[껴안따], 더듬지[더듬찌], 앉고[안꼬], 닮고[담ː꼬], 얹다[언따], 젊지[점ː찌] 등은 된소리로 발음하게 된다. 그런데 모든 'ㄴ, ㅁ' 뒤의 된소리 가능 음소들이 된소리로 발음되는 것은 아니다. "다만, 피동, 사동의 접미사 '-기-'는 된소리로 발음하지 않는다."라고 해서 '안기다[안

기다], 감기다[감기다], 굶기다[굼기다], 옮기다[옴기다]'는 된소리로 발음하지 않는다. 제25항을 보면, "어간 받침 'ㄼ, ㄾ' 뒤에 결합되는 어미의 첫소리 'ㄱ, ㄷ, ㅅ, ㅈ'은 된소리로 발음한다."라고 되어 있다. 이 규정에 따라, '넓게[널께], 핥다 [할따], 훑소[훌쏘], 떫지[떨ː찌]'의 경우는 된소리로 발음해야 한다. 제26항은 한 자어 규정이다. "한자어에서, 'ㄹ' 받침 뒤에 연결되는 'ㄷ, ㅅ, ㅈ'은 된소리로 발 음한다."라고 되어 있다. 이에 따라 '갈등[갈뜽], 불소(弗素)[불쏘], 발전[발쩐], 발 동[발똥], 일시[일씨], 몰상식[몰쌍식], 절도[절또], 갈증[갈쯩], 불세출[불쎄출], 말살[말쌀], 물질[물찔]' 등 'ㄹ받침' 뒤의 된소리 가능 음소들은 된소리로 발음하 는 것이 표준이다. 예외도 있다. "다만, 같은 한자가 겹쳐진 단어의 경우에는 된 소리로 발음하지 않는다."라고 하여, 허허실실(虛虛實實)[허허실실], 절절하다(切 切-)[절절하다] 등은 된소리로 발음하지 않는다. 제27항에는 "관형사형 '-[으]ㄹ' 뒤에 연결되는 'ㄱ, ㄷ, ㅂ, ㅅ, ㅈ'은 된소리로 발음한다."라고 되어 있다. '할 것을 [할꺼슬], 할 수는[할쑤는], 할 도리[할또리], 갈 데가[갈떼가], 할 적에[할쩌게], 만날 사람[만날싸람], 할 바를[할빠를], 갈 곳[갈꼳]'은 된소리로 발음한다. "다만, 끊어서 말할 적에는 예사소리로 발음한다."라고 하여 충분한 쉼을 두었을 경우 된소리로 발음하지 않아도 되도록 하고 있다. [붙임]에 "'-(으)ㄹ'로 시작되는 어 미의 경우에도 이에 준한다."라고 하여 '할걸[할껄], 할수록[할쑤록], 할진대[할 찐대], 할밖에[할빠께], 할지라도[할찌라도], 할세라[할쎄라], 할지언정[할찌언 정]'도 된소리로 발음하는 것을 표준으로 정했다.

복잡하고도 가장 헷갈리는 된소리 발음은 복합어의 경우이다. 제28항에 보 면, "표기상으로는 사이시옷이 없더라도, 관형격 기능을 지니는 사이시옷이 있 어야 할(휴지가 성립되는) 합성어의 경우에는, 뒤 단어의 첫소리 'ㄱ, ㄷ, ㅂ, ㅅ, ㅈ' 을 된소리로 발음한다."라고 하여, '문-고리[문꼬리], 산-새[산쌔], 물-동이[물 똥이], 술-잔[술짠], 아침-밥[아침빱], 눈-동자[눈똥자], 손-재주[손째주], 발-바 닥[발빠닥], 바람-결[바람껼], 잠-자리[잠짜리], 신-바람[신빠람], 길-가[길까], 굴-속[굴ː쏙], 그믐-달[그믐딸], 강가[강까], 초승-달[초승딸], 등-불[등뿔], 창- 살[창쌀], 강-줄기[강쭐기]' 등은 된소리로 발음하도록 했다.

한국어를 가르치는 선생님들이 모였을 때, 사이시옷과 된소리 규정을 가지고 한참 이야기하다가 '김밥'의 표준 발음이 [김빱]인지 [김밥]인지 옥신각신한 적이 있었다. 그때 필자가 농담으로 김밥을 말 때 부드럽게 살살 말면 그 김밥은 발음이 [김밥]이고, 꼭꼭 눌러서 야무지게 말면 그 김밥은 발음이 [김빱]이 된다고 농담을 한 적이 있다. 표준발음으로 '김밥[김빱]'이 표준발음이라고 하면, "그럼, '쌈밥'은?" 하고 물어온다. '쌈밥'은 [쌈빱]이 아니라 [쌈밥]이 표준이기 때문이다. 아무튼 발음은 워낙 사람에 따라 다르게 발음하는 경우가 많아 규정을 정하기도 어렵고, 표준발음이라고 정해도 그대로 가르치고 따라하기도 어렵다.

그런데 한국어의 된소리 규칙은 그 자체로 끝나는 것이 아니라 사이시옷 표기에도 영향을 끼친다. 복합어에서 뒷소리가 된소리로 나는 경우 사이시옷을 붙이도록 하고, 또 한자어의 경우 여섯 개 단어(찻간, 곳간, 툇간, 횟수, 숫자, 셋방) 외에는 사이시옷을 쓰지 않도록 함으로써 한글 맞춤법이 매우 복잡하고 어렵게 만든 요인이 되고 있다. 참고로, 북한에서는 된소리를 기준으로 사이시옷 붙이는 것을 특별한 몇 단어 외에는 인정하지 않고 있다.

'밟다'는 [발따]가 맞아요, [밥따]가 맞아요?

'넓다'는 [널따]로 발음하고, '밟다'는 [밥따]로 발음하는 것이 표준 발음이라고 하는데, 왜 그런가요? "맑다가 차차 흐려지겠습니다."의 '맑다가'는 [막따가]가 맞나요, [말따가]가 맞나요? 한국어 겹받침 표준발음 정말 어려워요. 겹받침을 쉽게 발음하는 기준 어떻게 설명할 수 있나요?

한국어의 모든 자음은 원칙적으로 받침으로 쓸 수 있고, 일부 자음의 경우 다른 자음과 겹자음을 이루어 받침으로 쓴다. 현대 한국어에는 모두 11개의 겹받침 'ㄳ, ㄵ, ㄶ, ㄺ, ㄻ, ㄼ, ㄽ, ㄾ, ㄿ, ㅀ, ㅄ'을 사용하고 있다. 이들 겹자음 받침은 뒤에 모음으로 된 조사나 어미가 연결되면 뒤의 자음이 뒤 음절로 옮겨가 모음과 연음이 되어 두 음소가 모두 소리를 유지하지만, 단어의 끝에 오거나 다른 자음 앞에서는 원칙적으로 하나의 자음은 탈락하고 하나의 자음만 발음하는 '겹받침 단순화' 법칙의 적용을 받는다. 자음을 잇달아 세 개 이상 허용하지 않는 것은 알타이어계 언어의 발음 특성이기도 하다.

한국어 겹받침 발음에 관련된 규정은 1988년 고시된 '표준어 규정'의 제2부 제4장, '받침의 발음'에 구체적으로 명시되어 있다.

제10항 겹받침 'ㄳ', 'ㄵ', 'ㄼ, ㄽ, ㄾ', 'ㅄ'은 어말 또는 자음 앞에서 각각 [ㄱ, ㄴ, ㄹ, ㅂ]으로 발음한다.

넋[넉]　　　　넋과[넉꽈]　　　　앉다[안따]　　　　여덟[여덜]

넓다[널따]　　　외곬[외골]　　　　핥다[할따]　　　　값[갑]

없다[업ː따]

다만, '밟-'은 자음 앞에서 [밥]으로 발음하고, '넓-'은 다음과 같은 경우에 [넙]으로 발음한다.

(1) 밟다[밥:따]   밟소[밥:쏘]   밟지[밥:찌]
    밟는[밥:는 → 밤:는]   밟게[밥:께]   밟고[밥:꼬]
(2) 넓-죽하다[넙쭈카다]   넓-둥글다[넙뚱글다]

제11항 겹받침 'ㄺ, ㄻ, ㄿ'은 어말 또는 자음 앞에서 각각 [ㄱ, ㅁ, ㅂ]으로 발음한다.

닭[닥]   흙과[흑꽈]   맑다[막따]   늙지[늑찌]
삶[삼:]   젊다[점:따]   읊고[읍꼬]   읊다[읍따]

다만, 용언의 어간 말음 'ㄺ'은 'ㄱ' 앞에서 [ㄹ]로 발음한다.

맑게[말께]   묽고[물꼬]   얽거나[얼꺼나]

제15항 받침 뒤에 모음 'ㅏ, ㅓ, ㅗ, ㅜ, ㅟ'들로 시작되는 실질 형태소가 연결되는 경우에는, 대표음으로 바꾸어서 뒤 음절 첫소리로 옮겨 발음한다.

밭 아래[바다래]   늪 앞[느밥]   젖어미[저더미]
맛없다[마덥따]   겉옷[거돋]   헛웃음[허두슴]   꽃 위[꼬뒤]

다만, '맛있다, 멋있다'는 [마싣따], [머싣따]로도 발음할 수 있다.
[붙임] 겹받침의 경우에는, 그중 하나만을 옮겨 발음한다.

넋없다[너겁따]   닭 앞에[다가페]   값어치[가버치]   값있는[가빈는]

위의 표준발음법 조항들은 한국어 겹받침을 표준 발음으로 발음하도록 정한 것이지만 이 규정은 기억하기 어렵고 혼란스럽다. 한국어 음절은 기본적으로 하나의 모음(음절핵)을 기본 구성 요소로 가지고 있어야 하고, 그 모음의 앞이나 뒤에 자음이 결합하는 구조를 가지게 된다. 즉, 1) 모음(중성), 2) 자음과 모음(초성과 중성), 3) 모음과 자음(중성과 종성), 4) 자음과 모음과 자음(초성과 중성과 종성)이 결합하는 네 가지 방식으로 음절을 이루게 된다. 음절을 구성하는 방식은 언어마다 차이가 있고 음절의 끝이나 뒤 음절의 첫소리가 자음일 경우 언어마다 발음하는 방식이 다르다.

언어마다 음절 끝소리 자음을 발음하는 방식은 다르지만 크게 세 가지로 나눌 수 있다. 닫힘음절로 끝맺는 경우, 열림음절로 끝맺는 경우, 두 가지 방식을 임의로 선택하도록 허용하는 경우의 세 가지 방식이다. 예를 들면, 영어의 'book'은 ① '[북]', ② '[부꾸/부쿠]', ③ '[북] 또는 [부ㅋ/부크]'를 모두 허용하는 세 가지 방식이 가능하다. 한국어는 [북]과 같이 닫힘음절을 선호하고, 일본어의 경우는 [부꾸/부쿠]와 같이 열린음절을 선호하고, 영어의 경우 닫힘과 열림 모두 허용한다. 한국어의 경우, 음절의 끝에서 모든 자음을 끝소리로 표기하지만 어말이나 자음 앞에서 [ㄱ, ㄴ, ㄷ, ㄹ, ㅁ, ㅂ, ㅇ]의 일곱 가지 소리로만 발음이 되는 것은 닫힘음절을 선호하는 언어이기 때문이다.

(1) book
     한국어 [북 buk˺]
     일본어 [부꾸 buku]
     영어 [북 buk˺] 또는 [부ㅋ buk]

이러한 국어의 닫힘음절 선호 현상에 따라 음절의 끝소리뿐 아니라 뒤 음절의 첫소리가 자음일 경우도 앞 음절의 자음은 닫힘음절 소리 원칙에 따라 앞의 일곱 가지 소리 중 하나로 중화되고(표준발음법 제8항, 제9항), 겹받침의 경우도 두 자음 모두 발음하는 것이 아니라 어느 한 쪽을 생략하는 현상이 발생하게 된다 (표준발음법 제10항, 제11항 외).

음절 끝이 겹자음으로 끝나거나 뒤에 자음이 이어날 때 어느 쪽을 발음하고,

어느 쪽을 생략하는가 하는 것에 대한 원칙에 관한 것이 한국어 겹받침 발음의 원리이다. 한국어는 음절의 받침에서 닫힘음절을 선호하고 지향하기 때문에 겹자음의 경우 공깃길을 많이 닫는 자음이 소리가 나고 상대적으로 적게 닫는 쪽이 생략된다. 즉, '폐음절(closed syllable) 선호 원리'를 지킨다.

(2) 닭[닥]/[달]/[달ㄱ]　　　밝다[박따]/[발따]/[발ㄱ다],
　　얽다[억따]/[얼따]/[얼ㄱ다]
　　삶[삼]/[살]/[살ㅁ]　　　젊다[점따]/[절따]/[절ㅁ다]
　　밟다[밥따]/[발따]/[발ㅂ다]
　　읊다[읍따]/[을따]/[을ㅍ다]

　　위의 경우, 모두 겹받침의 두 자음 중 많이 닫히는 가장 앞쪽 방식으로 발음하고 상대적으로 적게 닫히거나 열어 두는 방식으로는 발음하지 않는다. 어린아이가 말을 배울 때 [발브다]. [살므다]와 같이 발음하는 것은 아직 한국어의 닫힘음절 선호 원리를 익히지 않았을 때이고, 완전히 익숙해진 후에는 [밥따], [삼따]로 발음하게 되는 것이다.

　　현재 한국어 표준발음법에 "국어의 겹자음이 음절의 끝소리에 오거나 뒤 음절의 첫소리가 자음인 경우 두 자음 중 하나만 발음한다."고 되어 있다. 그런데 막연히 '두 자음 중 하나만 발음한다.'고 할 것이 아니라 '겹받침은 폐음절 선호 원칙(겹자음 중 공깃길을 많이 닫는 쪽으로 소리 내는 것을 선호하는 원칙)에 따라 두 자음 중 많이 닫히는 소리 하나만 발음한다.'고 기준을 명확하게 바꾸어야 한다.

　　다음으로 'ㅎ(ㄶ,ㅀ)' 뒤에 'ㄱ, ㄷ, ㅈ'이 결합되는 경우, '뒤 음절의 첫소리와 결합해서 된소리와 거센소리로 바뀐다.'고 설명하면 이 또한 아주 간단하게 설명이 되어 별도의 규정을 둘 필요가 없다. 비유적으로 설명하면, 두 사람만 앉을 수 있는 버스 좌석에 어린아이를 데리고 있던 사람이 다른 어른이 타려고 하면 그 어린아이를 품에 안고 셋이 같이 앉게 되는 원리와 같다. 그런 원리로 설명하면 '맑게[말께], 묽고[물꼬], 얽거나[얼꺼나]'의 경우 'ㄺ+ㄱ→ㄹ+ㄲ', '많고[만 : 코], 않던[안턴], 닳지[달치]'의 경우 'ㄶ+ㄱ→ㄴ+ㅋ', 'ㄶ+ㄷ→ㄴ+ㅌ', 'ㅀ+ㅈ→ㄹ+ㅊ'으로 바뀌는 것을 합리적으로 설명할 수 있다. 그 외 'ㅎ'이 결합된 겹받침의 경우 여러 발음도 'ㅎ' 음이 'ㄱ, ㄷ, ㅂ, ㅈ'을 만나면 합하여 거센소리로 발음되고, 모음이나 유성음을 만나면 비음화되거나 생략되는 음운현상으로 간단히 설명할 수 있다. '겹받침 뒤에 실질 형태소가 연결되는 경우에는, 겹자음 중 공깃길이 많이 닫는 쪽 대표 소리로 발음하고 그 후 모음 음절 첫소리로 옮겨 발음한다.'는 규정을 둘 필요가 있다. 현재의 발음 규정 "[붙임] 겹받침의 경우에는, 그중 하나만을 옮겨 발음한다."는 그중 하나가 어떤 원칙에 따라 대표소리가 되어 뒤 음절로 옮겨가는지 불분명하다. '넋없다[너겁따], 닭 앞에[다가페], 값어치[가버치], 값 있는[가빈는]' 사례의 경우도 모두 폐음절 선호 원리에 모두 맞는다. 먼저 겹자음이 닫힘 대표 자음으로 단일화하고 그 다음 연음 현상이 일어난다고 보면 합리적으로 설명이 가능하다.

한국어 표준발음법이 지나치게 복잡하고 어렵다고 생각하는 사람들은 표준 발음을 정하지 말고, 다양한 현실음을 모두 인정하자는 주장을 펴기도 한다. 그러나 모든 학문이 그렇듯이, 한국어 음운학에서는 한국어 발음의 기본 원리에 따르는 것이 그렇게 하지 않는 것보다 합리적이라는 것을 여러 연구 결과가 보여준다. 다만, 대중의 의사소통의 혼란과 장벽을 만들지 않는 선에서 다양성을 허용하는 것이 바람직하지 않을까 하는 생각을 해 본다. 문제는 그 다양성 허용의 적정선이 어디까지인지 결정하는 것이다.

※ 한국어 겹받침 발음에 관련된 규정은 다음을 참조할 것.
　인터넷 https://kornorms.korean.go.kr 또는 한국 어문 규정집(2018), '한글 맞춤법', '표준어 규정' 해설(2018).

'의사'는 [으사]·[이사]·[으이사] 중 어떻게 발음해야 하나요?

현대 한국어는 자음이 19개, 모음이 21개의 소리(음소) 체계로 이루어져 있다. 현대 한국어 자음은 /ㄱ,ㄲ,ㄴ,ㄷ,ㄸ,ㄹ,ㅁ,ㅂ,ㅃ,ㅅ,ㅆ,ㅇ,ㅈ,ㅉ, ㅊ,ㅋ,ㅌ,ㅍ, ㅎ/ 순서로 된 19개이다.(참고로 북한에서는 된소리 계열의 자음 /ㄲ,ㄸ,ㅃ,ㅆ,ㅉ/을 가장 나중에 배치한다.) 자음은 닿소리라고도 하는데, 소리를 낼 때 발성기관의 어느 곳에 닿아서 나는 소리이기 때문이다. 자음은 조음 위치, 소리내는 방법, 공기 흐름의 세기와 빠르기에 따라서 차이를 만든다. 조음 위치는 입술(양순:ㅁ,ㅂ,ㅃ,ㅍ), 이뿌리(치조:ㄷ,ㄸ,ㅌ,ㅅ,ㅆ,ㄴ,ㄹ), 경구개(딱딱한 입천장:ㅈ,ㅉ,ㅊ), 연구개(여린 입천장:ㄱ, ㄲ,ㅋ,ㅇ), 목구멍(후음:ㅎ)으로 나누고, 소리내는 방법은 먼저 장애음과 공명음으로 나눈다. 장애음은 파열음(ㅂ,ㅃ,ㅍ,ㄷ,ㄸ,ㅌ,ㄱ,ㄲ,ㅋ), 마찰음(ㅅ,ㅆ), 파찰음(ㅈ,ㅉ, ㅊ)으로 나누고, 공명음은 코를 주요 공깃길로 사용하는 비음(ㅁ,ㄴ,ㅇ)과 혀 옆의 길을 사용하는 유음(ㄹ)으로 나눈다.

모음은 모음은 홀소리라고도 하는데, 발음할 때 다른 발음기관에 닿지 않고 홀로 소리를 낼 수 있다는 뜻이다. 단모음 /ㅏ, ㅐ, ㅓ, ㅔ, ㅗ, ㅚ, ㅜ, ㅟ, ㅡ, ㅣ(ㅚ, ㅟ는 복모음으로 발음할 수도 있다.)/10개와 복모음 /ㅑ, ㅒ, ㅕ, ㅖ, ㅘ, ㅙ, ㅐ, ㅛ, ㅝ, ㅞ, ㅠ, ㅢ/ 11개 모두 21개의 모음 체계로 되어 있다. 모음은 입을 얼마나 벌리는가(개구도), 입술이 둥근가 아닌가(원순/평순), 혀의 위치가 입천장의 앞부분에 가까운가 뒷부분에 가까운가(전설/후설)에 따라 그 차이를 만든다. 전설은 /ㅣ(ㅟ), ㅔ(ㅚ), ㅐ, ㅏ/로 점점 입이 벌어지고, 후설은 /(ㅡ)ㅜ, ㅗ, ㅓ, ㅏ/로 점점 입이 벌어진다. 잘 알려진 대로 /ㅜ, ㅗ/와 /(ㅟ), (ㅚ)/는 입술 둥근소리이고 나머지는 입술 평평한 소리이다.

한글은 음소문자이므로 글자가 표시하는 음가 그대로 발음하는 것이 원칙이다. 그런데 한글맞춤법의 표준발음법 규정을 보면 몇 가지 예외가 있다. 모음의 경우 앞에서 말한 것처럼 /ㅟ, ㅚ/는 복모음으로 발음할 수 있고, 용언(동사, 형용사)의 활용형에 나타나는 '져, 쪄, 쳐'는 [저, 쩌, 처]로 발음하도록 되어 있다. '예, 례' 이외의 'ㅖ'는 [ㅔ]로도 발음하는 것을 허용하고 있다.

복모음의 발음에서 가장 예외가 많고 복잡한 것이 /ㅢ/이다. /ㅢ/는 '자음을 첫소리로 가지고 있는 음절에서는 [ㅣ]로 발음한다.'고 되어 있다. '늴리리, 띄어쓰기, 희다, 무늬, 유희' 등은 [닐리리, 띠어쓰기, 히다, 무니, 유히]로 발음하는 것이 원칙이다. 마지막에서 '낱말의 첫음절 이외의 '의'는 [ㅣ]로, 조사 '의'는 [ㅔ]로 발음함도 허용한다.'라고 되어 있어 실제 언어생활에서 '의'를 표준 발음 규칙에 맞게 발음하는 것은 어렵고 헷갈리게 되어 있다.

'의'를 표준발음법에 따라 발음하는 것은 다음과 같이 정리할 수 있다. 첫째, 첫음절의 '의'는 [으이]라고 복모음으로 발음해야 한다. 일부 방언에서 이 경우의 '의'를 [으], 또는 [이]라고 발음해서 사투리 발음이라고 놀림을 받기도 한다. 즉, '의사'를 [으사]라고 하면 전라방언이 되고, [이사]라고 하면 경상방언이 된다. 둘째, 첫음절 이외의 '의'는 [으이]로 발음하는 것이 원칙이지만 [이]라고 발음해도 되므로 발음 편의상 [이]로 발음하는 사람이 대부분이다. 셋째, 이른바 소유격 조사라고 하는 '-의'는 [으이]라고 하는 것이 원칙이나 [에]라고 발음하는 것도 허용되어, 발음 편의상 [에]라고 발음한다. 따라서 '민주주의의 의의'는 표준발음이면서도 편리한 발음으로 한다면 [민주주이에 으이이]가 된다.

한 언어에서 표준어를 정하고 표준발음을 정하고 교육하는 것이 전체주의에서 나온 것이라고, 수도권 지역 우월주의에서 비롯한 것이라고 비난하는 사람도 있지만 교육을 통해서 표준발음을 구사할 줄 알고, 언어로 인한 갈등을 줄여나갈 수 있다면 표준어와 표준발음 교육이 꼭 불필요하거나 나쁜 것이라고 할 수 없다. 성경의 '사사기'라는 책에 보면, "길르앗 사람이 에브라임 사람 앞서 요단 나루턱을 장악하고, 에브라임 사람의 도망하는 자가 말하기를 나로 건너게 하라 하면 길르앗 사람이 그에게 묻기를 네가 에브라임 사람이냐 하여 그가 만일 아니라 하면 그에게 이르기를 '쉽볼렛'이라 발음하라 하여 에브라임 사람이 그렇게(구개음화된 발음으로) 바로 말하지 못하고 '십볼렛(씹볼렛)'이라 발음하면 길르앗 사람이 곧 그를 잡아서 요단 강 나루턱에서 죽였더라. 그때에 에브라임 사람의 죽은 자가 사만 이천 명이었더라."(구약성경 사사기 12:5-6)라고 기록되어 있다. 발음하는 것으로 그 사람을 판단하여 죽인 사람이 사만 이천 명이었다니, 일제 강점기 1923년 도쿄 대지진이 일어났을 때 조선사람이 소리내기 어려운 발음을 시켜보아 제대로 하지 못하면 조선사람이라고 죽였다는 이야기가 떠오른다. 한 사람의 언어 사용에서 발음 능력은 교양이나 다양성의 문제가 아니라 때로는 목숨이 걸린 문제가 되는 절체절명의 능력이 되기도 한다.

제 한국 친구들은 '요'를 [여]처럼 발음해요. 이게 맞아요?

요즘 외국인뿐만 아니라 한국어를 모국어로 하는 사람도 문장을 끝낼 때 붙이는 '-요'를 명확하게 '[요;yo]'로 발음하는 이가 드물다. 현대 한국인 대부분은, 정도의 차이가 있기는 하겠지만 '-요'를 '[여;yeo]에 가깝게 발음한다. 이를 [그림]으로 도식화해 보면 다음처럼 나타낼 수 있다.

[요]  [여]

'요'는 문장의 연결에 쓰이는 연결어미 '-요'와 문장의 종결에 쓰이는 서술격조사 '-이-'와 '-오'의 결합형 '-요'와 '들을이높임법'을 나타내는 특수보조사인 '-요'로 나눌 수 있다.

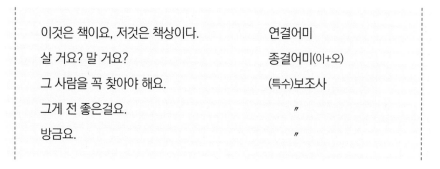

이것은 책이요, 저것은 책상이다.	연결어미
살 거요? 말 거요?	종결어미(이+오)
그 사람을 꼭 찾아야 해요.	(특수)보조사
그게 전 좋은걸요.	〃
방금요.	〃

문법적 용법에 따른 복잡한 설명은 접어두고 발음을 들어보면, 요즘 많은 한국 사람들이 '-요'를 [요]보다 [여]에 가깝게 발음하고 있음을 알 수 있다. 필자

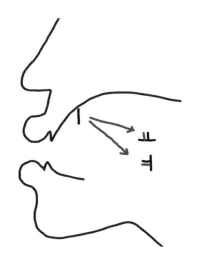

역시 갈수록 [요]로 발음하는 것이 힘들고, 심지어는 [요]에 가깝게 발음하는 게 촌스럽게 느껴지기까지 한다. 왜 이런 현상이 생길까? 지금 '-요'를 발음해 녹음하고 들어보면, 자신이 [요]로 분명하게 발음하지 않는다는 사실에 놀랄 것이다. 왜 그럴까?

한국어 모음의 조음 위치와 방법을 분석해 보면, [요]보다 [여]가 발음하기 쉽다. [요]는 그 형태적 구성 요소와 상관없이 [ㅣ]와 [ㅗ]가 결합한 이중모음 /ㅛ/이다(이때의 [ㅣ]는 사실 반모음[j]에 해당한다.). 이는 전설 평순 고모음인 /ㅣ/와 후설 원순 (중)모음인 /ㅗ/가 결합한 것이다. 따라서 '-요'를 발음하려면, 혀끝을 앞쪽으로 두고 치아 뒤쪽에 붙이고(전설), 입술을 평평하게 하고(평순) 두 입술을 거의 닫은 상태(고모음)에서 /ㅣ/를 발음하면서, 혀를 뒤쪽으로 가져가면서(후설) 입술을 동그랗게 모으면서(원순) 발음해야 한다. 이때 평순에서 원순으로, 즉 평평한 입술로 시작해서 동그랗게 입술을 모으는 원순으로의 이동은 입술 긴장을 동반한다.

이에 반해 [여]의 발음은 [ㅣ]와 [ㅓ]의 결합이어서 입술을 둥글게 할 필요가 없다. [요]보다 [여]의 긴장도가 상대적으로 덜하다. 그리고 문장에 쓰인 /요/를 명확하게 [여]처럼 발음하지 않고 어떤 사람은 [요]에 가까운 [여]처럼, 또 어떤 이는 [여]에 더 가깝게 발음하는 것이다. 그래서, 이런 발음 표시가 가능하다면, 이를 [요ㅓ]처럼 쓰는 게 적절해 보이기까지 한다.

발음을 흘리는 상황을 가만히 들여다보면 부정확하게 발음하는 대신 성조를 조금 강하게 하는 현상도 확인할 수 있다. 중얼거리듯 말하는 랩이나 소리를 분명하고 크게 지르는 노래들에서도 이러한 현상이 보이고, 일상생활이나 드라마에 등장하는 사람들의 발화에도 이러한 현상이 보인다. 두루두루 우리가 접하는 여러 상황에서 [요]의 발음은 더 편한 [여]로 바뀌고 있는 것이다.

현대 한국어 발음 체계가 먼 미래에 어떻게 변해 있을지 정확히 알 수는 없다. 하지만 과거 복모음이었던 /ㅐ/, /ㅔ/가 단모음으로 바뀌어 가면서 현대 한국어에서 '나'를 지칭하는 [내]와 '너'를 지칭하는 [네]의 발음이 이미 [네]로 통합되고 있다는 것을 감안한다면 현재 한국어의 10개의 단모음과 11개의 복모음 체계가 세월이 흐르면 현재 한국어 모음체계와 상당 부분 달라질 가능성이 높다.

COVID19는 '코로나십구'라고 하나요, '코로나일구'라고 하나요?

2019년 겨울 중국 우한에서 처음 발견이 되고 세계적 대전염이 일어나 전 세계 사람을 힘들게 하고 있는 바이러스의 국제적 공인 이름이 'COVID19'이다. 'COVID19'를 한국에서 '코로나19'라고 쓰는데, '코로나일구'로 읽을 것인지, '코로나십구'로 읽을 것인지 논란이 된 적이 있다. 영어로 읽으면 '코비드 나인틴'이지만, 한국어로는 '코로나 2019 바이러스가 일으키는 질병'을 줄여서 '코로나19'라고 쓴다. 그런데 '19'를 '십구'로 읽을 것인지, '일구'로 읽을 것인지 논란이 된 것이다.

이 논란은 한국어의 숫자 사용 원리를 생각하면 '코로나십구'가 아니라 '코로나일구'로 읽은 것이 맞다는 것을 알 수 있다. 한국어에서 숫자는 1~10은 주로 고유어 숫자를 쓰고, 11~99까지는 고유어 숫자와 한자 숫자를 경우에 따라, 사람에 따라 바꿔가며 쓰고, 100 이상은 한자 숫자를 주로 사용한다. 이 기본 숫자 사용 원리를 떠올리면 'COVID19'은 '코로나 일구'로 번역하고 읽는 것이 맞다. 1988년에 서울에서 개최한 올림픽을 공식적으로는 '1988년 서울 올림픽'이라고 하지만 흔히 줄여서 '88서울올림픽'이라고 한다. 1988은 천 이상의 숫자이므로 당연히 한자 숫자를 쓰게 되고, 1988로 하기에는 너무 길어 88로 줄이고, '팔십팔서울올림픽'보다는 '팔팔서울올림픽'이 더 간단하고 발음하기 쉬워 그렇게 말한다.

'코로나19'는 2019년에 발생해서 세계적 대유행으로 번진 것이므로 '코로나19(COVID19)'로 명명했고, '1988 서울 올림픽'을 줄여서 '88서울 올림픽'이라고 하는 것처럼 '코로나일구'로 부르는 것이 자연스럽다. 한국 사람들은 자신이 대학에 입학한 연도를 기준으로 67학번, 75학번, 82학번, 93학번이라고 할 때도 '육칠 학번, 칠오 학번, 팔이 학번, 구삼 학번'이라고 하고, '8월 15일 광복절'을 줄여서 말할 때도 '팔십오'가 아니라 '팔일오'가 되는 것은 순수 한국어 숫자와 한자 숫자 사용 원칙 그 바탕에 경제성 원리가 작동해서 그런 것이다.

외국 학생들이 한국어를 배울 때 궁금해하는 질문, "왜 다섯 시 다섯 분이 아니고, 다섯 시 오 분이라고 해요?"에 대한 대답은 위에서 설명한 한국어 숫자 사용 원리에 따른 것이다. 시간은 기본 숫자이므로 순수 한국어 숫자를 사용하고, 분, 초 등 세부 개념과 관련해서는 한자의 영향을 받아 한자 숫자를 사용하게 되었다. '한 시 일 분, 두 시 이 분, ……, 열두 시 십이 분'과 같이 시간에 순한국어 숫자와 한자 숫자를 섞어 사용하는 방식이 관습으로 이어져 오늘날도 그렇게 사용하는 것이다.

건강하게 오래 살고 싶어 하는 한국 사람들의 마음은 유별난 면이 있다. 1945년 해방이 되고 3년 동안 미군정 기간에 한국 사람들의 평균 수명을 조사한 바에 따르면 남녀 모두 50세가 되지 않았다고 한다. 워낙 신생아 사망률이 높고, 먹을 것이 부족했을 뿐 아니라 각종 질병을 치료할 의료 체계도 제대로 갖추어지지 않았을 때였으므로 평균 수명이 21세기 현재 한국인의 평균 수명(2020년 현재 남자 80.5세, 여자 86.5세, 평균 83.5세)에 비하면 거의 절반 정도에 불과했다. 1970년대 초까지만 해도 환갑을 넘기면 장수했다고 하고, 70세 이상 노인이 돌아가시면 '장수하셨다, 호상이다'라고 하면서 상주들을 위로하기도 했다. 요즘 한국 사람들, 특히 나이 든 사람들의 소원이 무엇이냐고 물으면, '9988234'라고 한다. '99세까지 88하게 살고 2, 3일 앓다가 죽는 것(4)'이라고 한다. 이때 99는 구십구라고 읽지 않고, 구구라고 하고, 88도 팔십팔이 아니라 팔팔이라고 하고, 23도 이십삼이 아니라 이삼이라고 읽는다. 마지막의 4는 한자의 '四(사)'가 발음이 '死(사)'와 같다고 해서 '죽는다'는 뜻으로 쓰기도 한다. 요즈음은 점차 사라지는 추세이지만 건물을 지을 때 승강기에 층수 표시에 아라비아 숫자 4 대신 영어 'four'의 약자 'F'를 표시한 건물들이 많았다. 특히 병원 건물인 경우 환자와 환자 가족이 죽음을 떠올리는 숫자 4를 싫어해서 아예 4층을 없애고 1, 2, 3, 5, 6, 7층으로 표시하기도 했다.

나라마다 문화에 따라 숫자는 사회적으로 다양한 의미를 갖지만, 서양은 행운의 숫자로 7을 사용하고, 13을 액운의 숫자로 생각하는 나라가 많다. 한국에서는 동아시아 문화의 영향인지 짝수보다는 홀수를 좋아한다. 음력으로 1월 1일은 설날, 3월 3일은 중양절, 5월 5일은 단오, 7월 7일은 칠석과 같이 홀수가 겹치는 날을 복을 받는 날이라고 여겼다. 특히 3, 9 등 3과 관련한 숫자를 행운으로 생각하는 문화가 있었다. 이사를 갈 때도 음력으로 9, 10이 들어가는 날을 '손 없는 날'이라고 그날을 이삿날로 정하는 사람들이 아직도 있다. 이삿짐센터에서도 이들 날에는 이사 비용을 더 높게 받기도 한다. 21세기 들어서는 그런 문화가 쇠퇴하고 오히려 서양의 여러 기념일을 챙기는 문화들이 젊은 세대 사이에 생기고 있는 것을 보면, 숫자에 관한 관념과 문화도 달라지고, 세대 차이를 보이고 있는 것이 분명하다.

한국어는 숫자 읽기가
왜 이렇게 까다롭나요?

외국어를 배울 때 기본 숫자를 배우는 것은 거의 시작 단계에서 이루어진다. 숫자는 일상에서 삶에 절대적으로 필요한 요소, 말 그대로 생존 어휘에 해당하기 때문에 어떤 경우라도 숫자를 익히는 것은 언어 학습 초기에 이루어지기 마련이다.

한국어를 가르치는 입장에서 볼 때, 한국어 숫자는 '쉽고도 어려운' 대상이다. 사실 한자어 수사인 '일, 이, 삼 …' 체계는 말 그대로 단순해서, 백 단위, 천 단위, 만 단위까지 금방 올라갈 수 있다. 영어의 'eleven, twelve …'처럼 같이 따로 외워야 할 숫자도 없고, 일(1)부터 구(9)까지만 확실히 익히면 일상에서 쓰이는 모든 숫자는 순차적으로 금방 확장할 수 있다는 장점이 있다. 다만 영어권의 세 자리마다 달라지는 'million', 'billion'의 단위가 네 자리마다 단위가 달라지는 한국어 숫자 체계와 맞지 않아 빠르게 머릿속에서 셈해야 하는 경우가 있지만, 한국어 숫자 학습이 그것 때문에 어렵거나 헷갈린다고 말할 수는 없다.

한국어의 숫자 학습이 어려워지는 지점은 고유어 수사 체계를 접하면서부터이다. 분명 고유어 숫자는 필수 어휘이기는 하나 초급부터 익히기에는 헷갈리는 게 한두 개가 아니다. 한국어 고유어 수사를 배우는 데 난점은 대략 다음과 같다.

첫째, 고유어 수사인 '하나, 둘, 셋 …'의 어휘 목록이 한자어 수사와 음운적으로 관련이 없고, 1음절어, 2음절어 등이 섞여 있어 체계적으로 기억하기가 어렵다.

둘째, 열의 단위가 '스물, 서른, 마흔, 쉰, … 아흔'까지 올라가다가 '백' 이후부터 한자어 수사와 섞이면서 혼동이 심해진다. '백 스무 개'와 같이 표현하기도 하고, '백 이십 개'로 하는 경우도 흔하다. 이 역시 따로 기억해야 할 숫자 사용 정보가 된다.

셋째, 한국어의 고유어는 뒤에 수식을 받는 명사나 의존명사가 있으면 수사 '하나, 둘, 셋, 넷'은 관형사 '한, 두, 세, 네'로 형태가 바뀐다. 그래서 이런 변화 체계를 모르면 '하나 개, 둘 분'과 같은 오류가 일어나게 된다.

넷째, 외국인의 입장에서는 인지적으로 잘 받아들여지지 않는 한국인들의 관용적 숫자 사용 방식이 있다. 시각을 표현하는 것(칠 시(→일곱 시), 여덟 분(→팔 분)), 순서나 나이를 가리키는 듯하나 그렇지 않은 경우(세 학년/네 급(→삼 학년, 사급), 마흔 대(→사십 대))도 많다. 그러한 까닭에 중급 학습자 중에서 '한국어 네 급(4급)'에 올라가고 한국에서 스무대(20대)를 즐겁게 보내고 싶어요'라고 작문하는 경우가 나타나기도 한다.

다섯째, 대상에 따라 고유어 숫자와 어울리는 단위 의존명사(분류사)를 외워야 한다. 물론 최근 한국어에서는 자주 쓰이는 단위 의존명사의 개수는 상당히 줄어들기는 했지만, 상황에 따라 다양하게 사용하는 의존명사들을 외워 어느 것을 써야 할 지 판단을 해야 하므로 어렵다. 또한 한자어계 단위 의존명사와 고유어계 단위 의존명사가 헷갈리는 경우도 많아 어려움을 가중시킨다. (스무 살/이십 세 청춘, 백 살/백 세 할머니 등) 더구나 단위 의존명사의 어순도 혼란이 많다. (세 명 손님 있어요/손님 세 명 있어요.', '다섯 콜라 병/콜라 다섯 병 주세요. 등)

여섯째, 부정수(不定數)의 표현이 많아 어렵다. '한두', '서너' 정도는 비교적 익히기 쉬우나, '대여섯', '예닐곱', '일고여덟', '여남은' 등의 표현은 정확한 숫자를 선호하는 문화에 익숙한 외국인이 사용하기는 어렵다. 보통 대략의 숫자를 말할 때, 외국인이라면 '다섯여섯/오나 육(대여섯)', '여섯일곱/육이나 칠(예닐곱)', '열 개보다 조금 더(여남은)' 정도의 대체 표현을 쓰는데, 숫자를 알아듣기에는 큰 무리가 없으나 어색하고 자연스러운 한국어 표현이라 보기 어렵다.

그래서 한국어를 외국어로 학습하는 학습자의 눈으로 보면 한국어의 숫자는 숫자 자체를 익히는 어려움은 둘째로 치고, 사용상 혼동이 되는 것들이 많아 어렵게 느껴진다. 그간 필자는 한국인의 숫자 사용을 가르쳐 오면서, 몇 가지 부정확하거나 검증이 되지 않은 것이 있기는 해도 대략 이 정도의 방침을 가지고 지도해 왔다. 한국어를 가르치고 있고, 가르치고자 하는 여러 사람들에게 참고가 될 수 있으면 한다.

한국어 교수-학습 초기에는 '일, 이, 삼 …' 한자 수사 체계는 판서나 아라비아 숫자를 쓴 카드 등을 활용해 지속적으로 '1, 2, 3 …'에 연상이 되도록 하고, '하나, 둘, 셋 …'의 고유어 숫자 체계는 아라비아 숫자는 최대한 배제하고 몸짓 언어를 사용해서 손을 들어 헤아리는 동작을 크게 보여주어 고유어 수사 체계에 '세어보고 있음'을 최대한 연상되도록 한다.

두 가지 숫자 체계에 대해 학습자들에게 'numeral number(한자어 숫자)', 'counting number(고유어 숫자)'라는 표현으로 풀어 설명하기도 한다. 다만 엄밀히 말하면 양수사와 서수사는 한자어 수사와 고유어 수사에 모두 존재하므로(첫째, 둘째, 셋째 / 제일, 제이, 제삼) 이 설명은 문법적으로는 부정확한 것이기는 하다. 다만 학습자들이 이 두 숫자 체계가 한국어에 존재하는 이유를 설명할 때는 효과적이긴 하다. 보통 책이나 돈을 가지고 설명을 많이 하는데, 책의 페이지마다 적혀 있는 숫자를 가리키면서 '일 페이지(쪽), 이 페이지(쪽), 삼 페이지(쪽) …'로 보여주고, 이어서 책을 학생들에게 들어 보이면서 '한 장, 두 장, 세 장 …' 책장을 넘기면서 소리 내어 읽어주기도 한다. 돈을 셀 때, '천 원, 이천 원 …'으로 보여주면서 세고, 천 원짜리 지폐를 '한 장, 두 장 …' 세어보기도 한다.

그 다음의 난관이 '시간'과 '나이'이다. 필자는 보통 학습자에게 이해 가능한 언어를 동원해서 한국어의 언어문화에서 시간이라는 관념은 '지점'이 아니라 '간격'에 가깝다고 설명한다. 우리가 일상생활에서 '현재 시각(時刻)'이라는 올바른 표현을 두고 '현재 시간(時間)'이라고 흔히 말하는 것도 이러한 직관을 반영한다. 한 점을 가리키는 '각(刻)'을 쓰지 않고, 간격과 사이를 가리키는 '간(間)'을 쓰는 것이다. 한 해를 간격으로 배치하여 열 두 동물을 배치한 십이간지(띠)의 개념도, 이를 하루의 시간에 배열한 '자시, 축시, 오시 …'의 개념도 시간을 순간으로 보지 않고 지속으로 보는 시각을 드러낸다.

정확한 유래 또는 기원을 일일이 찾아 설명할 수 없지만 큰 취지에서 '한 시,

두 시 …'는 전통 시간의 관념에서, '일 분, 이 분 …, 일 초, 이 초 …'는 근현대 시간의 관념에서 도입된 것으로 학습자들에게 설명한다. 이렇게 설명해 두면 이후 한국인의 '띠'나 '동갑'의 문화라든지, 한국 나이의 개념을 이해시키는 데에도 편리한 측면이 있다. 즉 한국인의 나이는 마치 왕의 재위 기간처럼 그 해의 어느 달에 태어났다 하더라도 태어난 순간 '고종 1년, 고종 2년 …'식으로 계산하여 나이를 헤아리는 개념이기 때문이다. 한국 사람은 자기 생일이 지나서 한 살 더 먹는다고 생각하지 않고, 그 해에 태어나면 똑같은 나이가 되고 해가 바뀌면 모두 다 같이 한 살 더 먹는 것으로 나이 계산하는 방식은 전통적 간격 개념의 시간 관념이 반영된 것으로 본다.

중급의 학습자 정도가 되고 한자어 개념이 좀더 명확해지면 한자어 수사는 아라비아 숫자와 함께 문서 영역에서, 고유어 수사는 주로 구어로 일상생활의 영역에서 쓰이고 있다는 점을 자연스럽게 제시하고 설명한다. 나아가 순서나 헤아림이 동반된 것이라도 문서의 경우에서는 한자어 서수를 활용('1호, 2호, 3호 …' 등)하는 것도 중고급 단계에서 접하게 된다.

한국어를 모국어로 써 온 필자에게는 정말 아무 고민 없이 사용한 한국어의 직관들이, 외국 학생들이 한국어를 배울 때에는 낯설고 어려운 체계였음을 새삼 깨달을 때마다 새로움과 흥미로움을 경험한다. 한국인에게 익숙한 한국어의 숫자 체계가 외국 학생에게는 이상하게 느껴지고 어렵게 느껴지는 것이 이해가 되면서 역으로 한국의 언어와 문화도 좀 더 잘 이해하게 되는 계기가 되었다.

왜 다섯 시 다섯 분이라고
하지 않아요?

한국어를 배우는 외국인 학생이 선생님에게 시간을 배우는 시간에 선생님에게 질문했다.

"왜 한국말은 '한 시 한 분, 두 시 두 분, … 다섯 시 다섯 분'이라고 하지 않아요? 아니면, 일 시 일 분, 이 시 이 분, … 오 시 오 분, 이렇게 말하지 않습니까?"

선생님은 어릴 적부터 시간은 당연히 '한 시 일 분, 다섯 시 오 분, 열 시 십 분'이라고 배웠고, 그렇게 말해 왔으므로 순간 당황하였다. 잠시 생각하다가 김 선생님은 그 학생에게 말했다.

"오, 아주 훌륭한 질문이에요. 한국어 가르치면서 이런 질문을 한 학생이 지금까지 없었어요. 왜 그런지 다 같이 생각해 봅시다. 오늘은 시간이 다 되었으니까 다음 수업 시간에 그것에 대해서 설명해 주겠어요. 여러분도 이 질문에 대해서 왜 그런지, 여러분 나라에서는 어떤 방식으로 시간을 말하는지 생각해 와서 말해 주세요. 그럼, 오늘 수업 끝마치겠습니다. 고맙습니다."

선생님은 교실을 나오면서 '휴우~' 안도의 한숨을 내쉬었으나 다음 시간에 뭐라고 설명해 줄 것인지 난감해졌다.

한 언어가 가지고 있는 형식적 특성, 기능적 특성을 분석해 보면, 그 언어의 생성, 발전해 온 역사와 그 언어의 계통적 특성이 잘 드러난다. 한국어는 학자마다 견해 차이가 있지만 대체로 알타이어계 언어의 하나로 분류한다. 어느 언어가 어떤 계통에 속하는가를 결정하는 데는 여러 가지 기준을 적용한다. 첫째, 통사적 문장 구성 특징으로 계통을 정한다. 문장의 기본 구조에서 서술어의 위치는 언어를 배우고 가르치는 데 아주 중요한 특성 중의 하나다. 한국어, 일본어처럼 서술어가 가장 나중에 나오는 언어, 영어, 독일어, 불어처럼 서술어가 문장의 가운데 위치하는 언어, 히브리어나 고대 이집트어처럼 서술어가 문장의 가장 앞에 나오는 언어로 분류할 수 있다. 서술어의 위치와 단어로 문장을 구성하는 방식이 모국어와 다른 언어는 학습하기가 여간 어렵지 않다. 둘째, 단어를 구성과 활용하는 방식에 따라서 언어의 계통을 결정한다. 중국어처럼 기본어 '가다' 의미의 '거(去)' 형태를 정하면 그 형태는 합성어, 파생어 등을 만드는 경우에도 바뀌지 않는 언어가 있고, 영어의 'go'가 과거형이 'went'로 바뀌면 기본어의 형태 전체가 바뀌는 언어가 있고(사실 영어는 혼합어여서 굴곡어의 대표로 보기는 어렵다), 한국어처럼 '가다'의 말뿌리인 '가-'는 없어지지 않고 앞뒤에 여러 형태소를 결합하며 활용하는 언어가 있다. 셋째, 소리 체계(음운)에서 유성음/무성음 대립을 단어 생성에 중심으로 사용하는 언어와 유기음/무기음 대립을 단어 생성에 중심으로 사용하는 언어가 있다. 넷째, 그 언어에 사용하는 기본 어휘(신체어, 기본 자연과 사물, 호칭, 기본 숫자 등)가 같으면 같은 계통의 언어로 분류한다. 다섯째, 그 밖에 언어문화 등이 비슷하거나 같으면 동일 계통의 언어로 본다.

한국어 기본 어휘 가운데 숫자는 '하나, 둘, 셋, 넷, 다섯, 여섯, 일곱, 여덟, 아홉, 열'까지는 순수 한국어를 사용한다. 사람의 손가락이 열 개이므로 하나부터 열까지의 기본 숫자를 외국어를 빌려 사용하는 경우는 거의 없다. 그래서 한국어에서도 기본 개념과 기본 기능에 관련한 숫자는 순수 한국어 숫자를 사용한다. 기본 숫자를 나타내는 수사로 '하나, 둘, 셋, 넷, 다섯, 여섯, 일곱, 여덟, 아홉, 열'이 있고, 꾸미는 말로는 '한, 두, 세, 네'의 변형이 쓰인다. 시간은 오래전부터 기본 개념에 들어있고, 분이나 초 등의 세분된 시간은 기본 개념이 아니라 고대와 삼국시대 한자가 한반도로 들어올 당시 중국 대륙 문명에서 전해진 시간 개념이다. 그래서 한국 사람들은 기본 개념인 시간은 순수 한국어 숫자를 붙이고, 정밀하고 하위의 개념인 분, 초의 시간에는 한자 숫자를 사용하게 되었다.

현대 한국어의 사용을 검토해 보면, 1~10의 숫자는 순수 한국어 '하나~열'을 주로 사용하고, 11~100의 숫자는 순수 한국어 숫자와 한자어 숫자가 맥락에 따라 다르게 선택된다. 백(百,100)은 '온', 천(千,1000)은 '즈믄', 만(萬,10,000)은 '골', 억(億,100,000,000)은 '잘', 조(兆,1,000,000,000,000)는 '울'이라는 순수 한국어 단어가 있지만 현재는 거의 쓰지 않는다. '온'도 수사로는 쓰이지 않고, 관형사로 '온 마을, 온 나라, 온 세계' 등으로 '전체'와 '모두/모든'을 나타내는 데 제한적으로 쓰인다. 일상에서 100 이상의 숫자는 이제 거의 한자 숫자만 사용하고 있다. 한국 사람들이 나이를 말할 때 '한 살, 두 살, 세 살, ……'이라고 말하다가 나이 많은 분들의 경우 '칠십오 세(일흔 다섯 살), 구십 세(아흔 살)'이라고 해서 숫자가 올라갈수록 한자 숫자를 선호하는 경향을 확인할 수 있다. 또 한국어의 숫자와 관련해서 이른바 분류사에 따라서 순수한국어/한자 숫자 선호가 달라짐을 알 수 있다. 앞에서 말한 바와 같이, 1~10은 순수 한국어 숫자, 100 이상은 한자어 숫자를 선호해서 사용하지만, 외래어의 경우 한자 숫자를 더 많이 사용하는 것을 쉽게 확인할 수 있다. '일 리터(*한 리터), 일 킬로미터(*한 킬로미터)'와 같이 한자 숫자를 선호하지만 이 역시 획일적이지는 않다. '맥주 한 컵'을 '맥주 일 컵'보다 선호하는 것은 위의 설명과 다르다. 최근에 강한 부정 표현으로 '하나도 …지 않다'는 말을 젊은 층에서 '일도 …지 않다.'로 쓰는 사람이 많아지는 것은 '하나도'보다 '일도'가 한 음절 줄어서 경제성(?) 추구인지, 한자어 선호인지, 기성세대가 사용하는 표현을 쓰고 싶지 않아서 그러는지 알 수 없다. 최근에 영어가 한국 사회에 끼치는 영향력이 커지면서 '원 샷, 원 킬'과 같은 표현이 자주 쓰이고 있는데, 갈수록 순수 한국어 숫자만을 사용하기보다는 다양하고, 외국어와 혼합된 숫자 표현이 많아질 것으로 본다.

시간과 관련하여 주제를 넓혀 보면, 한 시간보다 큰 개념도 기본적인 개념은 순수 한국어를 사용하지만 외국에서 수입한 복잡한 체계와 개념은 역시 한자를 사용한다. 밤, 낮, 아침, 저녁, 하루, 이틀, 사흘, 나흘, 닷새 … 열흘, 스무날, 한 달, 한 해 등은 순수 한국어이지만 4월 15일, 1년 365일, 춘분, 추분, 동지, 하지 등은 역시 외래 문화의 수입과 함께 들어와서 외래 숫자 한자 방식으로 읽고 쓰게 되었다. 외국의 문명이 들어오면 그에 따른 언어와 사고 방식도 수입되는 것이 당연하고, 세상이 돌아가는 원리이자 이치라 외래 숫자를 쓰는 것을 완전히 막을 수는 없다고 본다. 다만, 고유 숫자를 써야 하는 경우에도 외국 숫자를 남용하는 것은 절제하도록 가르치는 것이 필요하다고 본다.

※ 현재 유행하는 '일도 모르겠다'라는 표현은 2014년 4월 13일에 방송된 MBC의 '진짜 사나이' 54화에 출현한 방송인 헨리가 "모라고 했는지 1도 몰으겠습니다."라는 답안을 낸 것을 젊은 세대들이 따라하면서 유행하게 된 것이라고 한다.

"Mr. Kim!"은 한국말로 "김씨!"라고 부르나요?

인간을 다른 동물과 구분하는 가장 큰 기준이 언어이다. 인간 언어는 동물과 사람을 구분할 뿐만 아니라 사람과 사람 사이도 구분한다. 과거 인류 역사를 보면, 한 사회나 국가에서 자신들이 사용하는 언어를 사용하지 않는 사람을 '야만인'이라고 부른 것만 보아도 언어가 사람들을 결속하기도 하고 배타적으로 구별하기도 한다는 것을 쉽게 알 수 있다. 야만인의 반대 개념이 문명인인데, 문명 요소의 대부분은 언어를 통해서 기술과 문화가 전달, 전수되기 때문이다.

한 사회에서 구성원들 간에 서로를 부를 때 사용하는 말이 호칭이다. 이 호칭은 그 사람과의 관계를 드러내고, 그 사람에 대한 감정과 정서를 드러내기도 한다. 호칭은 개인이 아무렇게 마음대로 정해 부를 수가 없고 사회적으로 널리 인정되는 말을 사용해야 한다. 한국 사회에서 호칭과 존댓말은 인간관계에서 상당히 중요한 요소이다. 호칭 한번 잘못해서 인간관계가 망가지기도 하고, 교통사고 현장에서는 상대가 호칭 하나 잘못 사용했다는 것 가지고 싸움이 생기기도 한다. 사고의 경위, 심지어 부상 정도보다 호칭 사용 가지고 더 큰 싸움이 일어나기도 한다.

호칭은 대화 상황에서 상대를 부를 때 사용하는 말이고, 지칭은 대화 상황에 없는 사람이나 물건을 가리키는 말이다. 시간, 장소, 대화 상대와의 관계, 이해 관계 등에 따라서 호칭이나 지칭은 달라지게 된다. 한국어에서 영어의 'you'에 해당하는 2인칭 대명사를 '여러분, 당신, 너'로 사전에 번역되어 있지만 실제 영어 대화 상황에서 쓰이는 'you'를 생각해서, 한국어 대화 상황에서 상대를 향해 '당신, 너'를 사용할 경우 낭패를 보거나, 웃지도 울지도 못할 상황에 처할 수 있다.

"What is your name?"을 "당신 이름이 무엇입니까?"라고 말하는 한국 사람은 없다. 지칭의 경우에도 서구 문화와 달리 한국 문화에서는 이름을 직접 드러내어 부르는 경우가 드물다. 이름 대신 화자가 자신과의 관계를 드러내서 지칭으로 사용하기 때문에 외국인들이 한국어를 배운 후에 가장 어려워하고 익숙해지지 않는 부분이 호칭과 지칭이다. 한국인 아내를 맞이한 외국인이 사전과 인터넷 자동 번역 프로그램을 통해 어렵게 배운 한국어로 장인, 장모님에게 "장인어른, 장모님! 너의 딸을 낳아서 감사합니다."라고 써서 시청자를 웃긴 적이 있다. 한국에서는 이름 대신 여러 호칭을 사용하고, 지칭도 이름 대신 관계를 드러내면서 말하고, 거기에 존칭까지 고려해야 하므로 한국어 호칭, 지칭은 한국에서 태어나고 자란 사람들까지도 어렵고, 복잡하게 느껴지는 것이 사실이다.

백화점이나 음식점에 갔을 때 종업원이 고객을 부르는 호칭이 남성 고객의 경우 '사장님', 여성 고객이 경우 '사모님'이라고 하는 경우가 많은데, 회사의 사장도 아니고, 선생님의 부인도 아닌 사람이 이런 호칭을 들었을 때 마음이 편하지 않다. 고객을 높이는 마음으로 사장님, 사모님 호칭으로 부르는데, 거기에 대고 '나 사장(사모님) 아니에요.'라고 고쳐줄 수도 없다. 최근에는 이런 고객들의 불편과 항의 때문인지, '고객님, 회원님, 손님' 등의 호칭이 사용되기도 한다. 설날이나 추석 명절에 친척과 인척들이 모이면 오랜만에 만나는 친척들, 인척들 사이에 상대를 어떻게 부를까 고민이 된다는 사람이 과반이라는 조사 결과가 있었다. 대체로 아이들 이름을 이용해서 이모부, 고모부, 삼촌 등으로 부르는 것이 편하다는 조사 결과가 있었는데, 결혼한 지 얼마되지 않아 시댁이나 처가를 방문했을 때, 아직 아이도 없는 경우 어떻게 시댁이나 처가의 친척, 인척들을 적절한 호칭을 사용해서 부를까 고민스러울 수밖에 없다.

꼭 친척, 인척을 만나는 경우뿐만 아니라 업무나, 사회적 모임에서 처음 만나는 사람을 어떻게 부르는 것이 좋을까? 2012년 출간한 국립국어원 〈표준언어예절〉에서는 '선생님'이 가장 일반적이고 무난한 호칭이라고 제시하고 있다. 일본어의 '(야마모토) 상'이나 영어의 '미스터(존슨)'처럼 가장 무난한 호칭이 '선생님'이라는 것이다. 그런데 이것도 실제 대화 상황에서 사용하기는 적절하지 않은 경우도 많다. 식당에서 종업원이 이름표를 붙이고 있는데 그의 성이 '김 (아무개)'라고 하면, 그를 '김 선생님!'이라고 부르지는 않는다. 어떤 분은 식당에 가면 종업원을 부를 때 항상 '사장님!'이라고 부른다고 한다. 그가 '저는 사장님이 아닌데요.'라고 해서 '아, 다음에 사장님 되실테니까 사장님이라고 부를게요.'라고 했더니 그 종업원의 기분도 좋아지고 서비스도 좋아졌다고 한다. 많은 경우 식당, 백화점, 사무실 등에서 일하는 사람을 부를 때, '여기요!'라고 부르는데, 적절한 호칭을 마련했으면 하는 바람이 있다.

한국어의 호칭과 지칭이 왜 이렇게 어려워졌을까는 한국사회가 씨족 중심의 농경사회에서 개인 중심의 도시사회로 변화한 것을 이유로 꼽을 수 있다. 자기보다 높은 상대의 이름을 부르는 것이 과거 친족 중심 사회에서는 거의 금기시되고, 모두 친족관계로 부르던 역사가 산업화, 도시화 과정을 거치면서 서로 모르는 사람끼리 같은 지역에서 살아가야 하고, 친인척 관계와 상관없는 관계를 형성하고 살아가게 되면서 전통적 호칭과 지칭이 '갓 쓰고 자전거 타는 꼴'이 된 것으로 본다. 그래서 직장의 직급이 직장 밖에서도 그에 대한 호칭으로 쓰이고, 아직도 '이모, 삼촌, 아버님, 어머님'이 호칭으로 선호되는지도 모르겠다.

군대에서 젊은 장교가
나이 많은 원사에게 반말을 써도 되나요?

몇 해 전에 군부대에서 20대 젊은 소대장이 나이 많은 주임 상사에게 반말을 썼다가 큰 싸움이 나서 뉴스에 보도된 적이 있었다. 거의 아버지뻘 되는 주임 상사에게 계급이 낮다고 반말을 써서 상사가 소대장을 때리는 바람에 사회적으로 논란이 되었다. 군대는 계급 사회니까 소대장은 계급이 낮은 상사에게 당연히 반말을 쓸 수 있다는 주장과 그래도 한국 사회에서는 나이가 우선이므로 존댓말을 써야 한다는 주장이 팽팽히 맞서 어느 한쪽으로 결론을 내리기 어렵게 되었다.

어느 대학 사회학 전공 최 모 교수는 한국 사회에 민주주의가 제대로 작동하지 않는 이유는 나이, 계급 중심의 상하 서열 때문이라고 주장한다. 특히 어른은 아이에게 무조건 반말을 하고 젊은 사람은 나이 든 사람에게 존댓말을 써야 하는 것이 일이나 사건을 합리적으로 해결하기 어렵게 만든다는 것이다. 일의 잘잘못을 가리기 전에 존댓말을 써야 하는 사람은 우선적으로 약자의 위치에 서기 때문에 비합리적, 억울한 일을 당해도 제대로 문제를 제기하고 논리적으로 따져 문제를 해결하기가 어렵다는 것이다.

존댓말은 사전적으로는 "사람이나 사물을 높여서 이르는 말"을 가리킨다. '아버님', '선생님' 따위의 직접 높임말, '진지', '따님', '아드님' 따위의 간접 높임말, '뵙다', '여쭙다', '드리다' 따위의 객체 높임말이 있다. 존댓말과 같은 뜻으로 '높임말'이라고도 한다. 존댓말은 상대를 높여서, 존경해서 사용하는 말이라고 하지만 반드시 상대를 높일 때만 사용하는 것이 아니라 격식을 갖추거나, 상대와 거리를 두기 위해서도 사용한다. 나이가 어리거나 직급이 낮은 경우라도 대화 상황이 공식적이거나 상대가 집단인 경우 존댓말을 사용하는 것이 원칙이다. 친밀한 사이에서는 나이, 직급에 구애받지 않고 반말을 사용하는 것을 허용하기도 한다. 친한 친구 사이나 애인 사이에서 갑자기 존댓말을 사용하면 농담이 되거나, 갑자기 거리를 둔다는 표시가 되기도 한다. 그래서 한국어에서는 존댓말 사용이 중요하고, 또한 원만하고도 능숙하게 사용하는 것이 어렵다. 한국어는 호칭과 존댓말을 완전히 익히면 한국어 고급 사용자, 완성자라고 본다.

한국 표준화법에서 '압존법'이라는 것이 있는데, 나이가 직급이 높은 사람에게 말할 때, 화자인 나보다는 나이가 많거나 지위가 높지만 청자인 상대보다는 나이가 적거나 지위가 낮은 경우 어떻게 말해야 하는가와 관련한 문제다. 즉, 할아버지에게 '아버지 아직 안 왔습니다.'라고 하는 것이 어법에 맞는지, '아버지 아직 안 오셨습니다.'라고 하는 것이 옳은지 따지는 것이다. 표준화법 연구팀에서 조사하고, 논의한 바에 따르면, 가족이나 사제 관계 등 서열이 분명하고 엄격한 경우를 제외하고는 압존법을 엄격하게 적용하지 않고, '사장님, 부장님 오늘 출장 중이십니다.'라고 말하는 것이 오히려 자연스럽다고 결론을 내린 바 있다.

요즈음을 어른이라고 젊은 사람에게 무조건 반말을 하는 것은 아니고 경우에 따라 존댓말을 쓰기도 하고, 회사 등 조직에서 직급이 높다고 아랫사람들에게 항상 반말로 지시를 하는 문화는 아랫사람에게도 존댓말을 사용하는 문화로 점차 개선되어 가고 있는 듯하다. 최 교수의 주장처럼 한국 사회 민주화를 위해 존댓말을 없앨 것이 아니라 젊은 사람, 계급이나 직급이 낮은 사람에게도 존댓말을 쓰도록 교육하고, 전반적인 사회 분위기를 대화 상대방을 상호존중 방향으로 바꾸는 것이 바람직하겠다는 생각이 든다.

시어머니의 "얘야, 아직 아범 안 왔니?"는 무슨 뜻일까요?

초등학교 교사로 근무하는 박 선생님은 시어머니를 모시고 살고 있다. 박 선생님 남편은 공무원으로 일하면서 평일에는 일과 시간이 끝나는 대로 퇴근하여 곧바로 귀가한다. 저녁 식사는 남편이 집에 돌아온 후에 온 가족이 함께하는 것으로 되어있다. 그런데 어느 날 시어머니가 6시가 조금 지난 시간에 "얘야, 아직 아범 안 왔냐?"라고 물으셨다. "네, 아직 안 왔어요, 어머니."라고 대답했다. 그런데 시어머니가 마을 경로당에 가서 친구 노인들에게 한 말 때문에 시어머니와 사이에 문제가 생겼다. 시어머니는 마을 다른 할머니들에게 "아이고, 우리 며느리는 대학까지 나오고 선생님이라고 아이들 가르치면서도 도대체 내 말귀를 못 알아들어요. 내가 배가 고파 먼저 저녁을 먹을까 하고 '아범 아직 안 왔냐?'고 했더니, 그냥 '네, 아직 안 왔어요.'라고 하면서 저녁밥 차려줄 생각을 안 해요." 박 선생님은 어머니의 그 질문이 당신이 배가 고프셔서 밥상을 먼저 차려 달라고 그렇게 말했다는 것을 전혀 알아차리지 못했다. 그러면서 한편은 섭섭했다. 그냥 '나 배가 고프니 저녁밥 먼저 차려 다오.'라고 말씀하시지, 에둘러서 '아범 아직 안 왔냐?'고 하면 그 말이 저녁 밥상을 먼저 차려달라는 것인지 어떻게 알 수가 있냐 하는 생각이 들었다. 그리고 경로당에 가서 며느리 눈치 없다고 광고까지 하실까 하는 생각에 박 선생님은 시어머니가 원망스러웠다.

사람과 사람 사이의 의사소통은 단순히 문장의 단어와 문법적 의미만 해석해서는 제대로 이루어지지 않는 경우가 많다. 하나의 단어가 사용 맥락에 따라서 여러 가지 의미로 다르게 해석되기도 하고, 문장도 맥락이나 어조가 변화면 같은 문장이라도 전혀 다르게 전달되기도 한다. 같은 내용이라도 사회문화적 전통과 관습에 따라서 표현과 해석의 방식이 달라진다.

한국 민족은 오랜 기간 한반도를 중심으로 농업사회를 이루어 살면서 씨족 공동체를 이루고, 객관성, 합리성보다는 친밀감과 유대감을 중시하는 사회문화를 만들고, "척하면 삼척이지."라는 말처럼 상대의 의도를 한 마디로 알아차리는 문화를 형성해 왔다. 말하지 않아도 상대의 마음을 알아주거나 직접 말하지 않아도 그 뜻을 헤아려 주는 인간관계를 중요시해 왔다. 부처님과 제자들처럼 '염화시중의 미소'만 보여도 서로 의미를 알아차리는 것을 최고의 소통으로 여겼다. 그리고 말을 많이 하는 것을 좋지 않게 생각했다. 특히 남자의 경우 '남아일언중천금(男兒一言重千金)'이라고 해서 말을 많이 하면 오히려 신뢰할 수 없는 사람으로 여겼다. 한반도에서 오랜 세월 정착해서 씨족 사회를 이루어 농사를 짓고 살면서 서로 친밀해진 사이에서는 굳이 말을 많이 할 필요가 없었다. 대대로 농업을 주업으로 씨족 사회를 이루어 살던 할아버지, 할머니 세대와 인구 대부분이 도시에 모여 살고 이동이 많고, 서로 잘 모르는 젊은 세대는 소통 방식이 달라졌다. 기성세대는 전통적 소통 방식을 유지하고 있지만 젊은 세대는 의도하는 바를 명시적으로 표현하지 않으면 이해할 수 없다고 생각하고, 말 안 해도 알아주어야 한다거나 에둘러 표현해도 무슨 뜻인지 알아야 한다는 소통 방식을 선호하지 않는다.

한국 사람들은 상하관계를 중시하고 대가족 가부장제도 아래서 오랫동안 살아왔다. 나이 든 세대는 상대를 존중하고 체면을 손상하지 않으려고 에둘러 표현하고, 비유적으로 표현하는 것을 좋아한다. 하지만 도시 생활, 개인주의 사고에 익숙한 젊은 세대는 의미 전달의 정확성, 객관성을 선호해서 직접적으로, 명시적으로 표현하기를 선호한다. 전통문화를 중시하는 세대는 명확한 자기 의견이나 주장을 표현하기보다 상대를 배려하고, 도움이 필요해도 상대방이 알아서 도와주기를 바라는 대화 방식을 선호한다. 젊은 세대는 이런 전통 방식보다 직접적, 명확한 의사 표현하고 상대방 입장도 중요하지만 자신의 의도와 목적을 명확하게 드러내는 것을 선호하는 사람이 많다. 며느리가 저녁상을 먼저 챙겨주기를 바라면서 시어머니가 "얘야, 아범 아직 안 왔니?"라고 말하는 것은 과거에 선호되던 소통 방식이라면 "나 배고픈데 저녁밥 먼저 먹고 싶다, 먼저 차려 다오."라고 말해 달라고 요구하는 것은 요즈음 세대가 선호하는 소통 방식이다. 사회 분위기가 달라져서 요즘 며느리한테, 그것도 맞벌이하는 며느리한데 저녁상 차려달라고 말하는 시어머니가 있을까 싶을 정도로 한국 사회, 가족 구성 형태와 소통 환경이 달라져 이런 설명이 고루한 설명이 될 수도 있겠다.

한 문화학자가 '한국 사회에서는 정직하지 않아도 살아남을 수 있지만, 인정머리 없다는 소리를 듣고는 살아남을 수 없다.'라는 우스갯소리를 한 적이 있다. 자신이 판단한 한국 사회는 객관적 공평과 정의보다 주관적 인정과 의리가 더 중시되는 사회라는 것이다. 그런데 최근 30~40년 사이에 한국 사회 문화는 크게 달라졌다. 1인 가구가 4인 가구보다 많고, 이웃과 인정을 나누고 말 안 해도 서로의 어려운 사정을 헤아려 주는 문화는 한 세대 전보다 훨씬 약해졌다. 한 아파트에 살고 같은 엘리베이터를 타는 이웃이어도 서로 인사도 안 하는 사람들이 많아졌다고 한다. 주거 환경이 바뀌고 생활 환경이 달라져도 서로를 배려하고, 가능하면 상대의 마음을 헤아려 듣고 의도를 알아주려 노력하는 문화는 유지하고 발전해 나갔으면 하는 바람이다.

미장원과 헤어숍,
어떻게 달라요?

어릴 적 학교에서 '아버지'는 '부친'으로, '이'는 '치아'로, '나이'는 '연세' 또는 '춘추'로 바꾸어 써야 존댓말이 된다고 배운 기억이 있다. '고맙습니다'보다 '감사합니다'가 고마운 마음을 더 강하게 나타낸다고 생각하는 것도 같은 맥락이다. '감사(感謝)'는 한자어이고 '고마움'은 순한국어인데 왜 토박이 한국어로 말하는 것이 한자어로 말하는 것보다 더 가치가 없는 것으로 생각하게 되었을까?

중앙일보 「삶의 향기」라는 칼럼에 최명원 성균관대 교수가 "치유와 힐링, 악당과 빌런은 다른가요?"라는 글을 실었다. 영화나 드라마에서 주인공이 아니더라도 악역을 맛깔스럽게 소화해내는 인물을 '빌런'이라고 하고, 병이나 아픔을 낮게 하는 것을 '치유'라고 하지 않고 '힐링'이라고 한다. 치유는 의과적 처치를 통해 병이 낫는 것을 의미하고, 좋은 음악을 듣고 그림을 감상하고 우아한 식당에서 맛있는 식사를 하는 등의 행위를 통해서 넓은 의미의 치료 효과를 거두는 것을 '힐링'이라고 한단다. 요즘 사회 분위기는 "미장원에 가서 머리 자르고 손질을 받았다."고 하는 대신 "헤어숍 가서 헤어 디자이너에게 커트하고 트리트먼트 받고 왔다."고 하면 훨씬 더 고급으로 여긴다. 우리말을 쓰지 않고 외국어로 포장하면 몇 배나 부풀려진 비싼 값을 치를 준비가 돼 있는 듯하다고 꼬집는다. 주부들이 오전에 여유를 가지고 늦은 아침 먹는 식당을 '브런치 카페'라고 하면서 격조와 우아함을 강조하고, 거기서 식사를 하면 값은 묻지도 따지지도 않는 가심비(가격에 비해 만족스러움을 따지는 용어)의 자부심을 갖는단다. 식당에서도 요리사나 주방장이 요리해주는 음식을 먹기보다 영어, 불어, 이탈리아어로 이름 붙여진 레스토랑에서 셰프가 해준 음식을 먹는다는 소리를 듣는 순간 엄청난 부가가치를 붙여서 돈을 물처럼 쓸 각오와 명분이 만들어지는 사회 분위기이다. 인터넷 쇼핑 방송에서 온라인 상품 판매자들이 국적을 상실한 언어를 쓰기 시작한 지 오래고, 예쁜 우리말 색깔 이름을 버리고 자줏빛 대신 버건디를 써야 더 자부심을 갖는 언어 사대주의, 일그러진 가치관을 비판한다.

인류 역사를 보면 한 사회의 문명은 더 높은 문명이라고 생각하는 것에서 더 낮은 것이라고 생각하는 쪽으로 흐른다. 언어도 그런 의식의 흐름을 따라 흐르고 바뀐다. 한국 사회는 거의 이천 년 동안이나 한자나 한문 문화를 한국문화보다 더 높은 것으로 여기면서 고유 한국어를 홀대해 왔다. 일제 강점기에는 일본어로 말하고 써야 대접을 받았다. 해방 이후 영어가 한국어보다 한국 사회에서 우월적 지위를 누리고 있음을 부인할 수 없다.

시골 출신이 도회지에 나가서 공부하고 사회 생활하면서 도회지 사람들이 시골 고향 사람보다 더 우월하다고 생각하는 것이 잘못된 것처럼 한자어나 영어가 한국어보다 더 멋있고 우월하다고 생각하는 것은 잘못이다. 말은 그 민족의 얼이고, 역사이고, 현재 삶의 수단이고, 미래를 향해 나아가는 지침이기 때문이다. 우리의 삶은 우리가 대를 이어 꾸려온 삶을 바탕으로 하고 그 위에 외국으로부터 온 것이 추가되는 것이 원칙이고 바람직하다. 어느 경우에도 외국 것이 우리 것을 밀어내거나 없애도록 내버려 둬서는 안 된다. '컬러풀'한 메이크업을 한 여성의 얼굴보다 주름진 어머니 얼굴이 더 아름답고 멋있다고 깨달을 때가 되어야 비로소 철이 들었다고 할 수 있다. 토박이 우리 말과 글이 화려해 보이는 외국어보다 더 아름답고 멋있다고 깨달아야 비로소 우리는 철이 드는 것이 아닐까?

'이것은 내 동생이다'가 맞아요?

영어 문장 "This is my brother."를 한국어로 번역할 때 "이것은 나의 남동생(형)이다."라고 번역할 수는 없다. 영어 'this'는 '이것'이고, 'my'는 '나의(내)'이고, 'brother'는 '남동생(형)'으로 사전에 나오고, 우리가 학교에서 영어를 배우고 단어를 외울 때 그렇게 익히지만 실제 이들 단어의 조합으로 만들어지는 문장에서 이들 단어를 사전 뜻 표시대로 한국어로 번역하면 소통에 문제가 생긴다. 왜 "This is my brother."의 'this'는 '이것'이라고 번역해서는 안 될까?

한국어의 인칭 체계는 복잡하다. 상대를 어떻게 불러야 하는지, 상대와 관계되는 사람을 어떻게 지칭해야 하는지 한국어를 모국어로 쓰는 사람조차 어렵고 헷갈린다. 사람을 부를 때 사용하는 호칭, 사람을 가리킬 때 사용하는 지칭을 말하는 인칭대명사뿐 아니라 단수 복수 표지가 분명하지 않고, 남성과 여성을 구분하는 기준이 명확하지 않은 것을 한국어를 배우는 외국인들이 이상하게 생각하고 어려워한다. 한국어는 사람을 가리키거나 부를 때 사용하는 인칭과 호칭이 체계적이지 않은 것처럼 보인다. 실제 한국어를 배우거나 한국어로 소통할 때 인칭과 호칭의 사용이 매우 어렵고 상대 호칭 때문에 싸움이 생기기도 한다. 영어의 'you'는 사전에 '당신, 너, 여러분, 너희들'로 번역되어 있지만, 실제 영어 대화 장면에 쓰이는 'you'를 이들 단어로 번역해서 말하면 어색하거나 오해가 생기는 한국어 문장이 되어버리는 경우가 많다. 휴대용 자동번역기로 외국 문장을 한국어로 번역하면 인칭대명사 번역이 제대로 이루어지지 않아서 문장이 어색하거나 우스꽝스러워지는 경우가 많다.

한국어 인칭대명사는 단순히 일인칭, 이인칭, 삼인칭 그리고 단수 대명사와 복수 대명사로 체계를 잡아 사용하기가 어렵다. 이런 특성 때문에 한국어의 인칭 대명사 체계가 엉망이라고 생각하는 사람도 있다. 한국어는 대화 장면에서 상대방을 부를 때, 특히 윗사람이나 낯선 사람인 경우 이름으로 부르지 않는 것이 원칙이다. 호칭이나 지칭에서 인칭대명사를 사용할 때도 영어처럼 일인칭, 이인칭, 삼인칭으로 나누고, 단수와 복수로 나누어 적용하지 않는다. 한국어 인칭에서 가장 우선하는 기준은 화자와의 관계로 나누어지는 일인칭, 이인칭, 삼인칭보다는 사회적 직책과 나이이다. 상대의 직책, 직급을 우선 고려하고, 나보다 나이가 많은가 적은가를 가려서 호칭을 사용한다.

한국어는 대상을 지칭할 때, 생물, 무생물로 나누는 것이 아니라 사람과 사람 아닌 것으로 먼저 나눈다. 사람일 경우 그가 나보다 윗사람인가, 아랫사람인가 하는 상하관계, 서열관계가 우선이다. 그래서 사람은 '이것, 그것, 저것'으로 다루지 않는다. 정말 화가 났을 때 사람을 물건 취급을 해서 '이것(들), 그것(들), 저것(들)'을 사용기도 하지만 일반적이지 않다. 사람도 사람답지 못하면 물건으로 취급하거나 품격이 없는 사람으로 취급하여 '놈, 년' 등 상스런 말을 쓴다. 그래서 "This is my brother." 영어 문장 주어 'this'는 '이것'이 아니라 "(이 사람은) 제 남동생(형)입니다."라고 해야 한다. 가끔 친구가 아닌데도 "이 친구는 축구를 정말 좋아합니다."처럼 '친구'라는 단어를 사용하기도 한다. 다시 말해, 한국어에서는 사람을 '이것, 그것, 저것'으로 부르거나 가리키는 것은 아주 화가 나서 상대를 경멸하거나 인격을 무시할 때 사용하는 호칭과 지칭이 된다.

한국어는 대화에서 영어의 'you'에 해당하는 적절한 한국어 단어를 찾기가 쉽지 않다. 한국어 사용 원리는 대화 상황에서 대체로 직접 얼굴을 대하는 상대를 '당신(너)'이라고 명시적으로 말하지 않는다. "Where are you going?"에서 주어 you는 절대 생략 불가한 필수 성분이지만 한국어에서 "당신은 어디 가십니까?"라고 말하지 않는다. 주어를 생략해서 "어디 가십니까?"라고 해야 자연스러운 표현이 된다. "What is your name?"도 "이름(성함)이 무엇입니까?"라고 'your'에 해당하는 한국어 표현을 생략한다. 굳이 상대를 부르거나 지칭으로 사용할 경우도 '당신'이 아니라 상대의 직급이나 나와의 관계를 사용한다. "선생님/부장님/큰아버지/형님 언제 여기 도착하셨어요?"라고 직함이나 관계를 이용한 호칭을 선호한다. 식당에 가서도 반찬을 추가로 부탁하기 위해서 종업원을 여자인 경우 '이모, 언니', 남자인 경우 '삼촌, 사장님' 등으로 부르는 것을 선호한다.

한국어에서 'you'에 해당하는 호칭, 지칭이 없어 요즘 백화점 상거래나 온라인 상담 장면에서 '고객님', '회원님' 등의 용어가 쓰이고 있는데, 고객이나 회원이 아닌 경우 또 뭐라고 불러야 할지 고민이다. 과거 방문한 사람을 가리켜 '손님'이라는 단어가 많이 쓰였으나 최근 '고객님'으로 바뀌는 추세다. 표준화법에서는 가장 보편적이고 일반적인 상대 호칭은 그가 나이든 사람이거나 낯선 사람인 경우 '선생님'을 사용할 것을 권장하고 있다. 그가 남자이든 여자이든, 직급이 무엇인지 모를 경우 '선생님'이라고 호칭하는 것이 가장 무난하고 일반적이라는 것이다. 상대의 성씨를 알면, '김 선생님, 이 선생님'처럼 성을 붙여서 사용하는 것도 표준이라고 한다.

한때 고객을 상대하는 사람들이 무조건 남자 손님에게 '사장님', 여자 손님에게 '사모님'이라고 부르기도 했는데, 이는 과잉 존대이며 적절하지 못한 호칭 사용이다. 그런데 요즘 한국 사회에 영어를 비롯한 서양 문화의 영향이 점점 커져서 앞으로는 상대의 이름으로 부를 날이 올지도 모르겠다. 어떤 사회학자는 가장 간단하고 존중의 의미가 있는 '님'을 'you'를 갈음하는 호칭으로 사용하자는 제안을 했는데, 한국 사회 구성원들이 호응하면 그렇게 쓰는 것도 나쁘지 않다고 본다. 온라인상에서 상대를 부를 때 별명 뒤에 '님'을 붙여, '솔바람 님, 노랑나비 님'처럼 부르고, 어느 방송 프로그램에서 이미 사용하는 것처럼 전화번호 뒤에 '님'을 붙여서 '5924님 신청하신 곡'처럼 상대를 알 수 있는 표지에 '님'을 붙여 그 쓰임을 확대할 수도 있겠다는 생각이 든다.

'좀 도와 달라.'고 하면
정말 조금만 도와주나요?

"좀 기다려 주세요, 좀 비켜 주세요, 좀 깎아주세요." 등에 쓰이는 '좀'은 사전에 찾으면 '조금'의 준말로 되어 있지만, 실제 대화에서 사용하는 많은 경우 '좀'은 '조금'의 뜻으로 이해하거나 번역하면 곤란하다. 이때의 '좀'은 '부탁이나 동의를 구할 때 말을 부드럽게 하기 위해 덧붙이는 말'이다. 전문용어로 '간투사'의 일종이다. 그런데 기본적으로 '조금'이라는 의미의 '좀'이 왜 이런 부탁이나 동의를 구할 때 쓰이는 말이 되었을까? '좀'은 이외에도 "날씨가 좀 추워야지."에서처럼 '어지간히'와 비슷한 의미로도 쓰인다. "둘이 사이좋게 지내면 좀 좋으냐?"에서처럼 '얼마나'와 같은 의미로 쓰이기도 한다.

현대 한국어에 정도를 나타내는 부사로 여러 낱말이 쓰이고 있다. '조금/꽤, 상당히/아주, 매우, 대단히, 엄청, 굉장히' 등이 있고, 그중 가장 높고 강한 정도를 나타내는 말이 '아주, 매우, 대단히, 굉장히' 등이다. 방언에서는 '겁나게, 되게' 등이 쓰이기도 한다. 입말에서는 이런 말을 대신해서 '정말, 진짜' 등이 같은 의미로 쓰이기도 한다. 각 낱말은 각기 의미 영역을 가지고 다른 것들과 정도의 차이를 나타내는 기능을 담당한다. '너무'는 '일정한 정도나 한계를 넘어'라는 의미가 기본 의미인데, 근래에는 '아주, 매우'를 강조할 때 이들 단어와 같은 의미로 사용하기도 해서 한다. 얼마 전 국립국어원에서 '너무'를 '매우, 아주, 대단히'와 같은 기능을 하는 표준어로 인정하기로 하였다.

그런데 '조금'의 준말 '좀'이 부탁하거나 동의를 구할 때 사용하는 말이 된 이유는 무엇일까? '좀(조금)'의 반대말은 '많이'이다. 대화 상황에서 상대에게 부탁을 하거나 화자가 자신의 주장에 동의를 구할 때 '많이' 도와달라거나 화자 자신

의 주장에 전적으로 동의를 해달라고 요구하기가 어렵거나 그런 요구가 무리라고 생각하니까 '조금', 또는 '조금만'이라고 부탁을 했을 것이다. 그런데 그 표현이 부탁 상황이나 동의를 구하는 상황에서 관습적으로 자주 쓰이다 보니 점점 본디 뜻인 '조금'의 의미를 벗어나 영어의 'please'나 일본어의 '(なに)とぞ'과 같은 기능을 하게 된 것이라고 본다.

한국 문화에서 부탁할 때 '제발'이라고 하지는 않는다. '제발'은 부탁이 아니라 애원하거나 애걸할 정도로 간절하게 빌 때 사용하는 말이다. 한국 사람들은 남에게 부탁을 하러 가서 곧바로 부탁 용건을 꺼내지 않는 것이 예의라고 생각한다. 돈을 빌리거나 도움을 요청할 때 만나자마자 그 용건을 꺼내는 것은 도와주는 사람 입장에서는 그 도움이 당연한 의무인 양 부탁하는 것으로 받아들이기 쉽기 때문이다. 한국 문화에서는 안부나 일상의 대화를 나누고 헤어질 때쯤, '사실은…', 하고 자신의 용건을 말하는 것이 예의이고, 그것도 '조금만', '당신이 부담을 느끼지 않는 선에서 도와주세요.'라고 말하는 것이 예의라고 생각해 왔다. 요즘 세상이 하도 많이 변해서, 부탁하러 가서 한참 다른 이야기하다가 마지막에 자신의 부탁을 말하는 것을 비난하는 사람도 점점 많아지고 있는 추세라 어느 방식으로 부탁의 말을 해야 할지 점점 어려워지고 있다.

한국말에는 '너무'와 '같다'가 너무 많은 것 같은가요?

저녁 식사에 초대를 받은 한 학생이 초대한 선생님의 부인이 직접 조리한 음식을 먹은 후에 "사모님, 직접 요리해 주셔서 그런지 너무 맛있는 것 같습니다. 음식점에서 먹은 것하고 완전 맛이 틀려요."라고 말했다. 자기가 먹은 음식에 대해서 맛이 어떠한지를 말하는데, '너무 맛있는 것 같다', '너무 맛이 틀려요.'라고 하는 것은 한국어 어법에 맞지 않다. 맛이 있다는 것을 강조하기 위해서 '너무'를 쓰고, 겸양의 뜻을 나타내기 위해서 '같다'를 썼다는 것을 짐작할 수 있고, 음식점 음식보다 더 맛있다는 것을 강조하는 말이지만 이는 잘못된 표현이다.

첫째, '매우, 아주, 대단히'의 의미로 '너무'를 사용한 것은 잘못이다. '너무'는 '일정한 정도나 한계를 넘어선 상태로'의 의미를 가진 부사이다. '너무 어렵다, 너무 늦다, 너무 위험하다, 너무 멀다' 등 대체로 부정적 의미로 형용사 앞에 사용하는 것이 자연스럽다. 최근에 '너무 예쁘다, 너무 좋다, 너무 맛있다' 등 긍정적 의미로 형용사와 함께 '너무'를 쓰는 사람들이 많아졌다. 공식적으로 이런 표현도 표준화법으로 수용하기로 했다지만, 한국어를 발전시키고 정확하고, 정교하게 다듬는 데에는 도움이 되지 않는다고 본다. 현대 한국어에서 정도를 나타내는 부사가 여럿이 쓰이고 있고, 각 낱말은 각기 의미 영역을 가지고 정도의 차이를 나타내는 기능을 담당한다. '조금/꽤, 상당히/아주, 매우, 대단히' 등은 정도를 드러내고, 그중 가장 높고 강한 정도를 나타내는 말이 '아주, 매우, 대단히'이다. 입말에서는 이런 말을 대신해서 '정말, 진짜' 등이 비슷한 의미로 쓰이기도 한다. '너무'가 '일정한/적절한 정도나 한계를 넘어섰다'는 기본 의미를 갖고 있는 것을 고려하면, '아주, 매우, 대단히'와 같은 의미로 '너무'를 사용하는 것은 잘못이다. 그렇게 쓰는 사람이 많다고 그것을 표준화법으로 수용할 것이 아니라 각 낱말의 의미를 정확히 가려 쓰고, 정도 차이를 구별해 표현하도록 교육하는 것이 바른 길이다. 자신의 느낌을 강조하기 위해서 '너무 너무 멋있다'식으로 말하는 사람이 있는데, 이런 강조 방식은 한국어 강조법에는 어울리지 않는다. 한국어의 강조하는 의미로 정도 부사를 사용할 경우에는 '저~엉말 멋있다'처럼 첫음절을 길게 늘려 강조하는 것이 자연스럽기 때문이다.

둘째, 자신의 경험과 생각처럼 자신이 가장 잘 알고, 자신이 책임져야 할 내용에 대해서 단정적 표현을 사용하지 않고 '같다'를 쓰는 것은 잘못이다. 자신이 경험한 것 생각한 것을 분명하게 말해야 할 상황에서 '같다'를 덧붙이는 것은 마치 '네 이름이 무엇이냐?'라고 물으면, '김○○인 것 같습니다'라고 답하는 것처럼 이상하고 어색하다. 그것은 겸손이 아니고 책임회피처럼 들린다. 학교 현장에서 학생들이 대화하는 것을 들어보면, 단정적으로 말해야 할 상황에서도 '같다'를 붙이는 경우가 많다. '같다'는 본디 '서로 다르지 않고 하나다.'라는 의미의 형용사이다. '같다'는 체언 뒤에 붙여 "그 당시 신혼여행은 으레 제주도나 설악산 같은 곳으로 갔다."처럼 '그런 부류에 속하다'의 의미로도 쓰인다. 또 가정법 표현으로 "옛날 같으면 상상도 못할 일들이 일상으로 일어난다." 또는 "너 같으면 가만 있겠냐?"처럼 쓰인다. "마음 같아서는 다 그만두고 싶다. 요즘 같아서는 살맛 안 난다." 등으로 본디 형용사가 갖는 의미와 기능이 다양해졌다. 최근 많은 사람들이 '-ㄴ/는 것, -ㄹ/을 것' 뒤에 '같다'를 붙여서 "구름이 몰려오는 것을 보니 비가 올 것 같다."와 같이 말하는 이의 추측이나 불확실한 정보임을 드러내거나 겸양을 표시한다. 말하는 이가 명제 내용에 대해서 추측하거나, 아는 것이 불확실함을 드러낼 때는 언어에 따라 양태(modality), 또는 서법(mood) 등의 다른 형식 범주로 나타난다. 국어에는 명제 내용에 대한 지식의 불확실성이나 말하는 이의 추측 등의 태도를 드러낼 때 '-은/는/을 것 같다' 외에도 여러 가지가 있다. 예를 들어, '비가 오다'라는 명제에 대해서 그 정보 출처가 불확실하거나 추측한 것일 경우, '비가 왔겠다/오겠다. 비가 온/오는/올 모양이다. 비가 왔나/오나/오려나 보다, 비가 온/오는/올 듯하다. 비가 왔을/올 가능성이 있다. 비가 왔는지/오는지/

올지 모른다. 비가 왔을라/올라. 비가 왔을텐데/올텐데. 비가 왔다고/온다고 봐. 비가 왔다고/온다고 생각해.' 등등 여러 표현이 있다. 그런데 이들의 섬세한 차이를 구분하지 않고 '비 온/오는/올 것 같다.' 하나만 사용하는 것은 문제가 있다. 이는 마치 냄비 하나만 가지고 국도 끓이고 밥도 짓고, 그것으로 설거지통으로도 사용하고, 음식 쓰레기통으로 사용하는 것처럼 말의 품격을 떨어뜨리는 일이다.

또한 '같다'와 관련해서 '다르다'의 의미로 '틀리다'를 사용하는 것도 잘못이다. 대학 교양 강의에서 조별 발표를 논의하던 중 한 학생이 "저 친구하고는 발표 조가 틀려요."라고 해서, "저 친구하고 발표 조가 틀리냐, 다르냐?"라고 질문한 적이 있다. '다르다'의 반대말은 '같다'이고, '틀리다'의 반대말은 '옳다, 바르다, 맞다'이다. '틀리다'를 '다르다' 대신에 사용하는 것은 한국어 표현의 정확성을 위해서 바로 잡아야 한다.

말은 개인의 생각과 느낌을 드러내는 수단이자, 의사소통의 도구이고, 사회 공동체를 묶어주고 정체성을 형성하는 바탕이다. 한국어가 오랫동안 한자에 억눌려, '가람'과 '뫼'가 '강'과 '산'에게 자리를 내어주고, '풀뿌리와 나무껍질로 겨우겨우 목숨을 이어왔다.'라고 표현할 것을 '초근목피로 근근이 생명을 부지했다.'라고 말하는 사람이 사회에서 우월적 지위를 누려왔다. 최근에는 방송 등 공공언어에까지 '멘탈(정신력)이 강하다', '피지컬(신체 조건)이 좋다' 등 영어가 밀고 들어오고 있다. 불필요한 한자어와 영어에서 한국어를 제대로 지키는 것과 함께, '같다'와 '너무' 등 날마다 주고받는 대화에서 잘못 쓰고 있는 한국어를 한국어답게 가다듬고, 가려 쓰는 것도 중요한 과제가 되었다.

한국인은 오렌지와 옐로우를 구별하지 못하나요?

한국 사람은 어떤 사람이 부끄러운 일을 당하거나 화가 났을 때 그의 표정을 보고 "그 사람 얼굴이 빨개졌어요."라고 말한다. 놀라거나 두려움을 드러낼 때는 '얼굴이 하얘지다/파래지다'라고 하고 햇볕에 그을리거나 탔을 때 '얼굴이 새까맣다/까매졌다.'라고 한다. 특별히 건강이 좋지 않거나 건강한 혈색이 없을 때 '얼굴이 노랗다/노래지다.'라고 한다. 한 사람의 얼굴빛이 그야말로 감정이나 건강 등의 변화에 따라 오색으로 변하는 것으로 표현한다.

한국인의 기본 색깔은 빨강, 노랑, 파랑, 하양, 까망 다섯 가지이다. 여러 색깔이 화려한 경우에 '오색 찬란하다'고 하고, 여러 색깔의 깃발이 걸려 있을 때도 '오색 깃발이 늘어져 있다.'라고 한다. 다섯 가지 색으로 삶의 주변의 모든 색을 표현하면서 그 다양한 모든 색을 '오색'이라고 보았다. 비슷한 말로 '오채(五彩)'라는 말이 있어 '오채 단청, 오채 비단' 등으로 쓰기도 했지만 요즘 일상에서는 거의 쓰이지 않는다.

국제적으로 표준색을 정할 때 채도와 명도에 따라 구분한다. 섬유 가공이나 디자인 등에서 사용하는 색은 수천 가지가 넘고 국제공인 고유번호까지 매겨져 있다. 그런데 전통적으로 한국인은 색깔 구분을 할 때, 명도와 채도의 차이보다는 기본색 빨강, 파랑, 노랑, 하양, 검정을 정하고, 다음에 그 기본색에서 좋고 싫음에 따라서 다른 의미로 색을 구분해왔다. 물론 유채색과 무채색 함께 다섯 색깔을 기본으로 사용했다.

오래전에 영어의 '오렌지(orange, 주황색)'와 '옐로우(yellow, 황색)'를 구분하지 못하는 것을 가지고 한국인들이 색깔 감각이 둔한 것 아니냐는 논란이 된 적이 있었다. 채도와 명도로 구분하는 서구식 색깔 개념으로 보면, 주황색과 황색은 분명 다른 색이다. 채도가 다르고, 명도가 분명한 차이가 있다. 그렇지만 전통 한국인의 색깔 인식으로 보면 주황색과 황색은 분명 다른 색이지만, 한국인의 눈으로 보면 모두 노랑이다.

한국인은 기본 유채색은 빨강, 노랑, 파랑 세 가지 색뿐이지만 그렇다고 다른 색깔을 구분하지 못하는 것은 아니다. 풀도 파랗고, 하늘도 파랗다고 할 때는 색깔 개념이 없어 보이지만 연두색, 녹두색, 바다색, 옥색, 감색, 쪽색(남색) 등으로 구분해서 '그린(green, 녹색)'과 '블루(blue, 파란색)'을 기본으로 구분하는 영어보다 더 정교하게 색을 가려서 쓰기도 한다.

한국인의 색깔 세분화는 명도와 채도를 기준으로 나누는 것이 아니라 말하는 사람의 기분, 즉 기분이 좋은 색인가, 기분 나쁜 색인가의 기준에 따라 달라진다. 예쁘게 밝게 핀 개나리는 '샛노란 개나리'가 되지만 흰 셔츠이지만 오래 땀에 절어서 더럽고 냄새날 지경이 된 색은 '누리끼리한 와이셔츠'가 된다. 아무리 오래되고 더러워져도 와이셔츠가 노란색으로 말한 정도로 노랗게 되지는 않지만 기분 나쁜 흰색이 변해 버린 색깔은 '누리끼리한 색'이 되어버린다. 빨강도 마찬가지다. 귀여운 아기의 볼은 '볼그레한 아기 볼'이지만 술을 많이 마신 취객의 얼굴은 '불그레 취한 얼굴'이 되는 것이다.

어느 심리학자가 인간은 이성의 지배를 받는 것이 아니라 감정의 지배를 더 강하게 받고, 감정보다는 생명의 죽고 사는 문제가 더 강력한 힘을 발휘한다고 말한 것이 기억난다. 이성적으로 색깔이 명도와 채도가 다르더라도 감성적으로 다르면 다르게 표현하는 것이 한국어 색깔 표현의 특성이라면 한국어가 더 인간 본성에 가까운 표현법을 가진 것이 아닐까 강변해 본다.

다른 사람의 말을 어떻게 해야
제대로 전할 수 있을까요?

(전화벨 소리)

친구1: 누구야?

친구2: 철수.

응, 철수야. 아, 그래? 알았어, 알았다니까? 그래, 걱정하지 마.

친구1: 뭐래? 온대?

친구2: 못 온다고 하네. 집에 일이 생겼대.

친구1: 아니, 걔는 만날 무슨 일이 그렇게 자주 생기냐? 지난번에도 자기
가 가자고 하더니 안 오고.

친구2: 걔가 좀 약속을 자주 깨기는 하지.

친구1: 무슨 일이냐고 물어보지 그랬어?

친구2: 그냥 넘어가자. 미안하대잖아. 뻔한 걸 물어봐서 뭐해.

어떤 시대이든 다른 이의 말을 잘 듣고 왜곡 없이 전하는 것은 매우 중요한 의사소통 능력이다. 물론 소통의 미덕은 진의를 파악하는 것에 있겠으나 진의 파악 이전에 사실에 대한 정확한 전달이 우선되어야 한다. 누군가의 말을 다른 사람에게 전하는 화법을 '간접화법'이라고 한다. 성공적인 의사소통을 위해서 우리는 간접화법을 다른 무엇보다 더 잘 이해할 필요가 있다.

간접화법은 전하고자 하는 말이 가지는 의향에 따라 달라진다. "밥을 먹었어."처럼 '무엇을 하다'와 "저 꽃이 예쁘네."처럼 '무엇이 어떠하다'를 나타내는

경우 즉, 일반적인 행위나 상태를 기술하는 평서형 종결의 경우에는 '-(ㄴ)다고 하다'를 써서 실현한다. '못 온다고 하네.', '집에 일이 생겼대.', '미안하대.' 등이 이에 해당한다. 그런데 철수가 어떻게 말했는지를 재구성해 보면 조금 주의해야 할 부분이 보인다.

못 온다고 하네.	←	"못 가."
집에 일이 생겼대.	←	"집에 일이 생겼어."
미안하대.	←	"미안해."

'생겼대, 미안하대'는 원래 철수가 말한 표현도 '생겼어, 미안해'가 될 것이지만 '못 온다고 하네'는 '못 가'라고 말한 것을 주체의 이동성을 생각해서 화자 입장에서 '못 온다고 하네.'라고 고쳐 전달하고 있다.

누군가에게 무엇을 하자고 요청하는 청유형의 경우에는 '-자고 하다'를 써서 간접화법을 실현한다. '지난번에도 자기가 가자고 하더니'가 이에 해당한다. 철수의 발화를 재구성해 보면 다음과 같다.

자기가 가자고 하더니	←	"우리 거기 가는 게 어때? 시간 맞춰 같이 가자!"

이처럼 직접 "무엇을 하자"라는 형태로 말을 하거나, 다른 우회적인 표현을 써서 함께 행동을 하자는 청유를 나타내는 경우에는 '-자고 하다'를 써서 실현한다. 그리고 이때에는 동사만이 가능하다. '*예쁘자고 하다, 덥자고 하자'처럼 형용사의 상태성을 함께 나누자고 말할 수 없기 때문이다.

들는 대상에게 청유가 아닌 명령을 하는 경우에는 '-라고 하다'를 쓴다. "왜 뻔한 걸 물어보라고 하는 거야?"가 이에 해당한다. 친구1가 친구2에게 "무슨 일이냐고 물어보지 그랬어?"라고 한 것을 일종의 명령으로 이해하고 친구2가 "뻔한 걸 물어봐서 뭐해."처럼 답한 것이다. 이처럼 대화를 하는 사이 간에도 간접화법을 통해 다시 한번 그 대화를 확인하기도 한다.

평서형, 청유형, 명령형의 종결 외에 의문형의 종결인 경우에는 '-냐고 하다'를 쓴다. 그런데 한국어 표준 문법에 따르자면 명사가 아닌 용언 중에서 동사는 '-느냐고 하다'와, 형용사는 '-냐고 하다'와 결합해야 한다. 하지만 최근 현대 한국어는 이들을 구분하지 않고 모두 '-냐'로 통일해서 쓰는 경향이 있다. 이 대화에서는 '무슨 일이냐고 물어보지 그랬어?'에서는 명사와 결합한 형태로 실현된 것인데, '무슨 일이야?'라고 묻는 상황을 이미 가정하고 이것을 간접 화법 형태로 적용해서 실현한 것이다.

한국어의 간접 화법 형식을 간단히 정리해 보이면 다음과 같다.

	명사	동사	형용사
평서형	이게 사과야.	학교에 가.	저 차 참 빠르네.
	(뭐라고 했어?)	(뭐라고?)	(뭐라고?)
	(그가, 내가) 이게 사과라고 (말)했어.	(그가, 내가) 학교에 간다고 했어. (그가) 학교에 간대.	(그가, 내가) 저 차 참 빠르다고 했어. (그가) 저 차 참 빠르대.
	-(이)라고 하다	-ㄴ다고 하다	-다고 하다
		※ 자기가 한 말을 반복할 때 또는 3자의 발화를 전달할 때	
		-ㄴ대('다고 해'의 준말)	-대('다고 해'의 준말)
	※자기 또는 3자의 발화 전달	※자기가 한 말을 반복할 때에는 쓰지 못한다.	

청유형	없음	우리 영화 볼까?	없음
		(뭐라고 했어?)	
		(그가, 내가) 영화 보자고 했어. (그가) 영화 보자고 하던데. (그가) 영화 보재.	※하지만 현대 한국어에서 '행복하다', '건강하다'와 같은 몇몇 단어는 청유형과 명령형으로 종종 무리 없이 쓰인다. '행복하자, 건강하자, 행복해라, 건강해라'와 같은 표현처럼 상대방 상태가 지속되거나 개선되기를 바라는 의미로 쓰이는 단어들이 있다. 이 경우 간접화법은 동사의 용례와 같다.
		-자고 하다 -재	
명령형	없음	그 책 좀 가져 와!	
		(뭐라고?)	
		(그가, 내가) 그 책 좀 가져 오라고 했어	
		-라고 하다	
		※이때 '가져 달라고 하다'처럼 쓸 수도 있다.	
의문형	이게 사과야?	철수 지금 와?	날이 더워?
	(뭐라고 했어?)	(뭐라고?)	(뭐라고?)
	(그가, 내가) 이게 사과냐고 했어.	철수가 지금 오냐고 했어. 철수가 지금 오고 있냐고 했어.	지금 덥냐고 했어. 지금 더우냐고 했어.
	-(이)냐고 하다	-냐고 하다	-냐고 하다

※ '덥다, 춥다'처럼 활용 시 'ㅜ'로 교체되는 ㅂ불규칙 용언의 경우 또는 '좋다, 싫다' 등의 단어를 '더우냐고, 추우냐고, 좋으냐고, 싫으냐고'로 쓰는 것도 허용된다. 그러나 어간에 바로 -냐를 붙여 '덥냐고, 춥냐고, 좋냐고, 싫냐고'처럼 써야 하는 게 원칙이다. 동사 '줍다'의 경우 '주우냐고'처럼 쓰지 않기 때문이다. 그리고 ㅂ불규칙이 아닌 ㄷ불규칙 동사 '걷다'나 ㅅ불규칙 동사 '짓다' 등을 '걸으냐고, 지으냐고'가 아닌 '걷냐고, 짓냐고'처럼 쓴다는 것에 비추어 보면 ㅂ불규칙으로 활용되는 단어들 역시 어간의 원 형태에 바로 '-냐고'를 붙여서 의미를 분명하게 전달하는 것이 맞다.

간접화법을 쓰지 않으려면 인용의 부호인 " "(따옴표)를 사용하여 문장을 직접 인용하면 된다.

> 그가 "이게 사과야."라고 말했다
> 그가 "저 차 참 빠르네."라고 말했다.
> 그가 "우리 영화 볼까?"라고 말했다

그런데 사실 우리는 여러 대화 상황에서 간접화법으로 그 사람의 말을 전하거나 내 말을 다시 반복(강조)해서 전달하게 된다. 저렇게 직접 인용해서 전달하는 경우는 그리 많지 않다. 그 사람의 성대모사를 더하여 조금 더 사실적으로 전하려고 할 때나 사용한다.

타인의 말을 올바로 잘 전하는 것은 매우 중요하다. 상대방의 진의를 해석하고 그에 따라 자신의 비판적인 생각을 더하여 전달하는 것도 중요하고 좋은 화법이기도 하지만, 때로는 문자 그대로 전달해 줘야 할 때가 있다. 전달받는 사람이 자신의 배경 지식 안에서 해석을 더해야 할 순간이 있기 때문이다. 간접화법을 잘 이해하고 앞으로 생각을 바르고 깔끔하게 전하는 연습을 하고 상대방의 말을 가감 없이 잘 전하는 것만으로도 당신의 화법은 많은 사람들에게 인정받을 것이다.

'불법체류자'를 '미등록외국인'으로 고쳐 쓰는 것의 의미는 무엇일까요?

언어는 정치, 사회, 문화와 떼려야 뗄 수 없는 관계에 있다. 사회를 외면한 채 언어에 관한 것만 이야기할 수도 없고, 그렇게 해서도 안 될 일이다. 우리는 누구나 자신이 경험하고 아는 만큼 세상을 이해한다. 세상의 모든 일을 아는 사람이 없기 때문에 완전한, 혹은 완벽한 인간은 있을 수 없다. 우리는 간혹 모르는 사이에 '내가 아는 만큼'이라는 편견에 갇혀서 다른 사람에게 상처가 되는 말을 할 때도 있다. 요즘 한국 사회에 문제가 되고 있는 편가르기와 차별 대우, 편견과 언어적 공격 등이 문제가 된다.

살아가다 보면 우리는 누군가로부터 듣기 '불편한' 말을 듣기도 한다. 그 말이 나에 대한 것이어서 불편할 수도 있고, 또는 나에게 향한 것은 아니지만 그 말로 인해 누군가가 상처받을 수도 있겠다 싶은 마음에 불편할 수도 있다. 그리고 이 불편한 마음은 대부분 차별이나 무시를 경험하거나 그 감정에 공감할 때 느끼게 된다. 사회적 편견과 차별 관련해서 근래 '반편견', '반차별'과 관련된 사회적 논의들이 상당히 활발하게 이루어지고 있다. 언어, 한국어와 관련하여서는 '혐오 발언', '차별 발언'과 같은 사회적 쟁점들, 그리고 이와 관련한 잘못된 점을 바로 잡는 사회운동으로 이어가야 한다는 취지의 '정치적 올바름(Political Correctness: PC)'에 대한 논의도 이어지고 있다.

차별은 편견으로부터 비롯되고, 편견은 유아 시기부터 삶의 다양성과 차이에서 필연적으로 끊임없이 생긴다. 그리고 편견으로 인해 형성된 차별의식은 결국 혐오 의식, 혐오 표현으로 이어질 수 있다. 사전에서 언급한 것처럼 편견은 '공정하지 못하고 한쪽으로 치우친 생각'으로 정의한다. 하지만 '내가 편견을 갖고 있고 공정하지 못하구나.' 하고 스스로 깨닫는 경우는 그리 많지 않다. 편견은 대개 자신도 모르는 사이에 갖기 마련이다. 자신이 속한 한 집단과 사회는 경험을 통해 이해도가 높아지지만 자신과 관계가 없는 다른 쪽에 대해서는 무지할 수밖에 없다. 모르게 되면 무시하거나 적대시하는 경우가 많아 상대 입장에서는 차별 받는다고 여기기 십상이다.

반편견과 관련하여 중요한 것은 '편견'은 인간이기에 어쩔 수 없는 부분이라 하더라도 스스로 편견에 빠지지 않았는지 살펴보고, 또 상대편과 대화를 통해 나에게 편견이 있었다는 점을 지적받게 되면 잘못한 부분을 고치고 다시 반복하지 않으려는 태도, 즉 마음가짐이다. 나아가 세상 곳곳에서 '편견'에 갇힌 '차별'의 언어를 보거나 들을 때, 그것이 잘못되었다고 분명히 말할 수 있는 태도, 이런 분위기를 북돋아 주는 사회적인 분위기도 '반편견'과 '반차별'의 시민 의식으로서 중요하다. 편견으로 가득 찬 차별의식은 혐오 의식, 혐오 표현, 혐오 행위로 나아가고 심각한 사회 갈등으로도 악화할 소지가 있기 때문에 결국은 우리 공동체와 인류 모두에게 큰 위협이 된다. 그렇기 때문에 교육의 현장에서 반편견 교육, 반차별 교육의 필요성이 커진다. 교육 현장에서 교과, 비교과교육 할 것 없이 편견과 차별을 줄이는 데 관심을 많이 갖고 실천해 나갈 필요가 있다.

차별이 구체적으로 이루어지는 장면은 '차별적인 언어 표현'을 통해 드러난다. 그러므로 일차적으로는 이 언어 현상에 주목하고 어떤 점이 차별인지 정확히 파악할 필요가 있다. 사회언어학과 국어교육을 연구하는 학자들은 '차별 표현'을 일러, '차별받는 대상'이 사회에 존재하고 이들에 대한 '차별적 인식'이 '단어, 구, 문장과 같은 언어적 장치'로 드러난 것으로 정의한다. 그리고 '차별받는 대상'이 대체로 약자거나 소수자일 가능성이 높고, '차별 표현'을 만들어낸 생산자들은 대개 다수자이거나 강자, 또는 다수자이거나 강자가 되고 싶은 심리적 지향을 갖고 있는 차별하는 사람들이 된다고 본다. 여러 언론 보도를 통해 자주 접하는 바와 같이, 사회 곳곳에서 자신들의 약점을 감추기 위해, 또 다른 강자로부터 피해받은 감정적 상태를 비뚤어진 심리로 더 약한 사람들에게 비난과 폭력을 저지르는 경우가 있다. 차별 표현은 그렇기 때문에 그냥 차별해서는 안 된다는 차원에서 그치지 않고, 종합적으로, 또 근본적으로 그 차별 상황을 분석하고, 차별 표현의 원인과 문제점을 짚어 개선 방안을 찾아 교육해야 한다. 그런 점에서 '국어 순화 운동'이나 '바른말, 고운말 쓰기 캠페인'과 같은 하향적으로 이루어지는, 누가 시켜서, 그냥 하라고 해서 하는 차원이 아니라 민주시민 양성을 위한 사회 교육, 언어 교육의 차원에서 이 문제를 다루어야 한다.

외국어로서 한국어를 가르치는 예비 교원과 교원들은 정치적 올바름을 위한 표현과 관련하여 다음과 같은 사항을 함께 생각해 볼 필요가 있다.

첫째, 교사는 학습자에게 언어표현을 정확하고 공정하게 구사해야 학생으로부터 신뢰와 존중을 받을 수 있다는 점을 잊지 말아야 한다. 교사는 학습자들이 '단지 한국어로 잘 표현을 못 한다는 이유로' 학생이 노력이 부족하다든가, 머리가 모자라다는 식의 편견을 갖기 쉽다. 그러나 학습자들은 자신의 나라에서는 충분한 시민 교육을 받고 토의하며 성장한, 어떤 면에서는 교사에게도 많은 깨달음을 줄 수 있는 '교사의 교사'일 수도 있다는 점을 잊어서는 안 된다. 한국어를 가르치고 배우는 교실은 세계 시민 교육의 현장이기도 하다. 은연중에 드러난 한국어의 편견 표현, 교재의 연습문제나 삽화에 보이는 내용에 대해서도 학습자들은 편견과 차별 관점에서 민감한 반응을 보이기도 한다. 교사가 존중받기 위해서는 말을 품위있게 하고 편견과 차별의 말을 쓰지 말아야 한다.

둘째, 정치적으로 올바른 표현을 고민하고 고르고 사용하는 것은 의미 있으나, 단순히 언어만 바꾸는 것은 본질을 바꾸는 데 이르지 못하기에, 사회 실상을 바꾸려는 실천이 항상 수반되어야 한다. 언어는 표상이고 쉽게 말해 붙임 딱지(라벨)이자 포장지이다. '식모'가 '가정부'가 되고, 다시 '가사도우미'가 되어가는 과정에서 우리의 인식과 실제 현실이 얼마나 바뀌었는지, 그래서 이들의 지위나 인권이 향상되었는지 반성이 필요하다. 실제 사회적 인식이나 처우가 개선되지 않으면, '불법 체류자'를 '미등록 외국인'으로 고쳐 부르는 게, '신용 불량자'를 '채무 불이행자'로 고쳐 쓰는 게 무슨 의미가 있을까? 이런 용어 변화에 대해서 사람에 따라 '꼭 그래야 한다', '그래도 어느 정도 의미가 있다', '아무 소용이 없다' 등 여러 견해들이 있을 것이다. 사회적 편견과 차별 문제를 사회 구성원의 인식이나 제도를 개선하지 않고 단순히 호칭이나 관련 용어를 바꾼다고 해서 해결할 수는 없다. 반편견과 반차별 문제를 개선하려면 각자 자신이 편견에 빠지지 않는지 살펴보고, 또 대화와 소통을 통해 나에게 편견이 존재하고 차별적 표현을 썼음을 지적받게 되면 잘못한 부분을 고치고 다시 반복하지 않으려는 마음가짐을 갖는 태도가 중요하다. 차별과 편견의 사회문제를 비난과 비판으로 해결할 수 없다는 비관론도 있다. 하지만 사회 현실이든 언어 사용이든, 잘못된 것은 비판과 성찰을 통해서 문제를 개선할 수 있다는 긍정적 인식이 필요하다. 차별과 편견을 개선하는 것은 인간의 기본적 인권의 보장을 위해, 인류 공동체의 조화로운 공존을 위해 필요하기 때문이다.

2부
일상 표현과 속담

"한 겨레의 문화 창조의 활동은, 그 말로써 들어가며
그 말로써 하여 가며, 그 말로써 남기나니"
-최현배 『우리말본』 '머리말'에서

'고맙습니다'보다 '감사합니다'가 더 예의 바른 말인가요?

학생들에게 왜 '고맙습니다'라고 말하지 않고 '감사합니다'라고 말하는지 물어본 적이 있다. 많은 학생이 '고맙다'는 친구나 아랫사람에게 하는 감사의 표시이고, '감사하다'는 어른이나 공식적 상황에서 표시하는 감사라고 대답했다. 달리 말해, '고맙습니다'보다 '감사합니다'가 더 강한, 공식적 감사의 표시라고 생각하고 있었다. 그런데 이는 '고맙습니다'의 어원을 따져 보면 잘못된 생각이다.

오래전에 '고맙다'의 어원이 무엇인지 아느냐고 물어보는 선생님한테 국어 선생님으로서 여태까지 그것도 몰랐느냐고 면박을 주면서 내가 생각하는 고맙다의 어원을 설명한 적이 있다. 중세 조선시대 '코'의 표기가 '고'였고, '맙다'는 '맵다'와 상통하는 것이어서 '고맙다'는 '코가 맵다'는 뜻이다, 다른 말로 '코가 찡하도록 감동을 받았다'는 의미를 전달하는 것이라고 했는데, 그 선생님이 내가 한 그 설명을 진정으로 받아들여서 현장 선생님들한테 연수도 하고 주변 사람들에게 이야기하는 바람에 '코가 맵다'가 '고맙다'의 21세기 민간어원으로 정설보다 더 설득력 있는 어원으로 자리 잡을 뻔했다.

정호완 선생의 『우리말의 상상력(39-44쪽)』에 보면 '고마움과 태음신(太陰神)'이라는 제목으로 학자들의 연구 결과와 자신의 견해를 밝힌 것이 있다. "중근세의 자료로 미루어 보아 '고마'는 '신(神), 크다, 많다, 곰, 뒤, 구멍, 소리, 빛깔, 물, 첩, 깃발, 거북' 등과 같은 복합적인 뜻을 드러낸다. (중략) 중세어 자료에서 '고마'는 '첩'의 의미로 쓰인 경우도 나타나는데 이는 신앙의 대상에서 아끼고 그리워하는 여인으로 위상이 전락해 버린 경우라고 할 것이다. (중략) 일본어에서 신을 의미하는 '가미(かみ)'도 한국어 '곰/감'의 변이형으로 보인다. (중략) '고마'는 태

음신을, '니마'는 태양신을 드러내면서 대립적 개념으로 쓰인다. (중략) 배달겨레(한민족)의 전통적 믿음의 대상은 태양신 '님'과 태음신 '고마'였으니 하늘과 땅으로 이어지는 자연에 대한 신앙이 잘 나타나 있다. 개인이나 집단이나 하늘과 땅의 공간에서 삶을 함께 하는 이상 서로 고마운 마음을 행동으로 옮겨야 한다. (중략) 인간은 물과 땅의 신인 '고마'가 태양신 '니마'와 더불어 함께 만들어 낸 최고의 산물일지도 모른다."라고 자신의 의견을 밝히고 있다.

물의 신이자 땅의 신, 인간에게 풍요를 주는 절대적 신이 '고마'인 점을 고려하면, '고맙습니다'는 '고마+ㅂ+습니다'로 의미소를 분석할 수 있다. '고마'는 '절대자, 신'이고, '-습니다'는 동사, 형용사 어간에 붙는 서술형 종결어미이다. '-ㅂ-'은 학자들 간에 이견이 있지만 형용사화 접미사로 보는 것이 합리적이다. 현대어 '고맙다'가 형용사인 점을 고려해도 그렇다. 따라서 '고맙습니다'는 '고마(를 만난 것과)같습니다', '고마 앞에 있는 듯합니다.'의 감사와 존경 표시하는 형용사이다. 어원과 의미소 뜻을 풀어보면 '감사합니다'보다 '고맙습니다'가 감사 정도가 약하거나 나이 어린 사람에게 해야 할 단어가 아니라는 것을 알 수 있다. 지금까지 '감사하다'는 한자어 숭배와 함께 그 기능 면에서도 변용이 쉬워 '고맙다'보다 우위를 점해 왔다. '감사(명사)', '감사하다(형용사, 동사)', '감사드리다(존경 의미 강화)' 등으로 고유어 '고맙다(형용사)'보다 우위를 점하고 그 위세를 누렸다. '고마움(명사)', '고마워하다(동사)'보다 음절 수가 적어 유리하고, 사회적으로 한자, 한문 숭상 분위기가 '감사하다'의 지위를 더욱 강화시켜 준 것이다.

KBS의 '가요무대'를 진행하는 김동건 아나운서는 오래전부터 프로그램을 끝낼 때 '여러분, 고맙습니다!'라고 인사를 해 왔다고 한다. 우리말 '고맙습니다'를 아끼는 마음도 있지만, 무엇보다 '고맙습니다.'의 깊은 뜻과 조상 대대로 사용해 온 감사 표시를 존중하는 뜻에서 그렇게 한다고 한다. 지금까지 써온 '감사, 감사하다'를 못 쓰게 하거나 버릴 필요는 없지만, 좋은 뜻의 토박이 한국어 '고맙다'를 천대해서는 안 되겠다.

사람과 사람이 함께 행복하게 살아가기 위해서는 인간관계를 잘 맺고 서로 원만하게 소통하는 것이 중요하다. 원만한 인간관계를 유지하기 위해서 가져야 할 마음이 다섯 가지라고 한다. '반가움, 감사, 미안함, 관용, 자비로운 관심'이 그 것이다. 그 마음을 표현하는 인사말이 '반갑습니다, 고맙습니다, 미안합니다, 괜찮습니다, 안녕하십니까'이다. 그 가운데 가장 중요한 것이 '고맙습니다'라고 본다.

행복을 연구하는 심리학자들이 행복한 사람과 불행한 사람을 가르는 기준의 바탕이 되는 마음과 태도가 '감사(gratitude)'라고 한다. 감사를 표현하는 한국어 고유 표현이 '고맙습니다'이고, 그 어원도 심오한 의미를 담고 있으므로 일상에서 더 자주 사용할 필요가 있다.

긍정심리학의 창시자인 마틴 샐리그만(Martin E. P. Seligman)은 그의 저서 『긍정심리학』에서 '부정적 마음을 없애면 행복해지는 것이 아니라 긍정적 마음을 채우면 부정적 마음이 밀려나서 결과적으로 행복해질 수 있다.'고 강조한다. 일상에서 소소한 것에서 기쁨과 감사를 발견하고, 만나는 사람마다 '고맙습니다'라고 인사하는 언어문화를 만드는 것이 국민소득을 높이는 것 못지않게 국민 행복을 강화하는 좋은 방법이 되지 않을까 생각해 본다.

왜 '남북동서'가 아니고 '동서남북'인가요?

영어로 방위를 가리킬 때 'South-North-East-West(SNEW)'라고 하는데, 한국에서는 왜 '동서남북(東西南北)'이라고 할까? 한국어로 '항상', '늘'의 의미로 '밤낮'이라고 하는데, 왜 낮을 밤보다 먼저 쓰지 않을까? '붉으락푸르락'은 표준어인데, 왜 '푸르락붉으락'은 비표준어로 분류할까?

한 민족의 언어에는 그 민족이 살아온 자연환경과 역사, 그리고 그 사회 안에 사는 사람들의 느낌, 생각, 지식, 가치관 등이 스며들어 있다. 하버마스(Jürgen Habermas)가 말한 것과 같이, 언어는 그 사회 구성원의 단순한 의사소통의 도구가 아니라 그 사회를 구성하는 체계와 생활세계를 반영하고 있는 역사이며 그 사회의 문화이다. 두 가지 이상의 의미소를 결합해서 합성어를 만들 때 한국어에서는 중요하다고 여기는 의미소, 한국 사회가 우선하는 의미소가 먼저 오는 것이 원칙이다. 다시 말해, 어느 의미소를 앞세우는가를 보면 그 사회가 우선으로 생각하고 선호하는 개념과 가치를 파악할 수 있다.

한국어는 수십만 단어의 어휘 목록이 있는데, 어휘를 구성하는 낱말들은 의미소가 하나인 단일어가 있고, 단일어에 접두사와 접미사와 같은 접사를 붙여서 만드는 파생어가 있고, 실질 의미를 가진 형태소들을 결합해서 만드는 합성어가 있다. 합성어를 만들 때 둘, 또는 그 이상의 형태소를 결합하여 하나의 단어로 만든다. 예를 들면, '앞뒤, 높낮이, 안팎, 남녀, 노소, 장단, 눈코, 손발, 붉으락푸르락, 오가다' 등을 보면 한국어에서 대립적 의미소가 결합할 때 우선하는 개념이 앞에 오게 된다. 전통적으로 한반도에 자리잡고 농경사회를 이루어 살아온 한국 사람들은 낮보다 밤을 더 선호한 것으로 보인다. '항상, 늘'의 의미로 쓰이는 '밤낮'이라는 합성어에서 낮보다 밤이 더 앞에 위치하는 것을 보면 알 수 있다. 영어에서 대중 앞에서 인사할 때, 'Ladies and gentlemen!'이라고 하는데, 한국어로는 '신사 숙녀 여러분!'이라고 한다. '남녀노소'를 보면, 여자보다 남자를, 어린아이보다 노 인을 더 우선하고 선호한 것을 알 수 있다.

동사나 형용사를 가지고 명사를 만들 때도 선호하는 개념과 가치를 드러내는 의미소가 어근으로 사용된다. 예를 들면, '크다'와 '작다' 둘 중에 '크다'를 바탕 으로 '크기'라는 명사를 만들고, '넓다/좁다'는 '넓이', '높다/낮다'는 '높이', '깊다/ 얕다'는 '깊이', '길다/짧다'는 '길이', '굵다/가늘다'는 '굵기'처럼, 선호하는 개념 과 가치를 드러내는 의미소에 명사화 접미사 '-이', '-기', '-음/ㅁ' 등을 붙여 전 성명사를 만든다.

그러나 반의어를 결합해서 합성어를 만들 때, 명사를 만들 때, 대립하는 의미 소 가운데 어느 쪽이 우선인지, 어느 쪽을 선호하는지 우열이 불분명한 단어들도 있다. '살다'와 '죽다'는 '삶'과 '죽음', '밝다'와 '어둡다'는 '밝기'와 '어두움(어둠)', '잇다'와 '끊다'는 '이음(잇기)'와 '끊음' 등으로 양쪽 모두 전성명사를 만든다, '오 다'와 '가다', '오르다'와 '내리다', '주다'와 '받다', '접다'와 '펴다' 등은 합성어를 만 들면 일정하게 하나가 앞에 오게 되어 있지만, '있다'와 '없다'. '주다'와 '받다', '알 다'와 '모르다', (눈을) '감다'와 '뜨다', '자다'와 '깨다' 등은 어느 쪽이 우선인지 알 기 어렵다. 한국 사회에서 이들 대립하는 개념 중 어느 쪽을 우선하고 선호하는 지 파악하기 어렵다.

전통적으로 한국 사회에서 남성을 여성보다 앞세우고, 나이 든 사람을 젊은 사람보다 우대하는 문화가 강했지만 최근에는 그런 문화를 바꿔야 한다고 주장 하는 사람이 많아지고, 사회 구성원들의 생각도 과거와는 많이 달라졌다. 그렇지 만 '남녀평등'을 '여남평등'이라고 단어까지 바꾸어 쓰는 것이 가능한 시대가 올 까를 생각해 보면, 거기까지는 어렵다는 점에서 언어의 보수성, 언어의 역사성을 다시 확인한다.

영어를 사용하는 나라에서도 남녀평등을 외치는 사람들이 'chairman'을 'chair-person' 또는 'the chair'로 바꿔야 한다고 해서 단어를 바꾸는 등 일부 영역에서 성공했지만, 단어를 바꾼다고 해서 불평등이나 차별이 완전히 사라지지 않는다는 데 유념할 필요가 있다. 한국 사회에서도 '간호부'를 '간호원'로, 그것을 다시 '간호사'로 바꾸고, '청소부'를 '환경미화원'이라고 바꾸었지만 그 직업을 가진 분들의 실질적 사회적 지위가 올라가지 않고는 그런 직업을 가진 사람들에 대한 인식 개선 효과가 없거나 미미할 수밖에 없다. '청소부', '간호부'라는 단어를 바꾸는 노력과 함께 그들의 사회적 지위와 경제적 처우를 좋게 하고, 그런 직업에 대한 인식 개선을 위한 구성원 교육을 제대로 하는 것이 바른길이 아닐까 한다.

한국 결혼식에서는
꼭 국수를 먹어야 하나요?

결혼과 관련한 한국어 표현 중에 "언제 국수 먹여 줄 거예요?"라는 말이 있다. 이 말에 쓰인 관용표현은 '국수(를) 먹다'이다. 예로부터 한국에서는 결혼식이 끝난 후 결혼을 축하해 주기 위해서 모인 가족과 친구, 손님들에게 흔히 국수를 대접했다. 그 많고 많은 음식 중에 왜 하필 국수를 먹는 것이 결혼을 나타내는 의미로 쓰이게 된 것일까?

모두가 잘 알고 있듯이 국수는 '밀가루·메밀가루·감자가루 따위를 반죽한 다음 손이나 기계 따위로 가늘고 길게 뽑아낸 식품 또는 그것을 삶아 만든 음식'을 말한다. 면을 길게 뽑아낸 것이기에 한국의 전통 음식 중 가장 긴 모양을 지닌 음식이라고 할 수 있다. 결혼은 남자와 여자가 만나서 새로운 가정을 꾸리는 일이고 이것은 사람이 살면서 맺는 인연 중에 가장 큰 인연이다. 그래서 이 인연을 길게, 영원하게 그리고 행복하게 맺으라는 의미로 '국수를 먹는다/먹여준다'라는 표현을 사용했다고 한다.

그런데 실제 요즈음의 결혼식의 피로연장에서 국수가 본 음식, 속칭 '메인디시(main-dish)'가 되지는 않는다. 개인적인 경험에 미루어 보아도 국수가 사랑받던 시절이 끝난 지는 몇십 년도 더 된 듯하다. 결혼식장에서 국수 한 그릇을 얻어먹던 시절은 이미 지난 지 오래다(물론 그 시절에도 국수 한 그릇만 달랑 내주지는 않았다.). 갈비탕이 주로 제공되던 시절을 지나 이제는 피로연 음식을 뷔페식으로 제공하는 것이 자리 잡은 지 오래되었다. 물론 뷔페로 제공되는 피로연 음식에도 국수는 여전히 제공된다. 음식의 가짓수가 많아지고 동서양의 음식들이 즐비한 가운데에서 국수가 갖는 의미는 아직 그 명맥을 이어가고 있다고 볼 수 있기는 하다. 하지만 이제 국수를 먹여주고, 먹게 해 준다는 표현에서 결혼을 한다는 의미를 즉각적으로 찾기는 어려워졌다. 정확히 말해서 결혼식에서 국수를 먹여주지는 않게 되었기에 표현만으로는 '국수를 먹다 / 먹여 주다'가 '결혼(식)을 하다'라는 의미로 이해하기 어렵게 돼 가고 있다.

이처럼 대부분의 관용표현은 그 표현을 구성하는 단어들만으로는 의미 짐작이 잘되지 않는다. '산통을 깨다', '시치미를 떼다'와 같은 표현은 '산통'의 의미와 그것을 깨는 행위, '시치미'의 의미와 그것을 떼는 행위가 지닌 한국 문화적인 의미를 제대로 알지 못하면 그 속뜻까지 이해하기 어렵다. 이와 조금 다른 결로, '누워서 떡 먹기'처럼 단어들의 조합으로도 의미는 대략 유추할 수 있지만 이것이 왜 정말 쉬운 일을 의미하는 것인지 정확하게 파악하기 어려운 경우도 있다. 그러니 이들 표현과 비교하면 '국수를 먹는 것'은 비교적 그 의미를 명확하게 이해 가능한 표현이라고 할 수 있다.

그런데 국수를 먹는 것을 실제 대화 상황에서 쓸 때는 주의를 많이 기울여야 한다. 다음 표현 중 가장 맞다고 생각하는 것과 가장 어색하게 느껴지는 것을 골라 보자.

[1인칭 주어 상황]
① (내가) 국수를 먹게 되었어.
② 나는 아내와 2009년 2월 15일에 국수를 먹었잖아.
③ 남편과 국수를 먹은 지 벌써 10년이 되었구나.

[2인칭 주어 상황]
④ 너 언제 국수 먹여 줄 거야?
⑤ 우와, 이제 곧 국수 먹게 해 주는 거야?

---

⑥ 너 그렇게 빨리 국수를 먹으려 했다가는 후회할 수도 있어.

[3인칭 주어 상황]

⑦ 그들이 국수를 먹게 해 주겠다고 선언한 날, 비가 내렸다.

⑧ 성희가 곧 국수를 먹게 해 준다며?

⑨ 우리 미진이가 올해는 꼭 국수를 먹여준다고 했는데….

이들 표현은 모두 맞기도 하고 어색해 보이기도 하다. ①에서는, 내가 국수를 먹게 되었다는 말을 주고받는 상황을 생각해 봐도 쓰는 것이 어색해 보인다. 그리고 ②와 ③은 애초에 저런 화법을 구사하는 사람이 아니라면, 일상적으로 쓰는 표현이라고 보기 어렵다. 이들은 모두 한국사람들에게는 무척이나 어색한 표현이라고 할 수 있다. ①은 사실 다른 사람의 결혼 이야기를 할 때나 적절해 보인다. ②에 쓰인 '국수를 먹었잖아.'는 '결혼을 했잖아.'가 더 어울리고 ③에 쓰인 '국수를 먹은 지' 역시 '결혼을 한 지'처럼 쓰는 것이 더 어울린다. 이는 다음처럼 정리해 볼 수 있다.

[1인칭 주어 상황]

① (내가) 국수를 먹게 되었어. → 철수가 국수를 먹게 되었대. *인칭을 바꿈.

② 나는 아내와 2009년 2월 15일에 국수를 먹었잖아.

    → 결혼을 했잖아

③ 남편과 국수를 먹은 지 벌써 10년이 되었구나.

    → 결혼한 지

[2인칭 주어 상황]

⑥ 너 그렇게 빨리 국수를 먹으려 했다가는 후회할 수도 있어.

→ 결혼하려 했다가는

[3인칭 주어 상황]

⑦ 그들이 국수를 먹게 해 주겠다고 선언한 날, 비가 내렸다.

→ 결혼하겠다고, 결혼식을 올리겠다고

이에서 보면 '국수를 먹다'라는 말은 대화의 상황에서, 상대방이 미혼이거나 비혼인 상황에서, 상대방에게 '국수를 먹여 달라.'는 말 또는 '국수를 먹게 해 주겠다.'는 말로 쓰는 것이 가장 적절하다고 할 수 있다. 따라서 이 표현은 조금 격식을 차리거나 결혼과 관련된 내용을 기술하거나 조언하는 상황에서는 매우 어색한 표현이 될 수 있다. 그러니 이들이 쓰이는 상황을 고려하지 않고 단순히 이 표현만 배우게 되면 자칫 어색한 문장을 만들게 될 가능성이 크다. 특히 한국어를 모국어로 하지 않은 외국인 학습자의 경우 관용표현의 의미를 제대로 이해하기란 쉽지 않다. 그러므로 이들에게 한국어를 가르칠 때는, '국수를 먹다/먹여주다'와 같은 관용표현을 어떻게 써야 적절한지, 상황이나 인간관계 등 문화적 요소까지 학습자들이 이해하도록 해야 그 표현을 적절하게 사용할 수 있다는 것을 고려할 필요가 있다.

한국 사람들을 왜 전화를 끊을 때 '들어가라.'고 하는 걸까요?

- 여보세요, ○○동입니다. (또는 누구누구 집입니다.)
- 여보세요. 안녕하세요, 저는 ○○○입니다. ○○네 집이지요?

요즘처럼 전화가 올 때 발신자의 이름이 보이거나 영상 통화가 가능하지 않아서 말소리로만 통화하던 시절에는 전화 대화를 할 때 중요하게 여기는 예절들이 있었다. 너무 늦은 시간 전화를 거는 것도 실례였고, 전화를 건 사람이 누군지 밝히지 않는 것도 실례였다. 그에 반해 요즈음의 전화 문화는 많이 달라졌다. 이제는 잘 아는 사이에서는 휴대전화 화면에 발신자가 누구인지 바로 확인하게 되어 굳이 발신자가 자신의 이름을 밝힐 필요가 없게 되었다.

과거 유선전화에 비하면 스마트폰으로 걸고 받는 전화 사용법은 훨씬 직접적이고 간결해졌다. 그런데 '여보세요?'로 시작할 필요가 없는 시대에도 전화 통화를 마칠 때 한국인들은 여전히 '네, 들어가세요'라고 말한다. 전화기 속으로 들어가는 것도 아닌데, 왜 전화를 끊을 때 들어가라고 할까?

국립국어원 『표준국어대사전』에 동사 '들어가다'의 개념 설명은 다음과 같다.

「1」 밖에서 안으로 향하여 가다.
물속에 들어가다. / 교실에 들어가다. / 시내로 들어가는 버스.

「2」 전기나 수도 따위의 시설이 설치되다.

　　이 마을에 수도가 들어갈 계획이다. / 요즘은 아주 깊은 산골 마을로도 전기가 들어간다.

「3」 새로운 상태나 시기가 시작되다.

　　동면기에 들어가다. / 협상에 들어가다. / 내일부터 새 학기에 들어간다.

「4」 어떤 일에 돈, 노력, 물자 따위가 쓰이다.

　　결혼식에는 돈이 적잖이 들어간다. / 돈이 다 이자 갚는 데로 들어가 생활이 빠듯하다.

「5」 안에 삽입되다.

　　그림이 많이 들어간 책. / 이 대목은 아무래도 소설의 마지막 부분에 들어가는 것이 적당해 보인다.

「6」 어떤 단체의 구성원이 되다.

　　회사에 들어가다. / 군대에 들어가다. / 학교에 들어갈 나이가 되다.

「7」 일정한 범위나 기준 안에 속하거나 포함되다.

　　고전에 들어가는 작품. / 고래는 포유류에 들어간다.

「8」 말이나 글의 내용이 이해되어 머릿속에 남다.

　　이 선생님은 머리에 쏙쏙 들어가게 공부를 가르친다. / 노인은 그 말도 귀에 들어가지 않는 모양이었다.

「9」 물체의 표면이 우묵하게 되다.

　　움푹 들어간 볼. / 고생을 많이 했는지 눈이 쑥 들어갔다.

「10」 어떤 현상이 뚜렷이 드러났다가 사라지다.

　　요즘은 행정 수도 이전 논의가 들어가 버렸다.

「11」 지식이나 학문 따위 등을 깊이 인식해 가다.

　　이 분야는 깊이 들어가면 들어갈수록 점점 더 어려워진다.

「12」 옷이나 신 따위의 치수가 몸에 맞다.

　　살이 쪄서 바지가 안 들어간다. / 오래된 신발이 안 들어간다.

'들어가다'라는 말은 기본적으로 '하나의 공간에서 다른 하나로 이동하다.'라는 개념을 담고 있다. 물체가 직접 이동할 수도 있고 현상이나 생각의 깊이가 달라지거나 더해질 수도 있다. 그런데 전화를 끊으면서 '들어가/ 들어가세요.'라고 하는 것은 사전적 의미만을 이해해서는 그 사용 의미까지 잘 이해할 수 없다.

전화 대화를 끝낼 때, 왜 들어가라는 표현을 쓰는지에 대해서는 몇 가지 적절해 보이는 설명이 있다. 그 하나는 한국의 전화가 도입될 시기의 세상 물정과 문화와 관련 지어 설명하는 것이다. 한국에 전화가 처음 보급된 것은 1896년 고종이 거처하던 대한제국 황실의 궁내부였고, 1902년에 이르러서야 비로소 일반인도 전화를 사용할 수 있게 되었다. 1970년대까지만 해도 가정마다 전화를 두는 것은 꿈도 꾸기 어려운 상황이었다. 마을에 한 대가 보급되어 마을 전화기처럼 사용하던 시기를 거쳐 1990년대 이르러서야 가정마다 전화기를 설치할 수 있게 되었다. 이렇듯 전화가 마을에 한 대밖에 없던 시절에 도시로 나가 사는 철수가 시골 부모님께 전화를 건다고 가정해 보자. 철수는 자기네 집에 전화가 없으므로 이장님 댁에 전화를 건다. 이장님께 인사를 드리고 어머니 좀 바꿔 달라고 부탁하면 이장님이 동네 느티나무에 높게 걸린 스피커로 '철수 어머니, 전화 받으세요!'라고 방송을 한다. 그러면 밭에서 일하고 계시던 어머니가 한달음에 달려와 전화를 받는다. 오랜만에 어머니와 전화 통화를 끝낸 철수는 어머니께서 이장님 댁까지 힘들게 달려 나와서 전화를 받았다는 것을 잘 알고 있으므로, 전화를 끊기 위해 '어머니, 조심히 들어가세요.'라며 작별 인사를 나눈다.

두 번째는 가정마다 유선전화가 한 대씩 보급된 시대와 관련지어 설명하는 것이다. 이 시기에 전화는 보통 거실에 두고 온 가족이 거실로 나와 전화를 걸고 받았다. 이때에도 전화 통화를 마친 후 '들어가세요!'라고 말하는 것은 그대로 유용하고 의미가 있었다. 거실에 나와서 전화를 받았으니 전화를 끊으면 방으로 들어간다는 것을 서로 잘 알고 있기 때문이다.

세 번째는 유선전화로 전화 통화를 하던 시절, 집이 아닌 바깥에서 전화를 거는 사람들의 통화 생활(?)과 관련 지어 설명하는 것이다. 이들은 대부분 회사 전화 또는 공중전화를 썼다. 1980년대에 휴대전화가 등장하기는 했으나 너무도 비쌌기에 개인용 휴대전화는 정말 극소수만 누릴 수 있었던 사치였다. 이후 1990년대 말 PCS(개인 이동 통신장비)라는 형식의 휴대전화가 보급되면서 일반인들이 조금은 자유롭게 휴대전화를 사용하게 되기까지 공중전화는 직장인들이 가족, 친구와 소통하는 가장 유용한 수단이었다. 공중전화마다 줄을 서서 전화를 걸고 나면, 사람들은 다시 발길을 옮겨 자신의 일상의 공간으로 '들어가야' 한다. 그래서, '들어가세요!'라는 전화 대화 마무리 인사는 어색하지 않았다.

이렇듯 한국의 생활 문화 속에서 '들어가세요'에는 수화기 넘어 반가운 소식을 나누고 전화를 끊을 때 그 이야기를 나눈 상대가 자신의 공간으로 조심히 잘 들어가기를 바라는 마음이 담겨 있는 표현이라고 할 수 있다.

21세기 우리는 대한민국 국민 숫자보다 휴대전화 숫자가 더 많은 시대를 살고 있다. 그리고 아직 전화를 걸고 마무리할 때는 '들어가세요!'라고 끝맺는 사람이 적지 않다. 비록 스마트폰 시대를 맞아 전화를 걸고 받는 형태와 방식까지 모두 변했지만 상대를 배려하는 마음까지는 아직 바꾸고 싶지 않아 '들어가세요'라는 말로 전화를 끊는 습관은 여전히 명맥을 이어가고 있다고 봐야 할 것이다. 요즘 젊은 세대는 음성통화를 거의 사용하지 않고, 카카*톡, 라* 등의 메시지나 SNS(온라인 사회 관계망)의 DM(비공개 직접 메시지)이라는 것을 통해서 서로 하고 싶은 말을 전하는 것이 일상적이라고 하니 오래지 않아 '들어가세요!'라는 전화 마무리 인사는 한국의 전화 대화에서 사라질지도 모르겠다.

한국 친구들과는 언제쯤 정말 밥 한번 먹을 수 있을까요?

한국 사람은 '밥심(밥을 먹고 나서 생긴 힘)으로 산다.'는 말을 자주 한다. 한국 사람에게 '밥'은 단순히 쌀을 익혀 주식으로 먹는 음식의 한 종류가 아니다. '밥'은 한국인에게 모든 음식을 대표하는 상징이자 한국인의 생명을 유지하는 핵심 요소로서 정체성을 드러내는 표현이다. 그래서 '언제 밥 한번 먹자', '밥은 먹었어?', '밥이나 먹자' 등의 제안은 단순히 배고픔을 해결하는 식사를 하자는 것 이상의 사회적 행위로서 의미를 갖는다.

하루 중 동료를 만나는 점심, 저녁 무렵에 나누는 가장 일반적인 인사 역시 '안녕하세요?'가 아닌 '밥 먹었어요?/식사 하셨어요?'이다. 그리고 오랜만에 친했던 누군가를 만났다가 헤어질 때 인사로 '언제 밥 한번 먹자.'라는 말을 한다. 다음 이야기를 읽으면서 영희와 철수 두 사람의 대화 장면을 상상해 보자.

#1 사람들이 분주히 지나가는 서울역 앞이다. 철수는 대전에 사는 친구를 만나기 위해서 KTX를 타러 가는 길에 후배를 만난다.

영희: 오. 선배! 오랜만이에요.

철수: 어? 어! 야 이게 얼마 만이야? 반갑다.

영희: 그러게요, 대학 졸업하고 처음이죠? 3년 정도 되었을까요? 반가워요, 선배. 그런데 선배는 뭐 그대로네. 하나도 안 늙었어.

철수: 그래? 고마워. 나름 관리를 하기는 하는데… 하하하.

너는 오히려 더 젊어진 것 같다, 야!

어디 가는 길이야?

영희: 회의가 있어서 지방에 갔다가 지금 올라오는 길이에요. 선배는?

철수: 아, 친구 만나러 대전 내려가는 길이야. 아! 너도 알지? 명수.

영희: 아! 명수 선배. 잘 지내지요? 여전하려나?

철수: 걔는 아직도 철이 없어. 시간 있으면 더 수다 떨고 싶은데… 잘 지내
지? 아이코, 차 시간이 얼마 안 남았다. 아쉽네. 연락처 그대로지?

영희: 어여 가 봐요. 명함 있으면 하나 줘요.

철수: 그래, 잠깐만. 여기 있어. 너는?

영희: 지금 명함이 없어요. 제가 연락할게요.

철수: 그래, 꼭 연락 줘. 언제 밥 한번 먹자!

영희: 그래요, 밥도 좋고, 술도 좋고… 어여 가요. 반가웠어요.

이 대화에서 영희는 왜 철수에게 연락처를 주지 않았을까? 다음 장면을 이어
서 생각해 보자.

#2 영희네 집

(전화벨 소리)

영희: 어, 지희야. 톡 봤어?

지희: 얼른 얘기해 봐. 철수 선배를 만났다고?

영희: 응.

지희: 그래서?

영희: 그래서 뭐, 그냥 밥 한번 먹자고 하고 헤어졌지.

지희: 너도 참, 성격 좋다. 밥은 무슨 밥을 먹어. 그 인간이랑!

영희: 그냥 하는 말이지 뭐. 밥 한번 먹자는 말이 뭐 꼭 만나자는 거니.

지희: 그 인간 내가 만났어야 하는데, 아우 정말. 설마 밥 한번 먹자고 네가 말한 건 아니지?

영희: 아냐, 철수 선배가 그랬어.

지희: 연락처는? 줬어? 안 줬어?

영희: 그냥 철수 선배 명함만 받았어.

지희: 연락할 거야?

영희: 음, 잘 모르겠어.

지희: 복잡하겠다. 저녁밥은? 밥은 먹었어? 안 먹었지? 내가 집으로 갈게. 같이 밥이나 먹자.

우리는 이제 영희와 철수 사이가 그저 남이었던 사이가 아니었음을 짐작할 수 있다. 그리고 철수는 주책없는 유형이고, 영희는 연락처를 건네고 싶지 않은 사이라고 생각할 수 있다.

철수가 영희에게 건넨 '언제 밥 한번 먹자!'와 같은 인사는 무언가 서먹한 사이일 때, 아니면 그냥 헤어질 때 인사로 쓰는 표현이다. 그래서 정말 무엇을 먹을지 구체적 음식 종류를 말하거나 언제 특정 날짜를 잡아 만나기를 기대하거나 기다릴 필요가 없다. 상세한 대답을 요구하는 질문도 아니고, 정말 특정 날짜에 만나 식사를 하자는 약속도 아니다. 그러니 철수의 '언제 밥 한번 먹자'라는 인사에 영희가 다음과 같이 대화를 이어간다면 대화 상대를 어리둥절하게 만들 수 있다.

[대화 1]

철수: 그래, 꼭 연락 줘. 언제 밥 한번 먹자!

영희1: 언제요? 언제가 편하신데요? 저는 다음 주 수요일이 좋아요. 점심? 저녁? 선배는 언제가 좋아요? 우리 어디에서 만나요? 뭐 먹을까요?

철수1: 어? 그게… 음…

영희2: 네, 그래요. 우리 언제 꼭 한번 뵈어요.

철수2: 그래, 잘 가. 또 연락할게.

모든 언어에는 그 언어를 쓰는 사람들만이 갖는 역사적 흐름과 문화를 반영하는 표현들이 있다. 그래서 문장에 쓰인 단어의 의미만을 해석해서는 제대로 소통하기 어려운 경우가 많다. 결국, 사람과 사람의 대화는 문장에 쓰인 낱말의 사전적 의미로 소통하는 것이 아니라 그 사회 구성원들이 어떤 맥락에서 어떤 말을 해왔는지를 이해하고 그 역사와 문화를 이해한 다음 소통하는 것이 중요하다.

"좋은 말할 때 들어!" 왜 우리 엄마는 항상 좋은 말만 하나요?

거실에 장식용으로 전시해 둔 조선백자를 조심해서 내려서 닦으라는 아버지의 지시를 받은 아이가 백자 도자기를 내리지 않고 올려져 있는 채로 닦다가 바닥에 떨어졌다. 깨지는 소리에 거실로 나온 아버지가 '잘한다!'고 혼을 내셨다. 잘못을 저질렀는데 왜 '잘한다!'라고 했을까? 아이는 아버지가 자신에게 '잘한다'라고 말하는 것을 듣고 그 말이 칭찬이 아니라 꾸중하는 말이라는 것을 어떻게 알았을까? 물론 상황과 앞뒤 맥락이 칭찬이 아니라 꾸중이라는 것을 쉽게 알 수 있게 하지만, 왜 군이 '잘한다'라고 하면서 혼을 낼까?

한국어 '잘하다'는 타동사로 '사람이 어떤 일을 익숙하고 능란하게 하다/올바르거나 좋고 훌륭하게 하다/버릇으로 자주 하다/만족할 만큼 좋거나 다행스럽게 하다.'의 뜻을 가지고 있고, 자동사로 '어떤 사람이 다른 사람에게 성의껏 대하다.'의 의미를 가지고 있다. 외국어로서 한국어를 가르치는 교실에서 한국어 선생님이 '잘한다!'는 두 가지 의미를 가지고 있다고 가르치는 것을 본 적이 있다. 하나는 칭찬할 때이고, 다른 하나는 비난하거나 꾸중할 때 말한다고 설명했다. 그리고 그 차이는 칭찬의 '잘한다!'는 '잘'을 짧게 발음하고 '다'를 길게 발음해야 하고, 꾸중의 '잘한다!'는 '잘'을 '자알'처럼 발음해서 길게 끌어야 한다는 것이다. 언뜻 듣기에는 그럴듯한 설명이고, 일상의 한국어 사용에서 그런 경우가 많기는 하다. 그렇지만 꼼꼼히 따져보면 '잘한다'의 의미가 칭찬과 꾸중으로 갈리는 것은 '잘'의 발음 길이에 의한 것이 아니라 그 말이 쓰이는 앞뒤 맥락에 의해 결정된다는 것을 알 수 있다. 앞의 경우에서 아버지의 지시를 따르지 않아 백자를 깨뜨렸을 때, '잘한다'의 '잘'을 길게 하든 짧게 하든 '잘한다'의 의미는 핀잔과 꾸중이 된다.

　한국어의 반어법 사용은 맥락에 따라 달라지고, 그 해석은 그 반어법이 쓰이는 상황과 대화 참여자들의 관계와 특성 등에 따라서 달라지는 것이어서 문법처럼 설명하기는 어렵다. 여기서 반어법으로 자주 쓰이는 한국어 표현과 그 표현법에 나타나는 한국어 사용 특성에 대해서 간단히 짚어보려고 한다.

　'반어법(反語法)'은 '말하는 사람이 본래의 뜻을 강조하거나 표현의 효과를 높이기 위해서 실제 표현하고자 하는 뜻과는 반대되는 말을 하는 수사법의 한 가지'이다. 어떤 이치나 원리, 사실과 진리에 어긋나거나 모순되는 말로 표현하는 역설법(逆說法)과 비슷한 부분이 있다. 역설법은 상황이 너무나 분명하여 오해할 가능성이 없을 때, 자신의 생각과 의도를 효과적으로 전달하기 위해서 사용하는 화법이다. 따라서 반어법은 상황이나 상대로 볼 때 원래의 뜻으로 해석할 가능성이 있을 경우에는 사용해서는 안 되고, 또 예의를 차려할 상대에게 사용하는 것은 실례가 되므로 사용할 때 주의가 필요하다.

　엄마가 아이이게 주의를 주거나 꾸중을 할 때 '좋은 말할 때 들어!'는 엄마가 듣기 좋은 말로 하다가 점점 더 화가 나서 험한 말을 하기 전에 엄마의 말대로 하라는 명령이 된다. '좋은 말할 때 들어!'라는 의미는 엄마가 험한 말을 하거나 행동으로 벌을 주기 전에 엄마의 지시를 따를 것을 요구하는 강한 명령이다. 신기한 것은 이제 겨우 말을 배운 어린아이 경우도 엄마의 이 말을 혼내거나 매를 들기 전에 하는 경고 의미로 받아들인다는 점이다. 여기서 '좋은 말'의 반대말은 '나쁜 말'이 아니라 '험한 말' 또는 '벌주기'가 되는 셈이다.

사람들이 저보고 '오지랖이 넓다.'고 해요. 이거 좋은 말이죠?

십여 년 전 언어학개론 수업 시간에 국문과 학생 하나가 친구가 자신에게 건넨 말에 대해 질문을 했다.

선생님! 질문 있습니다. 오지랖이 넓은 사람은 어떤 사람입니까? 아까 성희가 저보고 오지랖이 넓다고 해서 조금 기분이 애매했습니다. 자기는 칭찬으로 쓴 말이라는데… 괜한 참견을 하는 사람들을 오지랖 떤다고 하지 않습니까? 저는 안 좋은 뜻으로 알고 있습니다. 이렇게 안 좋은 뜻으로 쓰는 말을 칭찬의 뜻으로 쓸 수도 있는지 궁금합니다.

학생의 질문에 곧바로 대답해 주기보다, 교육 효과를 고려하여, 다른 학생들과 함께 '오지랖이 넓다'라는 말의 의미와 쓰임을 단계적으로 찾아보기로 했다. 우리는 '오지랖이 넓다'라는 표현을 이해하기 위해 다음과 같은 절차를 만들었다.

1. 모둠을 만들고 모둠별로 각각 '오지랖이 넓다'라는 표현을 어떻게 알고 있는지 이야기를 나눈다.
2. '오지랖이 넓다'라는 표현을 사전과 인터넷을 통해 찾아본다.
   - 오지랖의 정의를 표준국어대사전에서 찾아본다.
   - 오지랖과 어울려 쓰이는 표현을 검색해 본다.
3. 지금까지의 결과를 서로 의견을 나누며 정리해 본다.

4. 모둠별 의견에 더할 새로운 시각을 찾아본다.

  – 복식 관련 전문가들의 의견은 어떤지 찾아본다.

  – 가능하다면 언어, 역사 전문가의 의견을 찾아본다.

5. 지금까지 찾은 결과를 서로 의견을 나누며 정리해 본다.

  – 오지랖과 관련된 표현을 정리해 본다.

  – 오지랖을 넣어 쓸 수 있는 새로운 표현을 만들어 본다.

6. 오지랖에 대한 개인의 생각을 종합적으로 정리하여 하나의 보고서로 완성해 본다.

이러한 과정을 통해 학생들이 찾은 '오지랖이 넓다'의 의미는 생각했던 것보다 다양하고, 그 표현과 해석 과정은 복잡했다.

오지랖('오지랍'으로 잘못 표기하기도 한다)의 사전적 정의는 '웃옷이나 윗도리에 입는 겉옷의 앞자락'에 불과했고 '오지랖(이) 넓다'라는 관용구는 「1」 쓸데없이 지나치게 아무 일에나 참견하는 면이 있다.'와 '「2」 염치없이 행동하는 면이 있다.'였다. 이것만으로는 '오지랖이 넓은 것'이 왜 쓸데없이 참견하고 염치없이 행동하는 때를 나타내는지 알 길이 없었다. 게다가 오지랖은 '오지랖 참….', '오지랖 끝내주네.'처럼 그 자체 단어만으로 쓰이기도 하고 '떨다'와 호응을 하며 '오지랖 떨고 있네.'처럼 쓰이는 양상도 보였다.

그런데 오지랖은 한복 웃옷 앞자락을 말한다. 오늘날의 양복 겉옷이 그렇듯 한복 역시 오른쪽과 왼쪽을 포개어 입는 방식으로 겉옷을 만들었다. 이때 오른쪽 자락을 왼쪽 자락이 자연스럽게 덮게 되는데 이때 왼쪽 자락이 오지랖이다. 오지랖은 다시 '겉섶'과 '앞길'이라는 부분으로 나눈다. 한복의 복식을 이야기하는 전문가들 중 일부는 왼쪽 자락이 너무 넓으면 오른쪽을 다 가리게 되어 옷의 배분도 맞지 않고 옷의 균형이 깨어진다는 이유를 들어, 이 표현을 남의 일에 지나치게 간섭하는 것으로 쓰였다고 이해하고 있었다.

다른 전문가들의 견해도 이와 크게 다르지 않았다. 신문과 방송을 통해 제공되는 '오지랖이 넓다'라는 표현은 한결같이 옷의 한쪽 앞자락이 넓어서 다른 쪽을 덮는 것에 기대어 다른 사람의 일을 다 감쌀 듯이 참견하고 다니는 것을 빗댄 표현이라고 설명하고 있었다.

일부의 학생들은 이 지점에서 이해를 멈췄지만 다른 일부의 학생들은 끊임없이 의문을 제기했다. 사실 나도 그렇고 사전에 나오는 이런 수준의 설명은 무언가 불분명하고 명쾌하지 않았다. 무엇보다 그 설명이 설득력 있게 와 닿지 않았다. 그래서 학생들고 함께 토의를 거듭하여 다음 질문과 가설을 만들고 가설을 검증하는 과정을 가졌다.

1. 오지랖이 밑도 끝도 없이 균형 잡히지 않은 것을 알면서도 넓어졌을까?
2. 섶이 크고 깃이 길수록 오지랖이 넓어진다면, 섶을 크게 하고 깃을 길게 만들어 입는 사람들의 상황과 사정은 어떠할까?
3. 오지랖이 넓은 옷을 입는 사람은 부유했고 상대적으로 높은 계급과 권력을 지녔다고 볼 수 있을까?
4. 그렇다면 동네 많은 사건에, 사람들의 일상에 넓고 깊게 개입했던 것으로 볼 수 있지 않을까?
5. 그렇다면 중립적이거나 긍정적이든 '오지랍이 넓다'의 뜻이 비판적, 아니 비아냥거리는 부정적 의미로 쓰이게 된 까닭은 무엇일까?

이러한 문제 제기와 가설의 결론은 '오지랖이 넓은 사람'은 권력을 지닌 사람이고, 그들의 참견 범위는 상대적으로 넓어지고 참견 정도는 강했을 것이다. 따라서 그에 대한 참견 듣는 사람의 불만이 '오지랖이 넓다.'가 되고 부정적 의미가 되었을 거라는 데 의견이 모아졌다.

모든 대화에는 대화 참여자 간의 관계 즉, 거리와 힘이 작용한다. 이를 '대화의 권력'이라고 한다. 현대 사회에서도 상급자가 하급자에게(물론 그러면 안 되지만) 쓸데없는 농담을 하거나 도를 넘은 참견을 할 때가 있다. 그 상황에서 하급자가 상급자에게 '왜 그렇게 오지랖이 넓습니까? 그만 하세요!'라고 말할 수는 없다. 사회생활은 이상과 다른 불합리하거나 이해할 수 없는 일로 가득하다. 당연한 요청이어야 하지만 이야기할 수 없는 상황에 부닥칠 때가 많다. 그런데 이러한 참견과 '쓸모없는' 대화가, 서로 동등한 관계에서 이루어질 때는 조금 다르다. 불편하고 싫은 내색을 할 수 있다. 그런데 이때 '무슨 말을 그렇게 하느냐'고 직접적인 비난을 드러내기보다 '오지랖 참 넓네.'라는 말로 직설적인 감정 표현을 비껴가거나 말을 한번 꼬아서 비난의 정도를 완화할 수 있다.

가까운 사이라고 하더라도 우리는 서로를 존중하면서 기분 상하지 않게 하려고 완곡 화법을 종종 사용하기도 한다. 이는 상처를 주기 위한 화법이 아닌, 서로를 존중하고자 하는 일종의 언어적 장치라고 할 수 있다. 완곡화법이나 비유적 표현은 대화 참여자들이 주의하고 경계하면서 일상의 관계를 조정해 가는 중요한 수단이기도 하다. 속담과 관용표현을 적절히 사용하는 화법은 그렇게 생활 속에서 살아 숨 쉬며 그 문화를 언어적으로 표현하는 것이다.

허심탄회하게 말하기보다 조심스럽게 대화할 수밖에 없는 인간관계, 직접 만나면 상처 주고 받을까 익명으로 키보드 뒤에 숨거나, 직접 만나거나 대화하는 것을 아끼는 것이 현명하다고 생각되는 요즘 사회 분위기이다. 서로 믿고 허물없이 지내는 인간관계가 귀해지는 시대에 건전한 오지랖은 사실 장려해야 할 필요도 있다. 진정으로 우리와 관계를 맺는 사람들을 위한다면 참견해야 할 때 참견해야 하고 말해 주어야 할 때 말할 수 있어야 한다. 그게 제대로 된 민주사회의 올바른 인간관계이고 소통 방식이라고 본다. 진정한 친구는 '도와달라고 할 때 거절하지 않고, 도와준다고 할 때 거절하지 않는 친구'라는 말이 있다. '오지랖 넓다'는 말을 듣지 않으려 지나치게 움츠리는 것은 친밀한 인간관계를 형성하는 데 장애가 될 수도 있겠다.

간이 콩알만해졌다고요?

무섭다는 것을 강조하는 말로 흔히 "간이 콩알만해졌다.", 또는 "간 떨어질 뻔했다."라고 말한다. 한국 사람은 무서울 때, 왜 '간'을 연결해서 말할까? 무서움을 갖지 않고 용감한 사람을 '간이 크다.'라고 말한다. 때로는 '배포가 크다.'처럼 일을 도모할 때 겁이 없이 큰 규모로 계획을 세워 실행하는 사람을 간 또는 간을 포함한 '배포'로 표현하기도 한다. 지나치게 만용을 보일 경우는 부정적 의미로 '간이 배 밖에 나왔다.'라고 표현하기도 한다.

전통적으로 한국 사람은 한 사람의 성격은 그 사람의 몸과 관련이 깊다고 생각해왔다. 즉 한 사람의 체질이 그 사람의 성격과 밀접한 관련이 있다고 보았다. 언어학적으로 보아도 인간의 생각은 몸과 긴밀한 관련성을 갖고 있다. 사람이 태어나서 가장 직접적으로 느끼고 가장 잘 안다고 생각하는 것이 자신의 몸이기 때문에 말하는 사람이 몸을 가지고 추상적 생각이나 개념을 비유적으로 표현하면 듣는 사람도 그 내용을 쉽게 이해하게 되는 것이다. 마크 존슨(M. Johnson)은 「마음속의 몸(The Body in the Mind)」에서 "의미와 합리성을 충분히 설명하려고 한다면 우리가 세계를 파악하는 데 사용하는 이해의 신체화된 상상적 구조에 중심적 자리를 주지 않으면 안 된다."라고 했다. 그리고 "인간 언어 의미와 합리성에 관한 객관주의적 설명에서 무시되고 낮은 가치밖에 주지 않았던 인간의 몸, 특히 신체화된 경험에서 창발된 상상력과 이해의 구조에 주목해야 한다."라고 강조한다. 인간이 사용하는 언어 의미 표현과 이해에서 신체는 경험의 상상적 구조화 과정에 밀접하게 결부되어 나타난다.

추상적 개념을 구체화하기 위해서 인간은 대체로 이미지 도식(圖式)과 은유적 투사(投射)를 사용하는데 이때 인간 신체와 신체적 경험이 두 방법 모두에 강력한 영향을 끼친다. 먼저 이미지 도식을 생각해 보면, 추운 겨울에 한일전이 열리는 운동장을 찾은 사람들의 분위기를 전하기 위해 '경기장의 열기가 뜨겁다.'라고 하여 신체적 지각 언어인 '뜨겁다'를 사용한다. 같은 물건을 사는 데 더 많은 돈이 필요하게 되었을 때, '물가가 올랐다/내렸다.'라고 하여 오르막과 내리막의 도식을 사용한다. 다음으로 은유를 보면, 다른 사람의 사정을 잘 이해하고 공감해 주는 사람을 '가슴이 따뜻하다.'라고 말한다. 추상적이고 어려운 내용을 설명하려고 할 때 구체적이고 쉬운 것으로 투사하는 것이 은유인데, 그 과정에 구체적이고 쉬운 것 가운데 많은 부분이 신체와 신체 경험과 관련이 있다.

한국어에 나타나는 신체 관련 표현을 보면 재미있는 것들이 많다. '손이 크다/작다, 손잡다, 손 벌리다, 손 놓다, 발이 넓다, 발이 빠르다, 코가 높다, 눈이 높다, 눈 감아 주다, 눈총 주다, 눈시울 붉히다, 귀 막다, 배 아파하다, 입 다물다/벌리다, 침 흘리다, 숨죽이다, 뼈 아프다, 이 악물다, 오금 저리다, 코피 나다, 핏대 세우다, 피 흘리다' 등등. 성격과 관련해서는 오장육부를 비유적으로 사용하는 것들이 많다. '뱃심이 두둑하다, 간이 크다, 간이 배 밖에 나오다, 똥줄 타다, 속이 타다' 등 다양한 의미 표현이 신체와 신체 경험과 관련되어 나타난다.

신체와 관련된 속담이나 관용표현도 많다. 잘못한 일에 대해 상대에게 사과를 할 때, '손바닥이 발바닥이 되도록 빌었다.'라고 한다. 상대가 무슨 일을 절대로 할 수 없다고 큰소리로 장담할 때, '네가 그 일을 해내면 내 손바닥에 장을 지지겠다.'라고 말한다. 게으른 사람을 말할 때, '손가락/손톱 하나 까딱하지 않는다.'라고 한다. 간과 관련한 속담도 많다. 어떤 상황에서 겁이 많이 나거나 무서울 때, '간이 콩알만해졌다.'라고 하고, 주관이 없이 제 이익을 위해 여기저기 아무에게나 아부하거나 아첨하는 사람을 '간에 붙었다가 쓸개에 붙었다가 한다.'라고 말한다. 먹은 음식의 양이 지나치게 적거나 제 먹을 양만큼 먹지 못한 경우에 '간에 기별도 안 갔다.'라고 한다. 또한 사이가 좋아서 내것, 네것 가리지 않고 무엇이라도 다 줄 것처럼 행동할 때 못마땅하게 생각하면, '마치 간이라도 빼어줄 것처럼 한다/빼어주겠다.'라고 말한다. 우리의 경험과 생각은 몸에, 그중에 머리

(뇌)에 기억으로 저장이 되고, 그 기억을 바탕으로 (107쪽 1줄) 인간 정신이 작동하지만, 사실은 인간의 사고 체계, 정신세계 안에 몸은 정신을 구성하는 중요한 토대이자 바탕이라고 보아야 한다.

※ 오장육부(五臟六腑): 사람의 몸 안에 있는 신체 장기를 통틀어 '오장육부(五臟六腑)'라고 했다. 오장은 간(장), 심장, 폐(장), 신장, 비장을 말하고, 육부는 위, 대장, 소장, 쓸개, 방광, 삼초(三焦)를 이르는 말이다. 삼초(三焦)는 상초(上焦), 중초(中焦), 하초(下焦)를 가리키는 말인데, 위를 중심으로 복부의 윗부분을 상초, 위 근처 부분을 중초, 아랫배 부분을 하초라 했다. 한국 사람들은 이 오장육부의 각 장기가 신체의 건강뿐만 아니라 그 사람의 정신 활동과도 관련이 깊다고 생각했다.

한번 뗀 시치미는
언제 다시 붙이나요?

'시치미를 떼다' 이는 외국인들이 가장 재미있게 생각하는 관용표현 중 하나이다. 자기가 한 일을 하지 않았다고 딱 잡아뗄 때 쓰는 관용표현으로 현재도 유용하게 잘 쓰는 표현 중 하나다. 이 속담의 근원은 매로 사냥하는 것이 흔한 시기에 자기가 기르는 사냥용 매의 소유자를 나타내는 꼬리표를 슬그머니 떼어버리고 자신의 것이라고 거짓말하는 데에서 유래했다고 한다.

어느 날 고급 한국어 반에 있는 외국인 학습자가 쓴 작문에 이렇게 쓰여 있었다. '나는 잘못을 깨닫고 시치미를 붙였다.'라고 썼는데, 그 의미는 거짓말한 것이 잘못이라는 것을 깨닫고 사실대로 말했다는 것이다. '시치미를 떼다.'가 '거짓말을 하다'라는 뜻이므로 시치미 뗀 것을 다시 붙이면 그 반대의 의미가 될 것이라고 생각한 것이 참 기발하였으나, 필자는 학생에게 '시치미를 붙이다'라는 표현은 쓰지 않는다는 것을 어떻게 설명해 주어야 하는지 한참을 고민했다.

관용어 또는 관용구, 관용표현이란 그것을 구성하는 단어들의 기본적인 의미만으로는 해석이 안 되는 즉, 두 개 이상 어울린 구 단위의 측면에서 특수하거나 새로운 의미를 가진 것으로 해석해야 하는 표현을 말한다. 하지만 우리가 쓰는 대부분의 관용구는, 적절한 상황이나 문맥에서 쓰였을 때 그것이 관용구라는 생각을 하지 않아도 그 의미를 곧바로 이해할 수 있다. 한국어를 모국어로 하는 사람은 어릴 적부터 이런 관용표현을 일상에서 통상적으로 써 왔기에, 사전적 의미와 다른 관용 의미를 거의 자동적으로 해석할 수 있다. 하지만, 많은 관용표현이 어떤 방식으로 만들어지고, 써 왔는지 외국어로서 한국어를 배우는 입장에서는 다 알기 어렵고 잘못 이해하기 십상이다.

우리가 흔히 접하는 '가랑이(가) 찢어지다', '가슴에 멍이 들다', '가슴에 못(을) 박다', '가슴에 불붙다', '가슴에 새기다' 등과 같은 관용표현은 이를 구성하고 있는 단어들의 기본적인 의미만으로도 그 뜻을 충분히 이해할 수 있다. 이들 표현 각각의 의미가 '몹시 가난하고, 마음이 아프고, 감정이 격해지고, 마음에 단단히 기억하고 있음'을 뜻한다는 것은 누구라도 쉽게 유추해 낼 수 있다. 하지만 '눈먼 돈, 눈에 쌍심지를 켜다, 눈칫밥(을) 먹다, 비판대에 오르다, 비판의 날을 세우다, 술잔을 나누다' 등과 같은 관용표현은 단어 각각의 의미를 아는 것에서 한 수준 더 나아가야 비로소 제대로 된 해석이 가능하다. '눈먼 돈'은 표현 자체로만 해석 하면 '돈의 눈이 먼 것'이 되는데 이것이 지시하는 의미는 '누군가가 보고 있지 않 다는 것'에서 '주인이 없다'로 이동된 것이다. 이처럼 이러한 의미 해석의 단계를 거치지 않고서는 이해하기 어려운 것들이 있다.

눈먼 돈	돈의 눈이 먼 것이 아니다. 지켜보고 있는 사람이 없는 돈을 비유적으로 이르는 말이다.
눈에 쌍심지를 켜다	심지는 등잔에서 불을 켜는 부분이다. 쌍심지는 한 등잔에 있는 두 개의 심지를 말한다. 두 눈에 불을 켠 듯 몹시 화가 나서 눈을 부릅뜬다는 것을 비유 적으로 이르는 말이다.
눈칫밥(을) 먹다	눈칫밥은 다른 사람의 눈치를 보며 얻어먹는 밥이다. 다른 사람의 눈치를 살피면서 기를 펴지 못하고 불편하게 생활 하는 것을 비유적으로 이르는 말이다.
비판대에 오르다	'비판대'는 비판을 받으려고 서는 곳이다. 비판의 대상이 되어 비판을 받음을 비유적으로 이르는 말이다.
비판의 날을 세우다	날은 칼날의 날을 말한다. 비판의 칼날을 날카롭게 세운다는 것은 원칙적이면서도 날카롭 게 비판한다는 것을 비유적으로 이르는 말이다.

위에서 보듯 한국어의 관용표현에는 일차 사전적 의미만으로 해석되지 않는 것들이 많다. 대부분의 관용표현에는 그 언어를 사용하는 언어 대중이 살아가는 시대적 문화가 반영되기 때문이다. 그래서 '관용'이라는 말이 붙은 것인지도 모른다.

'관용(慣用, idiomatic)'은 '습관적으로 늘 씀. 또는 그렇게 쓰는 것'과 '오랫동안 써서 굳어진 대로 늘 씀. 또는 그렇게 쓰는 것.'을 의미한다. 그래서 관용표현은 시간이 지날수록 그것을 구성하는 표현이 지시하는 문화적 실체들이 사라지면서 그 기원이나 발전 과정이 명확하지 않아 보이는 특성을 지닌다.

감투를 벗다	벼슬자리를 그만둠을 속되게 이르는 말.
고삐를 늦추다	경계심이나 긴장을 누그러뜨리다.
교편(을) 놓다	학교의 교사 생활을 그만두다.
삼십육계 줄행랑을 놓다	매우 급하게 도망을 치다.
상투(를) 틀다	총각이 결혼하여 어른이 되다.
산통(을) 깨다	다 잘되어 가던 일을 이루지 못하게 뒤틀다.
시치미(를) 떼다	자기가 하고도 하지 아니한 체하거나 알고 있으면서도 모르는 체하다. = 시침(을) 떼다[따다]
삼천포로 빠지다	정상적이거나 일반적인 과정에서 전혀 엉뚱한 곳으로 벗어나다.
오지랖(이) 넓다	쓸데없이 지나치게 아무 일에나 참견하는 면이 있다.

이들 표현은 우선 각각 '감투, 고삐, 교편, 삼십육계, 상투, 산통, 시치미, 삼천포, 오지랖'이 무슨 뜻인지부터 알아야 한다. 머리에 쓰는 감투가 시간이 흐르면서 벼슬을 의미하게 되고, 말에게 씌운 고삐가 말의 속도를 제어하는 데 사용한다는 점에서 속도를 늦추게 한다는 뜻으로 쓰이게 된 것을 이해해야 하는 것이

다. 이처럼 교편, 삼십육계, 상투, 산통, 시치미, 삼천포, 오지랖 등이 어울려 관용구로 정착한 표현들은 모두 한국의 문화 속에서 그 사용의 방식과 의미가 정착한 것들이다. 한국어를 사랑하고 배우는 효과적인 방법은 한국 사람들이 일상에서 쓰는 다양하고도 재미있는 관용표현들의 의미와 근원을 찾아 익히고 실제 대화 장면에서 사용해 보는 것이다.

과거에 관용적으로 쓰이던 표현들이 더 이상 쓰이지 않기도 하고, 새로운 관용표현이 생기기도 한다. '서당개 삼년이면 풍월을 읊는다.'는 속담 표현을 요즘에는 '식당개 삼년이면 설거지한다.'라고 한다는데, 조금 더 지나면 '반려견 삼년이면 휴대전화로 통화한다.'라고 농담을 할 수 있을 듯 싶다. 어떤 것을 너무나 잘하는 사람 앞에서 실력도 없이 허세를 부리다가 망신스러울 때 쓰는 표현은 시대에 따라서 '공자 앞에서 문자 쓴다.', '번데기 앞에서 주름 잡는다.', '포크레인 앞에서 삽질한다.'처럼 변해 왔다. 영어로도 비슷한 관용표현, '물고기에게 수영 가르치려 한다.'가 생겼다고 한다. 세상 물정이 변함에 따라 관용표현도 변해서 언어를 배우기가 점점 어렵다고 볼 수도 있고, 날마다 새롭고 재미있다고 여길 수도 있겠다.

콩가루 집안은 즐거운 집일까요?

한국어 관용표현이나 속담에는 원관념을 보조관념 전체로 대체하는 전형적 은유보다 사물이나 일의 진행 과정이나 성격의 부분을 가지고 전체를 드러내는 환유를 사용하는 것들이 있다.

바가지를 쓰다	요금이나 물건값을 실제보다 훨씬 더 비싸게 치르다.
형장의 이슬로 사라지다	사형의 처벌을 받아 죽다.
메가폰을 잡다	영화 따위의 감독을 맡다.
십자가를 지다	큰 죄나 고난 따위를 떠맡다.

이들 표현은 단어는 물론 구(절)가 담고 있는 비유적 의미를 이해하지 않으면 무슨 뜻인지 이해하기 어렵다. 이들은 서술어가 포함된 문장 형태인데, 서술어 없이 하나의 명사구로 쓰이는 것들도 있다.

놀부 심보	인색하고 심술궂은 마음씨를 비유적으로 이르는 말.
놀부 부인	염치 없는 여자를 비유적으로 이르는 말.
인왕산 호랑이	몹시 무서운 대상을 비유적으로 이르는 말.

눈동냥 귀동냥	주위나 곁에서 지식 따위를 얻어 보고, 얻어들어서 갖게 되는 일.
사돈의 팔촌	남이나 다름없는 먼 친척.
콩가루 집안	가족 구성원 간의 상하질서가 흐트러지고 유대관계가 깨진 집안.

'놀부라는 인물과 흥부전의 서사', '인왕산 호랑이가 왜 무서움을 나타내는 표본이 되었는지', '눈과 귀로 하는 동냥의 의미', '사돈과 팔촌의 의미', '콩가루가 가진 의미'를 이해하지 않고서는 이들 표현을 적절히 사용하기 어렵다. 콩가루는 달콤하고 고소해서 콩가루 집안이라고 하면 아주 다정하고 행복한 집안으로 오해할 수도 있다. 콩가루는 밀가루와 다르게 반죽을 해도 하나의 덩어리로 뭉치기 어려운 성질을 가진 데서 비롯한 관용표현이다.

전체적인 의미는 직관적으로 같은 것처럼 이해하지만 비슷한 단어 교체가 전혀 다른 의미 차이를 만드는 관용표현도 있다.

머리칼이 곤두서다	머리털이 곤두서다.
머리털이 곤두서다	무섭거나 놀라서 날카롭게 신경이 긴장되다.

여기에 쓰인 머리칼과 머리털의 차이는 뭘까? 일상에서 이 단어들을 사용해온 한국 사람들에게도 이 차이를 물으면 정작 그 뜻의 차이가 무엇인지 설명할 수 있는 사람은 많지 않다. 이렇게 하나의 사물을 지칭하는 여러 낱말이 있는지, 그 낱말들은 왜 다른 관용표현을 만드는지 그 원인과 과정을 밝히기 쉽지 않다.

'머리칼'은 '머리카락'의 준말이다. '머리카락'은 '머리'에 '가늘고 길게 토막이 난 물건의 낱개'를 의미하는 '가락'이 붙어 만들어진 것인데, 이들의 결합 시 [ㅎ]

소리가 덧나서 /카락/으로 적은 것이다. '머리칼'은 '머리카락'이 줄어서 된 말이고 이것은 각각의 머리털을 의미한다. 그런데 머리털은 머리 부분에 나있는 털을 통틀어 부르는 표현이다. 머리칼과 머리털은 거의 동일한 의미를 갖는 유의어라고 할 수 있다. 이들 유의어로 구성된 관용표현은 같은 의미로 쓰이다가 시대의 흐름 속에 또는 지역적 거리에 의해 선호 표현이 달라지고 같은 관용 의미로 사용하게 된 것으로 이해할 수 있다.

구성 단어의 각각의 의미를 알아도 왜 그것이 합쳐져 다른 의미로 쓰이는지 조금 모호한 관용표현도 있다.

어려운 걸음(을) 하다	일이 바쁘거나 너무 멀어서 좀처럼 가기 힘든 곳을 가거나 오다.
어른 뺨 치다	아이가 어른도 못 당할 만큼 영악하다.
뜸(을) 들이다	일을 할 때, 쉬거나 그 일을 만만히 하기 위하여 서둘지 않고 한동안 가만히 있는 경우를 비유적으로 이르는 말.

'어려운 걸음', '걸음이 어렵다'라는 말은 그 단어의 의미를 이해하는 것만으로는 그것이 맥락상 어떤 의미기능을 갖는지 제대로 설명하기 어렵다. 그리고 아이가 왜 어른의 뺨을 쳐야 하는지, 시간을 의미하는 뜸은 왜 '들이다'와 결합하는지 등은 한국 사회의 장유유서의 위계질서와 밥 짓기 과정을 이해하기 전에는 그 표현의 맛과 분위기를 이해하기 어렵다.

현재 한국 사람들의 일상생활에서 다양하게 쓰이는 관용 표현들을 개별 단어의 사전적 의미를 알기보다 한국 사회의 문화와 역사, 가치 등을 이해하면 더 쉽게 설명이 가능하다. 외국어로 한국어를 배우는 학습자들에게는 아주 이상하게 보이는 관용표현도 한국의 일반 언중들에게는 한국인의 삶 속에서 만들고 써 온 표현들이므로 관용어 사전을 찾을 필요도 없고, 사용하는 데에 무리가 없다. 외국인의 관점에서 현재 한국어 관용 표현 하나하나를 분석하고, 그 의미 형성 과정을 재구해 보면, 한국 사람이 한반도에서 공동체를 이루어 살아온 흔적과 사고방식, 가치관 등 다양한 것들을 이해하는 통로가 될 수 있다고 본다.

※ 조선왕조실록(http://sillok.history.go.kr/)에서 '머리카락'을 검색해 보면 총 144건의 결과가 나온다. 국역으로 번역된 것이 142건이고 원문 頭髮로 쓰인 2건은 성종실록과 연산군일기에 다음처럼 나온다. 「성종실록 216권」, 성종 19년 5월 12일 乙亥 5번째 기사 / 형조에서 사노 조봉산이 아비의 머리카락을 꺼두른 죄의 처벌에 대해 논하다. 「연산군일기 40권」, 연산 7년 5월 12일 己未 1번째 기사 / 그 아비의 머리카락을 휘어잡은 죄인 김금산을 율대로 처벌하라 명하다. 국역본은 현대 번역 작업을 거친 것이어서 다시 頭髮로 검색해 보면 93회가 출현하는 것을 확인할 수 있다.

정말 서당개 삼년이면
풍월 읊나요?

'속담(俗談, proverb)'이란, 예로부터 우리의 '일상생활 속에 전해 내려오는 말(a common saying)' 또는 '격언(格言, adage saying)' 또는 '잠언(箴言, proverb)'과 같은 넓은 의미의 가르침과 깨우침을 주는 말을 가리키는 개념이다. 흔히 쓰는 말이면서도 무언가 교훈을 담고 있다는 점에서 관용구와는 그 격이 다르다. 한국어에는 약 7,400여 개 정도의 속담이 있다고 한다. 2003년도 제작된 표준국어대사전(CD)에는 9,415개가 실려 있었으나 2022년 8월 현재 속담 7,436개가 실려 있다. 관용표현은 이보다 적은 3,887개가 정리되어 있다.

표준국어대사전에 기록된 첫째 속담은 '가갸 뒷자[뒷다리]도 모른다'이고 제일 마지막 속담은 '힘장수가 꾀장수를 못 당한다.'이다. 마지막 속담은 문장 그대로 해석이 가능해 보인다. 실제로 이의 의미를 사전에서는 '덮어놓고 미욱하게 뚝심을 쓰는 것보다 실정에 맞추어서 요령 있게 꾀를 쓰는 것이 더 위력적이라는 말'이라고 풀어 적고 있다. 직관적으로도 힘장수가 꾀장수를 당하기 어렵다는 것을 이해하기는 어렵지 않다. 그런데 '가갸 뒷자[뒷다리]도 모른다.'는 문자 그대로를 두고 의미를 유추해 내기가 조금 난해하다. 물론 '가갸거겨…'를 떠올릴 수 있다면 이것의 의미가 글을 모르는 것을 놀리는 것처럼 해석할 수 있다. 실제 이 속담의 의미를 사전에서는 '반절(=훈민정음) 본문의 첫 글자인 가와 갸의 세로획조차도 쓸 줄 모른다는 뜻으로, 글자를 전혀 깨치지 못하여 무식하거나, 사리에 몹시 어두운 사람을 놀림조로 이르는 말'이라고 적고 있다.

한국사람이라도 7,400여 개에 달하는 속담을 다 알고 일상에서 사용하는 것이 어렵지만, 한국어를 배우는 사람들은 한국사람이라면 한국 속담을 대부분 잘 이해할 것이라고 믿는다. 정말 그럴까? 속담은 문화적 상황과 사회 구성원들의 공통된 경험과 시대적 배경을 바탕으로 생성되고 전해 온 것이므로 세월이 흐르고 문화가 달라지면 왜 그런 속담 표현들이 생기고 쓰였는지 알기 어려운 경우가 많다. 다음 속담과 그 뜻이 맞는 것끼리 이어 보자.

방이 몹시 추움을 비유적으로 이르는 말.

가난도 비단 가난 •

일을 할 때 너무 성급히 서둘러 정신을 못 차리는 것을 비유적으로 이르는 말.

가랑이에 두 다리를 넣는다 •

가까운 사람끼리 서로 모함하거나 해치는 것을 비유적으로 이르는 말.

갈치가 갈치 꼬리 문다 •

꼼짝없이 죽게 된 신세를 비유적으로 이르는 말.

가마솥에 든 고기 •

무엇을 전혀 모르던 사람도 오랫동안 보고 들으면 제법 따라 할 수 있게 됨을 비유적으로 이르는 말.

사명당이 월참하겠다 •

산 까마귀 염불한다 •

아무리 가난하여도 몸을 함부로 가지지 않고, 본래의 지체와 체통을 더럽히지 않는다는 말.

'가난도 비단 가난'이라는 속담은 '아무리 가난하여도 몸을 함부로 가지지 않고, 본래의 지체와 체통을 더럽히지 않는다.'는 말이다. 그런데 이 속담은 다음처럼 고상한 상황에 쓸 수도 있고 비아냥거리는 것으로 쓸 수도 있다.

'가랑이에 두 다리를 넣는다.'는 속담은 '일을 할 때 너무 성급히 서둘러 정신을 못 차리는 것을 비유적으로 이르는 말'이다. 사람이 자기 가랑이에 자신의 두 다리를 넣을 수는 없는 것이니, 의미를 알고 보면 너무 성급할 때 쓰는 표현이라는 것이 바로 이해된다. '가마솥에 든 고기'는 문자 그대로만 보면 참 맛있는 음식을 뜻하는 것처럼 보인다. 하지만 이 속담은 '꼼짝없이 죽게 된 신세를 비유적으로 이르는 말'이다. 자신의 몸을 '고기'로 표현한 것도 그렇고 가마솥에 들어가 있는 상황은 너무도 슬픈 신세 한탄이라고 할 수 있겠다. 이 속담은 '마치 내 신세가 가마솥에 든 고기 꼴이네'처럼 쓰는 것이 적절할 것이다. '갈치가 갈치 꼬리 문다'라는 속담은 '가까운 사람끼리 서로 모함하거나 해치는 것을 비유적으로 이르는 말.'이다. 이는 산란기에 들어선 갈치들이 영양 보충을 하기 위해 같은 무리 갈치의 꼬리까지 무는 습성에 빗대어 생긴 표현이라고 한다. 이처럼 속담에는 일상의 상황이 반영된다.

그런데 '사명당이 월참하겠다(월참(越站)하다는 말을 타고 다니던 시절, 말을 갈아타지 않고 성급히 그냥 지나가는 것을 말한다. 쉬어야 할 때 쉬지 않음을 나타내던 표현이다.)'와 같은 속담을 이해하기 위해서는 한국 역사와 문화에 대한 이해가 필요하다. 이 속담은 '추위에 잘 견디던 사명당조차 쉬어 가지 않고 지나쳐 버릴 것이라는 뜻으로, 방이 몹시 추움을 비유적으로 이르는 말.'이다.

사명당이 쓰인 속담으로는 또 '사명당(의) 사첫방 (같다)'가 있는데 이는 매우 추운 방을 비유적으로 이르는 말로서, '사명당이 임진왜란 때 일본에 갔을 때 사명당을 죽이려고 쇠로 만든 방에 가두고 불로 달구었으나 오히려 얼어 있었다.'는 이야기에서 유래한 것이다. 이 속담은 임진왜란에서 큰 활약을 한 사명당 스님과 한국의 역사를 이해해야 그 속뜻을 알 수 있는 속담이다. (문단연결) '산 까마

귀 염불한다.' 역시 '염불(念佛) 즉, 불교에서 불경을 외는 행위'를 알아야 이해가
가능한 속담이다. 이는 '산에 있는 까마귀가 산에 있는 절에서 염불하는 것을 하
도 많이 보고 들어서 염불하는 흉내를 낸다는 뜻으로, 무엇을 전혀 모르던 사람
도 오랫동안 보고 듣노라면 제법 따라 할 수 있게 됨을 비유적으로 이르는 말.'이
다. 우리가 매우 잘 아는 비슷한 속담으로는 '서당 개 삼년이면 풍월(을) 한다[읊
는다/짓는다].'가 있다.

　속담이나 격언은 어떤 깨달음이나 경계를 주는 일상생활 속에 전해오는 말이
다. 그리고 교훈을 주는 내용들엔 그들 나름의 역사와 이야기가 담겨 있다. 역사
속에서 일어난 사건 이야기나 일화는 그 사회 문화의 주춧돌이 된다. 한국인도
한국 속담을 잘 활용하려면 속담에 담긴 사연을 하나하나 알아 보고 관련 자료를
찾아보아야 하는 이유가 된다.

누워서 떡 먹는 것이 왜 쉽습니까?

한국 사람들도 대부분 일상대화에서 속담을 그리 자주 사용하지는 않는다. 그래도 누군가 전통적으로 써온 속담을 인용했을 때 이해하지 못할 때에는 부끄러워하게 마련이다. '누워서 떡 먹기, 가는 날이 장날, 가게 기둥에 입춘' 이들 세 속담의 유래, 그 의미와 쓰임을 정확히 알고 있는 사람은 그리 많지 않다.

대부분의 한국 사람들은 누워서 떡을 먹는 것이 왜 쉬운 일을 나타내는지, 가는 날이 장날이라는 표현은 과연 좋은 날에 써야만 하는 것인지, 아니면 꼭 불편하고 복잡한 날에 써야 하는 것인지 등을 적확히 알지 못한다. 누워서 떡을 먹으면 체할 수도 있고, 떡고물이 떨어져 눈이나 코로 들어갈 수도 있어 쉬운 일이 아니라고 생각할 수도 있다. 가게 기둥에 입춘대길이라고 크게 써 붙이는 것이 언제부터 관행이 되었는지 설명할 수 있는 사람은 많지 않다. 명확하고 타당한 근거나 출발점을 찾기 어려운 이들 속담이나 관용표현의 의미를 지금부터 곰곰이 따져 보기로 하자.

"그건 누워서 떡 먹기지!" 누군가 호기롭게 쓰는 이 표현이 필자는 늘 궁금했다. 먹는 것을 유달리 좋아했고, 엎드려서 무언가를 먹는 것이 그리 어렵지 않다는 것을 몸소 잘 이해하고 있던 필자에게도 실제 누워서 떡을 먹는 것은 아주 힘든 도전이었다. 떡은 꽤나 밀도가 높은 음식이어서 바른 자세로 앉아서 먹기에도 난도가 높은(?) 음식이다. 대충 씹어 넘겼다가는 체하기 쉬운 음식이다. 그런 음식을 누워서 먹다니…. 그런데 이런 자살과도 같은 행위가 참 쉽다는 말에 쓰인다는 것은 누구라도 언뜻 이해하기 어려울 것이다. 물론 이와 비슷한 것으로는 식은 죽 먹기라는 표현도 있기는 하다. 그리고 다른 나라의 용례로, 영어는 한

'조각의 케이크(It's a piece of cake), 일본어는 '차 과자(お茶の子: 차와 함께 먹는 작은 과자류)' 또는 '아침밥 먹기 전(朝飯前(あさめしまえ))', 중국어는 '한 접시의 밑반찬(小菜一碟)', 독일어는 '프레첼 빵 굽기(wies Brezelbacken gehen. 구어로는 Das geht ja wie das Brezelbacken!: 그거 참 프레첼 빵 굽기 같다!)' 등을 쓰는 것을 확인할 수 있다.

잘 생각해 보면 식은 죽, 케이크, 차 곁들임 과자, 한 접시의 밑반찬 등을 먹는 것이나 늘 먹는 빵을 구워내는 것 등을 우리는 직관적으로 '쉽다'라고 인식하고 있는 것으로 이해할 수 있다. 그런데 동서고금을 막론하고 이런 쉬운 표현 방법을 두고 왜 또 굳이 한국어 속담에서는 '누워서 떡을 먹는다'라는 표현을 쓰고 있을까? 이를 쉽게 이해하기 위해서는 논리적으로 타당한 근거를 만들어야 한다. 지금까지 가장 타당하다고 이해할 수 있는 설명은, 떡을 만들어서 먹는 여러 어려운 과정 중 누워서 기다리다가 떡을 먹는 사람이 제일 편하다는 것이다. 쌀을 찧고 빻아서 떡을 만들든 밥을 짓고 떡메로 쳐서 떡을 만들든, 떡을 만드는 과정은 굉장히 어렵다. 그래서 떡은 정말 힘든 노동력의 산물이라고 할 수 있다. 그런데 이 떡을 누워서 기다리다가 받아먹는 사람에게, 떡은 그리 어려운 음식이 아닐 것이다. 그래서 '누워서 떡 먹기'는 '누워서 기다리다가 떡 받아 먹기'가 원래의 의미일 수도 있겠다는 추정을 할 수 있다.

이런 유추가 합리적이고 타당하게 이해되었다면 우리는 이제 누워서 떡 먹기라는 표현에 대한 의심의 눈초리를 거둘 수 있을 것이다. 그런데 여전히 가시지 않는 질문 하나가 남는다. 왜 이것이 속담인가? 관용표현과 달리 속담은 어떤 깨우침을 주기 위한 표현을 말한다. 그래서 이의 사전적 정의는 '예로부터 민간에 전하여 오는 쉬운 격언이나 잠언'이라고 풀이된다. 하지만 격언이나 잠언이라고 하기에는 '누워서 떡 먹기'라는 표현 자체에서 어떠한 경구적 의미를 찾아내기 어렵다.

한국 속담에는 이와 비슷한 것으로 '굿 보고 떡 먹기'와 '누워서 떡을 먹으면 팥고물이 눈에 들어간다.'가 있다. 전자는 '한 가지 일을 하여 두 가지 이상의 이익을 보게 됨을 비유적으로 이르는 말'이라는 의미이고 후자는 '자기 몸 편할 방편만 찾아 일을 하면 도리어 제게 해로움이 생김을 비유적으로 이르는 말'이라고 한다. 이에서 보듯 떡을 먹는 것은 좋은 일이고 누워서 떡을 먹는 일을 '자기 몸 편할 도리'에 빗대고 있다. 그러므로 '누워서 떡을 먹는다.'라는 의미는 '아무 어려운 과정 없이 가만히 누워있다가 떡 받아먹는 것처럼 쉽다.'는 의미라고 유추하는 것이 그럴듯한 해석이겠다.

3부
관용표현과 어휘

"눈에 보이지 않는 사고 등의 추상적 개념은 눈에 보이는 것, 귀에 들리는 것, 손에 만져지는 것 등 익숙한 것으로 표현하는 것이 인간 언어 사용의 기본 원리이다. 한국인은 보이지 않는 마음을, 먹고 맛볼 수 있는 음식 은유를 사용하여 특별히 '마음을 먹다'라고 표현한다."

-본문 중에서

℃는 왜 섭씨라고 하고
℉는 왜 화씨라고 하나요?

온도를 재고 표시하는 단위는 세계적으로 두 가지 방식이 쓰인다. 하나는 ℃ 이고 다른 하나는 ℉이다. ℃는 섭씨(攝氏)라고 하는데, 1기압 조건에서 물이 어는 점을 0℃라고 기준을 잡고, 물이 끓기 시작하는 온도를 100℃라고 기준을 정해서, 그 사이를 100등분 해서 표시를 한다. 이 기준은 1742년 스웨덴의 천문과학자 앤더스 셀시우스(Anders Celsius)가 처음으로 제안하였고 그 이후 세계적으로 널리 쓰이게 되었다. ℃를 한국어로 '섭씨'라고 부르는 이유는 셀시우스를 중국어로 음역할 때 '섭이사(攝爾思)'라고 하고, '섭이사'의 성씨를 따서 '섭씨(攝氏)'를 한국어 발음으로 섭씨라고 하면서 '20℃'를 '섭씨 이십도'라고 부르게 되었다. ℉는 화씨(華氏)라고 하는데, 독일인 다니엘 가브리엘 파렌하이트(Daniel Gabriel Fahrenheit)가 1724년 영국왕립협회에서 얼음, 물, 염화암모늄을 1:1:1로 섞은 후 그 온도를 측정하여 0℉라고 정의하였다. 이렇게 해서 물이 어는 점을 32℉, 사람의 체온은 2의 6승인 64을 더해 96℉로 하여 온도계를 만들었다. 그리고 물의 끓는 점이 212℉라는 것을 측정하여 발표하였다. 화씨는 'Fahrenherit'를 중국어로 음역하여 '화륜해특(華倫海特)'이라고 하고, 그 성씨를 따서 화씨(華氏)라고 한 것이다.

그런데 여기서 우리가 언어 사용에서 주의 깊게 볼 것은 온도를 측정하고 표기하는 방식에 그 방식을 제안한 사람의 이름을 붙인다는 사실이다. 서구 사람들은 물건이나 물질, 산이나 강의 이름을 붙일 때 그것을 발견하거나 제안한 사람의 이름을 붙이는 것이 아주 흔하고, 그렇게 명명하는 것이 상식처럼 되어 있다. 반면 한국어는 물건의 이름, 물질의 이름, 산이나 강의 이름을 붙일 때 사람의 이름을 붙이기보다는 그것의 모양, 색깔, 기능 등과 관련지어 이름 짓는 것이 보편적이다. 미국에서 여행할 때 가이드가 안내하는 폭포 이름이 Sweet Falls라고 해서 그 폭포의 물이 달거나 매력적인 요소가 있어 그런가 짐작했다. 나중에 그 이름의 연유를 물었더니, 그 폭포를 발견한 사람의 이름이 Mr. Sweet라고 해서 다소 낯설고 그런 방식으로 이름을 붙이는 것이 엉뚱하다는 생각을 했다.

한국의 제주도에는 한라산 외에도 300개가 넘는 작은 산 오름이 있다. 각각의 오름은 이름이 붙어 있다. 거문오름(검은오름), 용문이오름, 알밤오름, 따래비오름(딸애비오름), 붉은오름, 꾀꼬리오름, 돌오름, 가마오름 등으로 고유어 이름을 붙였다. 이들 이름은 모양, 색깔, 전설 등의 다양한 특색을 고려하여 붙여진 이름이라는 것을 알 수 있다. 그 오름이나 산, 강 등을 발견한 사람의 이름을 따서 붙인 경우는 거의 없다고 해도 과언이 아니다. 사람의 이름과 관련한 명명을 굳이 찾는다면 '임연수어'라는 물고기 이름 정도다.

한국 문화에서 자신의 이름을 내세우거나, 사람들과 만날 때 친구나 어린아이가 아니면 상대 이름을 부르는 경우가 거의 없다. 형, 아저씨, 할아버지, 할머니, 이모 등으로 인간관계를 중심으로 부르는 경우가 많다. 상대의 이름으로 부르기보다 ○○ 엄마, ○○ 아버지로 호칭하는 경우가 많다. 회사에 가면 이름을 부르기보다는 그 회사 안에서 직함인 대리, 과장, 부장, 사장 등으로 부르는 경우가 많고, 새로 소개 받은 경우에도 상대 이름 전체를 부르기보다는 ○ 사장님, ○ 선생님 등으로 부르는 것이 보통이다. 유명한 연예인, 정치인, 기업가 등이 되기 전에는 이름을 가지고 그 사람을 지칭하는 경우가 많지 않다. 과거 조선 시대 후기까지 성씨가 없는 사람이 많고, 동네 이름에 특징을 붙여서 '밤골키다리'식으로 부르는 경우도 많았다고 한다. 여성들의 경우에는 ○○의 셋째딸, ○○아내, ○○엄마 식으로 관계 중심으로 불렀다. 결혼을 해서 시집에 가서 살더라도 이름보다는 고향을 가지고 '춘천댁, 마포댁'식으로 불렀다. 여성의 경우 평생 이름으로 불리는 경우는 거의 없고, 가족 관계로 불리는 경우가 많았다. 아마도 이런 이름 붙임과 이름 호칭 사용은 개인보다는 가족과 집단을 중시하고, 혼자보다는 관계를 중시하는 한국 사회 가치관과 전통 때문이 아닌가 한다.

왜 생각은 들고나는데,
마음은 왜 먹나요?

세상만사는 마음먹기에 달려 있다고 한다. 살아가면서 겪는 여러 일을 어떻게 생각하는가에 따라서 그 결과도 달라지는 것을 강조하는 말이다. 그런데 왜 '생각하다'는 뜻을 '마음을 먹다'라고 하는지 궁금하다. '생각하다'와 '마음먹다'가 어떻게 다른지, 또 '마음'을 나타내는 다른 말로 '가슴, 가슴 속, 머리, 머릿속, 간, 간장, 애간장' 등의 표현이 있는데 한국어에는 어떤 신체적 표현이 마음과 관계되는지, 이들 신체어들은 어떤 동사와 어울리는지 궁금하다.

'마음'은 사전에서 '사람이 본래부터 지닌 성격이나 품성, 사람이 다른 사람이나 사물에 대하여 감정이나 의지, 생각 따위를 느끼거나 일으키는 작용이나 태도, 사람의 생각, 감정, 기억 따위가 생기거나 자리 잡은 위치, 사람이 어떤 일에 대하여 가지는 관심. 사람이 어떤 일을 생각하는 힘' 등으로 뜻풀이를 하고 있다. 그래서 이런 기본 의미를 바탕으로 '마음 붙이다, 마음 주다, 마음에 두다, 마음에 차다, 마음을 비우다, 마음이 통하다, 마음이 있다/없다, 마음이 삭다, 마음이 돌아서다' 등의 관용표현이 쓰이고 있다. 그중 '마음을 먹다'는 그 쓰임이 잦고 두 낱말의 의미 결속력이 강해 '마음먹다'라는 새로운 합성어가 생겼다. '마음먹다'는 '무엇을 하겠다는 생각을 하다.'라고 사전 뜻풀이가 되어 있다. 결국은 '생각을 하다'는 것과 기본 의미가 크게 다르지 않다. 생각은 먹다가 아니라 '나다/들다, 하다'라고 한다.

다시 짚어보면, '왜 마음은 먹고, 생각은 나거나 들까?' 궁금해진다. 마음이 들어 있다고 생각하는 가슴과 함께 쓰이는 표현들을 보면 이해가 될까? '가슴 트이다, 가슴 뜨겁다, 가슴에 간직하다, 가슴 태우다, 가슴 터놓다, 가슴에 박히다, 속

이 트이다, 속이 뜨겁다, 속에 간직하다, 속 태우다, 속을 터놓다, 가슴에 박히다'
등이 '가슴, 속'과 함께 자주 사용하는 관용구들이다.

사람의 '가슴, 속'에 마음이 들어있다고 생각해서 한국 사람들은 '마음을 먹
다, 마음에 들다, 마음이 있다. 마음에 없다' 등의 관용구가 생긴 것으로 생각한
다. 음식을 먹으면 속에 들어가서 몸속에 음식이 있고, 그것이 우리의 몸속에서
힘을 내는 작용을 한다고 생각해서 마음을 먹는 것이라고 표현한 것으로 본다.
그래서 심리적 결단이 필요할 때, '마음을 단단히/다부지게 먹다.'라는 표현을 쓰
기도 한다.

그런데 '생각'은 머릿속과 관련되어 있다고 보아 상징적으로 들고 나고 하는
것으로 표현한 것이 아닐까? 말하는이가 자신이 하는 생각이 스스로 주체적으로
하는 것이면 '생각 나다'이고, 외부의 여러 시각, 청각 정보가 입력되어 그런 생각
을 가지게 되었으면 '생각이 들다'라고 표현하는 것으로 설명이 가능하다. 눈에
보이지 않는 사고 등의 추상적 개념은 눈에 보이는 것, 귀에 들리는 것, 손에 만
져지는 것 등 익숙한 것으로 표현하는 것이 인간 언어 사용의 기본 원리인데, 한
국인은 특별히 '마음을 먹다'라고 표현하는 것은, 보이지 않는 마음을, 먹고 맛볼
수 있는 음식에 비유하여 구체화한 것이다.

편을 가를까, 편을 먹을까?
무슨 말로 나눌까?

비교적 최근에 정비를 마친 국립국어원의 '지역어 종합 정보'라는 방언 정보 사이트는 그 안에 내용이 다양하고 유용한 정보가 많다. 수업 시간에 지역 방언 이야기를 할 때도 흥미롭게 쓸 수 있다. 예컨대 우리에게도 익숙한 '부추-정구 지-솔'이나 '가위-가우-가새'와 같은 지역 방언 차이를 방언 지도를 통해 마치 삼국시대 지도 보듯이 흥미롭게 구경해 볼 수 있다.

여기에서는 이 지도에는 실려 있지 않은, 방언론에서 잘 다루지 않는 정론 정 보를 벗어난 '경기장 밖' 이야기를 해 보려고 한다. 속칭 'B급 백과사전'이라 정보 의 신빙성에는 다소 못 미더울 때도 있지만 대중의 관심을 많이 받은 사건이나 인물, 알짜배기 뒷이야기가 많이 실려 있는 '나무위키'라는 곳에 들어가 '편가르 기'라는 표제어를 찾아보면 흥미로운 이야기가 있다. 이 항목 아래에서는 각 지 역마다 아동들이 놀이를 위해 편을 가를 때 외치는 '편가르기 구호'에 대해 지역 별로 자세히 살펴보고 있다.

실제로 인터넷을 찾아보면 2010년도쯤 유행한 '편 가르기 전국지도'라고 하 여 마치 방언 지도처럼 만든 우스갯거리 지도가 존재하기도 한다. 어린이들의 놀 이 관용표현을 가지고 만든 방언 지도와 같은 셈이다. 구호만 다를 뿐만 아니라 멜로디나 박자가 달라서 어떤 게시판에서는 계이름을 붙이거나 박자를 붙여 넣 기도 했는데, 그 성실한 자료 수집이 짐짓 더 웃음을 준다.

이 '편가르기 구호'에 나름대로 후일담을 갖고 있는 경우가 많아서 그런지 떠 도는 이야기도 많다. 이 구호는 '달고나', '트램펄린'과 함께 가장 지역 방언이 다 양하게 존재하는 소위 "3대 시금석 어휘"라고도 불린다. 이 글을 읽고 있는 독자는 어렸을 때 편 가르기를 하기 위해 손바닥을 내밀며 어떤 표현을 했는지 기억하고 있는가? 필자의 경우는 초등학교 때 두어 번의 전학을 다녔고, 외가와 친가에 명절날 찾아가 동네 아이들과 놀면서 이것이 서로 맞지 않아 신기해하기도 하고 순식간에 변형을 만들었던 기억이 있다.

간단히 지역별로 몇 가지 사례를 들면 이렇다. [수도권 지역]부터 살펴보면 서울에서는 '데덴찌', '뒤집어라 엎어라', 고양에서는 '쫄려도 한 판 데덴찌', 동두천에서는 '뒤집어라 엎어라', 수원에서는 '엎어 뒤집어', 평택에서는 '엎어라 제쳐라', 인천에서는 '뒤집어라 엎어라' 등의 구호가 쓰였다. [충청도]로 넘어가면 논산에서는 '흰둥이 검둥이', 대전에서는 '우에우에 우에시다리', 청주에서는 '앞쳐뒤쳐 앞쳐 뒤쳐', 보은에서는 '앞뒤 앞뒤', 천안에서는 '엎어라 제쳐라' 등으로 불렀다. 그 다음 [전라도]로 넘어가면, 익산에서는 '편먹고 먹기 먹는대로 먹기 삐치면 빼기 못살아도 살기', 목포에서는 '쓸마노', '쓸려도 말없기', '소라이 미찌', 전주에서는 '엎어라 뒤집어라', '똥받아먹기', 광주에서는 '소라이 미치미치 개똥미' 등으로 불렀다. [경상도]에서 살펴보면 포항에서는 '탐탐비(탄탄비)', 구미에서는 '덴더쉬', '밴더시', 칠곡에서도 '밴더시', 대구에서는 '뺀다뺀다 또 뺀다', '덴지시 오렌지시', 부산은 '시달려도 편먹기', '덴디덴덴', '단단단단', '젠디', 안동은 '덴찌' 등으로 말했다. [강원도]로 가보면, 강릉은 '하늘이 땅', 정선은 '능보능보능', 평창은 '엎어라 뒤퍼라', 삼척은 '탄탄~탄' 등이 있었다. 마지막 [제주도] 제주에서는 '하늘 땅'이라는 말이 많이 쓰였다고 한다.

이렇게나 편 가르는 말이 지역마다 다를 수가 있을까? 같은 지역이나, 도(道)에 속해 있더라도 전혀 다른 놀이말로 우리는 편을 가르고 있었다는 사실을 알수 있다. 어린 시절 추억을 나누는 후일담에 의하면 옆 동네, 인근 학교만 가도다른 경우가 있었다고도 한다.

그렇다면 어떠한 이유에서 이렇게 편 가르기의 구호가 달라졌을까? 가장 직관적으로는 해당 지역의 방언에서 직접적인 영향을 받았을 것이라는 추론을 할수 있다. 사례들을 살펴보면 성조나 억양이 있는 경우에서는 같은 음절을 반복하기도 하고, 대략 지역별로 유사성을 띠는 것들도 보인다. 그러나 또 한편으로는 각 시(市), 군(郡)마다 서로 다르게 나타나기도 하고, 먼 지역과도 유사성을 보일 때가 있다. 그래서 단순히 지역적 경계로 이 갈래를 추정할 수도 없다.

편 가르기 언어, 편 가르기의 방언이 어떤 이유로 어떻게 나뉘게 되었고, 분화 되었는지에 대해서는 다양한 의견이 존재할 수 있지만, 크게 두 가지 정도를 소 개해 보고자 한다.

첫째로 '일본의 영향'이 있었을 것이라는 해석을 내려볼 수 있을 것이다. 서울 대부분 지역에서는 〈데덴찌〉라는 편 가르기 말을 사용하는데, 일본어로 '데(手)' 가 손이란 뜻이고 '덴치(天地)'는 직역하면 '하늘과 땅'이지만 그 외에 '뒤집다'라 는 의미로도 많이 사용되므로 직관적으로 일본어의 영향을 받았다는 것을 알 수 있다. 다만 현대 일본에서는 '데덴찌'라는 표현이나 손 뒤집기로 편을 나누지 않 는데, 이에 대해서는 과거에 일본에서 썼다가 사라졌다고 볼 수도, 또 일제강점 기를 지나며 '하늘땅', '엎어라 뒤집어라' 등이 섞여 일본어를 배운 어린이들 사이 에서 일본어로 바꾸어 그렇게 썼다고도 추측해 볼 수 있다.

한편 일본인이 많이 거주하거나 교류했던 주요 항구들이 있던 지역들에서도 일본어로 된 편 가르기 말이 사용된 것으로 보아 일본의 영향이 있었다고 말할 수 있다. 예를 들면, 부산에서 쓰이는 '덴디덴덴, 젠디'와 목포의 '소라이 미찌' 등 이 일본어에서 유래했으리라 추정되는 편 가르기 언어들이다. 결론적으로 일본 과의 교류가 있던 지역과 그 인근지역은 한국말이 아닌 일본말로 된 언어를 사용 했기 때문에, 다른 지역과의 차이가 나타난 것으로 본다.

둘째, 편 가르기 말이 자연스럽게 자생하고 그 지역 안에서 구전되고, 이주자 들이 늘어나면서 이주자의 거주지로부터 다시 다양하게 변이형들을 늘려 교체되 었을 것이라고 해석해 볼 수 있다. 지역적인 사례를 보면 일본어로 이루어진 편 가르기 언어를 사용하는 지역에서도 순우리말인 편 가르기 언어를 혼용해서 사 용하기도 한다. 예컨대 '뒤집어라 엎어라', '엎어라 제쳐라', '앞쳐 뒤쳐', '하늘 땅' 등등 순우리말로 구성된 편 가르기 언어가 우리나라의 많은 지역에서 사용되는 것을 알 수 있다. 또한 순우리말로 놀이를 하는 지역 주위에도 대부분 비슷한 순 우리말로 편 가르기를 하는 것을 보아, 편 가르기 언어가 우리나라에서 자생적으로 만들어져 가까운 지역끼리는 조금씩 변형된 형태로 전파됐다고 말할 수 있다. 예를 들어, 경기도 지역에서 주로 사용되는 말인 '엎어라 뒤집어라, 엎어라 제쳐라' 등의 구호는 4/4박자나 3/4박자 계열로 노랫말처럼 불려져 주변 지역과 그렇게 크게 다르지 않은 말로 리듬감 있게 편을 가른다.

놀이 언어의 특성상 주된 사용 주체는 어린이들이고, 어린이들은 자신이 사는 지역을 크게 벗어나는 일이 거의 없었기 때문에 다른 지역으로 문화를 전파하는 것보다는 자신이 살고 있는 동네에서 무리를 이루어 놀이 언어를 말했을 것이다. 그에 따라 편 가르기 언어는 자연스럽게 변형되었을 가능성이 크다. 또한 놀이 언어가 전파되더라도, 어린이들이 전파하는 도중에 놀이를 재해석하거나 놀이 언어를 놀이답게 언어유희를 넣어(대구의 '덴지시 오렌지시'처럼) 임의로 바꾸었을 가능성도 크다. 아마도 편 가르기 언어처럼 문자가 아닌 말로 전승되는 문화들은 퍼져나가는 동안 중간중간 다른 것이 섞이거나, 없어지거나, 원형이 변형될 가능성이 높다.

결론적으로, 편 가르기 언어가 하나의 정확한 이유로 달라졌다고 말하기는 힘들다. 모든 지역에서의 언어 분화 양상을 한 이론으로 설명하기는 어렵고, 또한 문자 언어로 기록된 자료가 아닌 말로 전해지던 문화이기 때문에 연구 과정의 난점도 크다. 그렇기 때문에 편가르기 구호 이야기는 학술적 담론이 아니라 영원히 우스갯소리로 남을지도 모르겠다. 그럼에도 간과할 수 없는 것이 이러한 양상을 살펴보면서 '피진'과 '크리올'과 같은 언어의 분화나 변이 형태를 이해하는 데에도 큰 통찰을 얻을 수 있기 때문이다. 기록물을 찾아 올라가 보면, 1903년 '갤릭(Gaelic)호'로 이민을 떠난 사람들과 그 이후 여러 차례 하와이에 이주를 떠난 구한말의 우리 선조들의 자녀들이 그곳 아이들과 어울려 놀면서 조선어-하와이어-영어가 섞인 나름대로 놀이 언어와 소통 언어를 만들어 사용했다는 기록도 있다. 그만큼 언어란 그 사회 구성원들의 삶의 맥락에서 상호 소통을 하며 다양한 양상으로 변하기 마련이다. 한국사회도 빠르게 변하고, 지역별, 세대별, 계층별 편가르기가 심화하고 있다. 한국사회 편가르기가 나라 발전을 저해하는 요소

가 아니라 발전의 밑거름이 되는 다양성을 제공하는 건전한 편가르기가 되기를
바라마지 않는다.

'헬리콥터'를 왜 '잠자리비행기'라고 부르지 않나요?

어릴 때 헬리콥터를 '잠자리비행기'라고 불렀는데, 언제부터인지 그렇게 부르는 사람이 줄어들고 이제는 그렇게 말하면 옛날 사람처럼 취급하는 사회적 분위기가 되었다. 처음 한국에 '불도저'가 선을 보였을 때 사람들은 그것 '땅차'라고 불렀다는데 요즘은 그렇게 말하지 않는다. 무거운 물건을 들어올리거나 땅을 파는 등 다양한 작업을 하는 기계를 영어로 'forklift'라고 한다. 그 대표 회사인 'fork & crane'이 줄임 형태 '포크레인'으로 불리다가 한국에서는 표준어 '굴삭기'보다 더 자주 쓰이고 이제는 표준어처럼 되었다. 사전에 찾아보면 '잠자리비행기'는 "'헬리콥터'를 속되게 이르는 말."이라고 나온다. 다시 '속되다'의 뜻을 찾아보니, "1. 고상하지 못하고 천하다. 2. 평범하고 세속적이다."라고 되어 있고, "그는 말씨가 천박하고 속되다. 형제들은 서로 재산을 많이 갖겠다는 속된 마음을 드러내 보였다." 등의 예문이 나온다.

한국 사회에서 외국어를 사용하면 더 많이 공부하고, 더 나은 지위에 있는 사람처럼 생각하는 사회 분위기가 이어져 왔다. 20세기 초까지는 한자, 한문을 많이 사용하면 그렇게 대우받았고, 일제 강점기에는 일본어를 자유자재로 구사하는 사람이 그랬고, 해방 후에는 영어를 비롯하 서구어를 많이 사용하는 사람이 본디 토박이말만 사용하는 사람보다 우대를 받고 있다. 앞서 예를 든 것처럼 '잠자리비행기'라고 부르지 않고, '헬리콥터' 또는 '헬기'라고 해야 표준어 구사자가 되고, 더 높게 대우받는 것은 어느 면으로 보면 외국어를 토박이말보다 우대하는 한국 사회의 차별적 분위기를 말해 준다. 한국 사람이라도 한국어만 사용하기를 고집하거나 순우리말로 합성어를 만들면 무식하거나 속되거나 고지식하다고 치부해 버린다.

한 나라의 언어는 수천 년 동안 그 사회 구성원들이 사용하는 고유어를 바탕으로 구성되어 있다. 삶의 기본이 되는 낱말들은 외국어의 영향을 받기 전에 이미 기본 바탕을 이루고 있는 것이 자연스러워 당연히 기초 어휘는 모두 고유어가 차지한다. 사회가 발전할수록 주변 민족이나 국가와 교류를 하게 되는데 이때 다른 민족과 사회의 문명이 들어오면서 언어도 함께 들어오게 된다. 대체로 문명이나 문화는 높은 곳에서 낮은 곳으로 흐르게 되어 있어, 발달한 문명사회의 문물이 그렇지 못한 사회로 흘러 들어오게 된다. 이때 기존의 문물은 상대적으로 선호도가 낮아 외래 문물보다 가치를 인정받지 못하고 천대를 받는다. 문물과 함께 들어온 언어도 함께 우대를 받아 본디 있었던 언어를 낮춰보게 되는 것이 자연스러운 현상이다. 어떤 사회가 다른 사회와 교류를 하지 않을 수도 없고, 교류할 때 다른 사회보다 모든 분야에서 뛰어나고 앞서 나가기는 어려워 모든 언어가 고유어만으로 소통할 수는 없다. 시대가 흐르면서 원래 가지고 있던 고유어 바탕 위에 외국 문물과 함께 들어온 외국어가 외래어로 자리를 잡게 된다.

고유어에 없는 개념은 외국어를 받아들여 외래어로 사용하는 것이 당연하고 자연스럽다. '텔레비전, 컴퓨터, 킬로그램, 미터, 엑스레이, 피자, 사이다, 콜라' 등 기존에 없던 새로운 외국 문물이 들어와서 그 이름이 외래어가 되는 것을 막을 수는 없다. 그런데 문제는 이미 존재하는 개념이나 어휘 대신 외국어를 사용해서 본디 고유어가 자리를 잃어버리거나 고유어로 바꾸어 쓰면 더 쉽고 경제적인 경우에도 외국어를 남용해서 본디 토박이 한국어의 힘이 약화하거나 소멸하는 것은 안타까운 일이다. 외국어를 순화해서 우리 토박이말로 바꾸어 쓰는 데는 물론 한계가 있고, 억지로 그렇게 하다 보면 일반 언어 대중의 선택을 받지 못할 수도 있다. 하지만, 본디 토박이 한국말이 있는데도 외국어를 굳이 사용하고, 토박이말로 바꾸어 쓰면 훨씬 더 이해가 쉬운데도 영어를 쓰는 것은 잘못이다. 과거 이천 년 가까이 한자 문화의 영향을 받아서 한국어에 한자 어휘가 엄청나게 불어난 상황에서 다시 영어 등 서구어를 남용하는 것은 경계해야 한다. 새로운 신제품이 시장에 나올 때 대부분의 상품 이름이 외국어로 되어 있거나 어디에서 온 것인지 알 수 없는 이름으로 되어 있다. 과거 '우리말 살려 쓰기 운동'을 하던 시절에 한자 혼용을 주장하던 사람이 '비행기'를 '날틀'이라고 바꾸어 쓰겠느냐고 항변했다는 이야기를 들었다. 새로운 시대에 새로운 개념이 필요하고, 모든 새로운 개념과 이름을 고유어만으로 쓰도록 강제할 수는 없지만, 외국어를 무제한으로 쓰게 내버려 둘 수는 없는 일이다. 시골에 사는 시어머니가 찾아오지 못하게 새로이 짓는 아파트 이름을 모두 영어로 만든다는 우스갯소리는 외국어를 받아들이는 우리의 자세를 다시 한번 생각하게 한다.

외국어를 사용하기 전에 본디 토박이말로 바꿀 수 있는지 면밀하게 검토하는 것이 필요하고, 외국어를 사용해서 그것을 한국 사회에 필요한 외래어로 정착하는 과정에 어느 정도 점검하고, 조정하는 법적, 제도적 장치를 마련하는 것이 필요하다. 2005년 모든 공공언어는 한글을 사용하는 것을 원칙으로 한다는 국어기본법이 공포되었지만 아직도 한글만 알아서는 읽고, 해석할 수 없는 언어 표현들이 많다. 돌아가신 이어령 선생이 자신이 문화부 장관을 하면서 가장 보람 느낀 업적이 '노견(路肩)'이라는 말을 쓰지 않고, '갓길'이라는 말을 쓰도록 해서 정착이 된 것이라는 기자와 간담이 기억에 남는다.

일제강점기를 지나 해방이 되었을 때 기초 교육언어들을 만들면서 각 교과 영역에서 우리말 사용을 권장했지만 영역마다 그 결과들이 달라 지금까지 바뀌지 않고 이어지고 있다.

한 사회의 각 영역에서 새로운 개념을 외국에서 받아들이거나 새로 만들 때 어떤 낱말로 시작하고 뿌리내리도록 하는가는 언어 정책에서 참 중요한 과제다. 음악에서 '안탄테(andante)'를 '서주'라 하지 않고 '느리게', '알레그로(allegro)'를 '속주'라고 하지 않고 '빠르게'로 자리 잡게 한 것은 반갑고 가슴 뿌듯하다. 과학 영역에서 '구근식물(球根植物)'을 '알뿌리식물'로 가르치기 시작한 것은 토박이말을 살리고 의미 파악도 쉽게 했다는 점에서 바른 방향이라고 본다. 한국어가 한국어답기 위해서는 '우리 조상들은 한발이 극심하면 초근목피로 근근이 생명을 부지했다.'라고 말하고 그 뜻을 제대로 알기 위해 한자를 많이 배워야 한다고 주장하기 앞서서, '우리 할머니 할아버지들은 가뭄이 길어지면 풀뿌리와 나무껍질로 겨우겨우 목숨을 이어왔다.'라고 먼저 말하고 써야 한다고 생각한다.

광어와 넙치는 다른 물고기인가요?

한국어 물고기 이름에는 '-치'가 붙은 것들이 많다. 멸치, 꽁치, 가물치, 곰치, 준치, 청새치, 버들치 등이 그런 종류이다. 이와 달리 '-어(魚)'가 붙은 생선 이름도 많다. 고등어, 상어, 뱀장어, 복어, 전어, 붕어, 잉어 등 바닷고기와 민물고기 할 것 없이 물고기 이름에 '-어(漁)'가 붙어 있다. 물론 '치'와 '어'가 붙지 않은 물고기 이름도 많다. 가자미, 놀래미, 전갱이, 미꾸라지, 송사리, 메기. 서대 등이다.

정문기(1977)『한국어도보(韓國魚圖譜)』(일지사)에 따르면 고기 이름에 '-치'로 끝난 것이 18.23%로 가장 흔하고, '-어(魚)'로 끝난 것이 16.4%로 다음으로 많다고 한다. '돔'으로 끝나는 물고기 이름도 많은데, 도미 종류인 옥돔, 참돔, 돔류 어류들이 대부분이고, 망둑 등 '둑'으로 끝나는 것들은 망둑류가 대부분이고, 참복, 밀복 등 '복'으로 끝나는 물고기 이름은 복어류가 대부분이다. '○○고기'라고 붙은 이름도 있는데, 이는 전통 이름이라기보다는 요즈음 새로 붙여진 이름이 대부분이라고 한다.

그런데, '광어'가 '넙치'와 같은 물고기인가 하는 의문이 생긴다.『표준국어대사전』에 '넙치'를 찾아보면, "『동물』넙칫과의 바닷물고기. 몸의 길이는 60cm 정도이고 위아래로 넓적한 긴 타원형이며, 눈이 있는 왼쪽은 어두운 갈색 바탕에 눈 모양의 반점이 있고 눈이 없는 쪽은 흰색이다. 중요한 수산 자원 가운데 하나로 맛이 좋다. 한국, 일본, 남중국해 등지에 분포한다. 늑광어, 비목어, 비파어. (Paralichthys olivaceus)"로 나와 있다. 또 '광어(廣魚)'를 검색해 보면, "「1」짜개어 말린 넙치. 「2」『동물』넙칫과의 바닷물고기. 몸의 길이는 60cm 정도이고 위아래로 넓적한 긴 타원형이며, 눈이 있는 왼쪽은 어두운 갈색 바탕에 눈 모양의 반점이 있고 눈이 없는 쪽은 흰색이다. 중요한 수산 자원 가운데 하나로 맛이 좋다. 한국, 일본, 남중국해 등지에 분포한다. =넙치.”로 기록되어 있다. 사전 풀이에 따르면 넙치를 짜개어 말린 것을 ‘광어(廣魚)’라고 불렀는데, ‘짜개어 말린 넙치’ 의미의 확장이 일어나 살아있는 물고기 이름까지 확대되어, 미침내 ‘광어’가 ‘넙치’와 동의어가 된 것임을 알 수 있다.

‘치’로 끝나는 물고기는 ‘치’, ‘이’, ‘리’로 끝나는 이름과 겹치기도 하는데, 이들 물고기는 조상 대대로 자주 접하고 흔히 먹었던 물고기들 이름이라고 한다. 물고기 이름에 순우리말이 많지만, ‘-어(魚)’가 많은 것은 우리가 한자 문화권에 속해 있었고, 지배계층이 한자를 좋아했기 때문에 새로운 고기 이름뿐만 아니라 기존의 우리말 물고기 이름도 한자어로 바꾸면서 ‘○○어’라고 된 것들도 상당하다. 이수광의 ‘지봉유설(芝峯類說)’과 정약용의 ‘자산어보’에 한반도 물고기에 대한 설명을 보면, ‘멸치’를 ‘멸어(蔑魚)’라고 하고, ‘정어리’를 ‘증울(蒸鬱)’이라고 한 것을 보면 이미 이름이 있는데도 한자로 이름을 바꾸어 부르고, 기록한 것을 확인할 수 있다. 특히 양반들과 임금님 밥상에 올랐던 생선은 이름이 대부분 ‘-어’가 붙고, 서민들이 주로 먹는 이름은 ‘-치’가 그대로 남아 있다는 것을 생각하면, 한편으로는 씁쓸하고 물고기 이름에도 언어 사대주의가 있었던 것은 아닌지 반성하게 된다.

한국어는 참새, 뱁새, 황새, 도요새인데, 영어에는 왜 새 이름에 bird가 없어요?

인간 세계에 존재하는 수천 가지 언어의 말소리와 의미의 결합은 자의적이어서 같은 의미의 단어가 언어마다 다른 소리로 발음되는 것은 당연하다. 그런데 기본 개념어를 상위 개념어를 먼저 설정하느냐, 하위 개념의 특정 의미를 가진 단어를 기본으로 삼아, 점점 상위 개념의 단어들을 확대하느냐는 언어마다 다르다. 단어를 만들 때 하위 개념의 단어를 먼저 만들고 상위 개념의 단어를 만들어가는 귀납적 어휘 형성 체계를 사용하는가, 역으로 상위 개념의 어휘를 먼저 만들고 그에 따라 하위 개념의 단어를 만들어가는 연역적 어휘 형성 체계를 사용하는가는 언어마다 달라질 수 있다. 한국어는 대체로 상위 개념의 의미를 기본 형태소로 정한 후 그 다음 하위 개념으로 어휘를 넓혀가는 방식을 취한다. 예를 들어, '새'라는 기본 개념어를 만든 후에 '참새, 뱁새, 황새, 저어새, 도요새' 등으로 어휘를 넓히고, '도요새'도 '검은 머리 도요새, 넙적부리 도요새' 등으로 그 하위 개념어를 만들어가는 방식을 취한다. 이는 영어의 경우, 'man'이라는 단어를 먼저 만든 후에 'woman'이라는 단어를 만들고, 이 두 단어를 포괄하는 상위 개념어로 'human'을 만들어가는 방식과는 완전히 다른 방식이다. 물론 한 언어의 모든 단어가 하나의 원칙만을 지켜 만들어지는 것이 아니지만 형태나 기본 개념 형성 과정을 보면 영어와 같은 인구어가 귀납적 상향적 어휘 형성 과정으로 단어를 넓혀가는 것이 일반적이라면 한국어는 연역적 하향적 어휘 형성 과정으로 어휘를 확대해 가는 것이 기본이다.

한반도에 정착해서 농경사회를 이루어 생활하면서 다양한 농사 관련 어휘들이 발달하고, 이들 농사 어휘들은 다양하게 비유나 속담 등에 나타나 한국어 언어문화의 기초로 작용하게 되었다. 유럽에서 와서 한국어를 배우는 학생이 영어 'rice'에 해당하는 단어가 마흔 개가 넘는다고 하면서 '쌀, 벼, 모, 나락, 찹쌀, 멥쌀, 좁쌀, 생쌀, 햅쌀' 등 그 많은 쌀 관련 단어들을 어떻게 다 기억하고 구분하느냐고 불만스럽게 말하는 것을 들은 적이 있다. 예를 들어, '좋은 집을 구하려면 발품을 팔아야 한다.' 같은 문장을 이해하려면 '품'이라는 농사 관련 어휘를 먼저 알고, 확대된 '발품'의 의미를 알고, '발품을 팔다'의 관용적 의미를 알아야 한다. '발품을 판다.'고 하는데, '발품'이 어떤 물건인가 생각하는 것은 농사 어휘의 확대 사용을 이해하지 못하는 데서 생긴 오해이다.

한국어에서 합성어를 만들 때 상반 개념을 하나로 통합하여 나들이, 높낮이, 안팎, 오르내리다, 쥐락펴락하다, 미닫이, 여닫이 등과 같이 복합적 의미를 나타내는 어휘가 많다는 점이다. 의미적으로 전혀 반대되는 의미의 형태소들을 결합하여 하나의 단어로 사용하는 경우가 많다. 이렇게 대립하는 두 의미소가 결합하는 경우, 앞에 오는 것이 한국인의 가치 체계에서 우선하거나 중요하다고 생각되는 것들이다. 남녀, 밤낮, 앞뒤, 안팎, 위아래, 높낮이, 붉으락푸르락, 오네가네, 오르락내리락, 눈코, 이래라저래라, 명암, 장단, 후박(厚薄), 생사, 죽살이 등 두 개념이 상반되는 복합 의미를 아우르는 단어의 경우 선호하거나 중요하다고 생각하는 것을 앞에 두고 그렇지 않은 것을 뒤에 결합하는 방식을 취한다.

또한 대립하는 두 개념의 정 중간에 해당하는 낱말을 설정하는 경우도 많다. 예를 들어, '미지근하다'는 '차다/뜨겁다, 따뜻하다/시원하다'의 중간 온도를 나타낸다. 그런데 이를 영어로 표현하는 정확히 일치하는 단어가 없다. 'lukewarm'이 있지만 중간 개념이 아니다. 그래서 '미지근하다'를 'not hot not cold'라고 번역하기도 한다. '중용(中庸)'이라는 동양적 도덕 개념이 서구어로 정확하게 번역하기가 어려운 것도 이와 같은 이치 때문이다. '어중간하다', '대충', '거시기하다' 등의 표현은 정확성을 강조하는 언어권 사람들은 왜 그런 표현을 한국인들이 좋아하고 많이 사용하는지 이해하기 힘들어한다. 정확하기보다는 에둘러 표현하는 방식을 선호하고, 적확하기보다는 여유를 두기 좋아하는 한국인의 사고방식이 반영된 것으로 본다.

가족이 아닌데 왜 아저씨, 아줌마, 언니, 오빠라고 해요?

> 꼬마: 아저씨! 이거 떨어뜨리셨어요.
> 아저씨: 아! 네, 고마워요.

돌이켜보면 인생 참 해맑기만 했던 약관의 스무 살 무렵에 '아저씨'라 불리고 도 나는 별로 마음 상하지 않았었다. 게다가 내가 실수로 떨어뜨린 물건을 주워 준 이런 고마운 상황이라면 더욱, 나를 부르는 표현 따위는 중요하지 않게 여겼 을 것이다. 그런데 어떤 호칭으로 불리는가에 대한 인식에는 사람마다 다르고 시 대마다 차이가 적지 않다. 30여 년 전부터 '아저씨'라는 호칭에 민감하게 반응하 지 않는 나 같은 사람도 있고, 그 당시에도 아이들이 자신을 '아저씨'라고 부르는 것에 절망하던 친구들이 있었다. 한두 세대가 지난 지금 스무 살 언저리 앳된(?) 청년에게 '아저씨'라고 부르는 것은 매우 실례가 되는 사회 분위기가 된 것처럼 보인다.

조금 더 과장해서, 스물이든 서른이든 '아저씨'라는 표현은 더이상 성인 남성 을 지칭하는 일반 지칭이 못 된다고 볼 수 있다. 상황과 의도에 따라서 달리 해석 될 여지가 충분하겠지만, 뭔가 자기 관리를 잘못하는 남성을 비하하는 표현으로 쓰이거나 존경의 마음을 담지 않고 그냥 편하게 부를 때 사용하는 표현처럼 그 의미와 사용 영역이 바뀌어 가고 있다.

'아저씨'는 사전에 '부모와 같은 항렬에 있는, 아버지의 친형제를 제외한 남자를 이르는 말.'이라고 되어 있다. '결혼하지 않은, 아버지의 남동생을 이르는 말.' 이 그 다음 풀이다. 사회적으로는 '남남끼리에서 성인 남자를 예사롭게 이르거나 부르는 말.'로 호칭이나 지칭으로 쓰인다. "국군 아저씨, 이웃집 아저씨, 기사 아저씨, 여기서 세워 주세요." 등의 표현이 쓰인다. 친인척이 아닌 경우에는 '성인 남자를 두루 부르는 호칭이나 지칭'이다. 원래 부모 항렬의 남자 형제를 지칭하는 표현이었다. 친족 남성 호칭과 지칭이 세월이 흐르면서 주변의 성인 남성에게 두루 쓰이게 된 것이다. 이에는 한국인의 정서상 주변 사람들을 가족처럼 부르는 성향이 크게 작용했을 것이다.

그런데 현대 한국의 성인 남성들은 자신들이 아저씨로 불리는 것에 거부감을 갖는다. 그래서 일상생활에서 처음 만나는 성인 남성을 아저씨라고 부를 수 있는 상황은, 아주 어린아이들이 나이든 성인 남자를 부를 때, 예의 없이 몰상식한 행동을 한 사람에게 질타의 호칭으로 쓸 때 정도밖에 없어 보인다. 물론 잘 아는 사이에서는 언제든 상호 이해가 이루어진 경우 농담처럼 '아저씨'라는 표현을 쓰는 것이 가능하다.

'아저씨'보다 성인 여성을 두루두루 부를 때 쓰던 '아줌마'라는 표현은 조금 먼저 그 본연의 지위를 잃었다. '아주머니'의 준말인 '아줌마' 역시 어머니 항렬의 여성 또는 같은 항렬의 형뻘 되는 남성의 아내를 지칭하던 표현에서 성인 여성을 두루두루 부르는 표현으로 발전했다. 그런데 '아주머니'는 아직도 공손하게 쓰이는 표현으로 사용 가능해 보이지만 '아줌마'는 단순히 '아주머니'의 준말이 아닌 여성의 낮춤 표현으로 쓰이는 것으로 의미 하강이 일어났기 때문에 이제는 함부로 사용하면 안 되는 표현이라고 할 수 있다.

친척인 남성 어른의 경우 삼촌과 같은 가족 촌수 표현이 있지만 (제주도를 제외하고) 여성을 삼촌으로 부르지 않으니 '아주머니'라고 부르는 것이 적당해 보이는 듯하지만, 이 역시 친척 어른 여성을 아주 조심스럽게 부르는 표현 정도로 쓸 뿐이다. 따라서 이제 어떤 경우라도 낯선 성인 여성에게 초면에 '아줌마!'라고 부를 수 있는 상황은 없다고 봐야 한다. '아줌마'라는 표현은 이제 무례한 하대와 욕설의 영역으로 이동했다고 봐야 할 것이다.

이처럼 '아저씨', '아줌마'라는 표현은 그 대상이 되는 사람이 수용하지 않으면 성립되지 않는 부정적 의미가 강해진 표현이기 때문에 누군가를 아저씨, 아줌마처럼 부를 때에는 그 이후에 벌어질 사태에 대한 책임을 질 수 있어야 한다.

이들 표현과는 다르게 날이 갈수록 그 쓰임이 확대되는 표현이 있다. '언니'와 '오빠'가 그것이다. '언니'는 '같은 부모에게서 태어난 사이이거나 일가친척 가운데 항렬이 같은 동성의 손위 형제를 이르거나 부르는 말. 주로 여자 형제 사이에 많이 쓴다.'라고 설명이 되어 있다. 원래 동성 손위 형제를 부르는 표현으로도 쓰였다고 한다. 그런데 현재는 여자 형제를 부르는 표현으로만 쓴다. 조선 시대 산적의 전형인 임꺽정 이야기를 그린 벽초 홍명희의 소설에서 임꺽정의 절친인 아우들은 그를 '언니'라고 부른다("꺽정이 언니는 못 당할 것 같지?", "꺽정이 언니가 세다고 해도 아이는 아이지요."와 같은 표현이 나온다.). 기록과 기억들에 따르면 1950년대까지도 일부 지역에서는 남자 형제를 '언니'라고 불렀던 것을 확인할 수 있다고 한다. 그렇다면 '언니'라는 표현은 이처럼 동성의 손위 형제를 부르는 표현에서 여성 형제를 부르는 표현으로 그 사용역이 축소된 것으로 볼 수 있다.

'언니'는 친자매 간이 아닌 결혼을 한 손위 남자 형제(오빠)의 부인을 여성 형제가 부르는 표현으로도 쓰인다. 그리고 손위 여성을 지칭하는 일반적인 표현으로도 쓰인다. 이때에는 상대방을 정답게 쓰는 표현이라고 생각하면 된다. 요컨대 '언니'는 형제이거나 법적 가족이거나 동네 또는 주변 손위 여성을 손아래 여성이 친근하게 부르는 표현이라고 할 수 있다. 여기까지가 우리가 이해하는 '언니'의 일반 의미와 쓰임이다.

그런데 손위, 손아래를 떠나서 여성 판매자와 여성 손님 간의 관계에서도 '언니'라는 표현이 요즘 자주 쓰인다. 나이 많은 판매자가 나이 어린 손님을 '언니'라고 부르는 것이나 나이 어린 손님이 나이 많은 판매자를 '언니'라고 부르기도 한다. 또 나이 많은 손님이 나이 어린 판매자를 '언니'로 부르기도 한다.

이렇게 보면 '언니'는 여성들 사이에서 아주 유용한, 만능의 호칭처럼 생각된다. 하지만 이 때문에 오히려 언니라고 부를 때에는 상당히 주의해야 한다. 예를 들어서 물건을 사고팔 때라면 항상 쓸 수 있는 표현은 아니다. 언니는 판매의 상황과 이를 받아들이는 손님의 눈치를 보고 쓸 수 있다는 판단이 섰을 때나 쓸 수 있는 표현이다. 나이 어린 판매자가 나이 많은 손님에게 무턱대고 '언니'라고 쓰기 어려운 경우가 많다. 나이가 많다고 해서 판매자가 손님에게 함부로 '언니'라고 부르는 것이 용납되지 않고 무례하다는 인상을 줄 수도 있다. 그리고 보면 이 '언니'라는 표현에는 사회적 관계의 역학이 숨겨져 있다. 상황맥락으로 보아 상대방을 정답게 불러서 기분 좋은 상황이 아니면 사실 쓰면 안 되는 호칭인 것이다.

여성이 여자 형제를 부르는 표현이 '언니'라면 남자 형제를 부르는 표현은 '오빠'가 된다(물론 일부 관계 속에서는 '야!'가 쓰이기도 하지만…). '오빠'라는 표현은 '언니'처럼 형제 간 또는 남남끼리인 여자와 남자 관계, 부부 사이에 정겹게 부를 때 쓰인다. 그런데 이 '오빠' 호칭은 매우 제한적인 표현이라고 할 수 있다. '오빠'라는 표현은 상당히 애정도가 높다는 것을 내포한다. 따라서 이성 간에 오빠라고 불릴 수 있는 관계는 그 친밀도가 매우 높은 사이라고 할 수 있다. 그렇기 때문에 어떤 공간 속에서 '오빠'라는 표현을 듣게 되기까지는 상당히 많은 시간이 걸릴 수 있다. 두 대상 간 거리가 대단히 가까워야만 사용 가능한 표현이기 때문이다.

이처럼 '아저씨, 아줌마, 언니, 오빠' 등 가족 호칭은 가족이 아닌 경우에 사용하면 상대방과의 거리를 좁혀 주는 아주 유용한 표현이지만, 그렇게 부를 경우 오해를 불러일으킬 수도 있어서 이들 가족 호칭과 지칭을 사용할 때는 세심한 주의를 기울여야 한다.

신체와 육체의 차이가 뭐예요?

궁금하고 알아보면 재미있는 한국어 이야기

최근에 만난 사람 중에 한국어를 아주 유창하게 구사하는 몽골인 한국어 선생님이 물었다. "신체와 육체는 어떻게 다른가요?" 쉽게 구분이 가능하다고 생각해 설명하려고 했다. 그런데 설명을 하면 할수록 구분이 불분명해졌고, 결국 앞뒤 어울리는 단어 쓰임에 차이가 있다는 것 정도밖에 이야기해 줄 수 없었다.

사회적 존재로서 인간의 몸을 의미하는 경우 '신체의 자유'를 '육체의 자유'로 바꾸어 쓰기는 어렵다. 하지만 단순히 몸의 자유 즉, 물리적으로 구속되지 않았을 경우를 의미한다면 '육체의 자유'가 틀린 조합이라고 보기 어렵다. '신체가 허약하다'와 '신체가 튼튼하다'의 경우도 마찬가지이다. 일상적인 대부분의 상황에서는 '신체가 허약하다/튼튼하다'가 맞다. 하지만 의학(한의학)의 측면에서는 '환자의 육체가 허약하지 않고 튼튼한 경우라면 이 약을 처방해 줄 수 있다'처럼 이야기할 경우라면 사용이 불가능해 보이지도 않는다.

건강한 육체를 키워야 한다.　　건강한 신체를 키워야 한다.
건강한 육체 상태 유지　　　　건강한 신체 상태 유지
사람의 육체　　　　　　　　　사람의 신체

건강한 육체미	건강한 신체미
육체 부위	신체 부위
육체 노동	신체 노동
영혼과 육체	영혼과 신체
육체 등급	신체 등급

그런데 이때 육체 부위, 육체 등급, 신체 노동, 영혼과 신체를 쓴다고 해서 틀렸다고 보기는 어렵다. 물론 신체미라는 단어는 없다. 하지만 이들 쓰임은 정도의 차이에 불과하다고 할 수 있다. 그만큼 육체와 신체라는 단어는 대부분의 경우 교체가 가능하다.

국립국어원에서는 표준 국어 대사전에 정리된 단어 뜻에 따라 다음처럼 이 둘을 구분하고 있다.

'신체'는 '사람의 몸'을 의미하는 일반적인 의미인 반면, '육체'는 '구체적인 물체로서 사람의 몸'을 의미합니다. 즉 '신체'와 '육체'가 가리키는 어휘적 의미는 유사하나, '육체'는 정신적인 능력과 대비되는 '물체로서의 몸'을 나타낸다는 점에서 단어가 지니는 내포적 의미가 '신체'와 구별된다고 하겠습니다. (온라인 가나다 답변일 2020. 4. 22.)

이는 신체를 '일반적인 몸'으로, 육체는 '구체적인 몸'으로 구분한 것으로 이해할 수 있다. 그런데 일반적으로 한국 사람들은 몸의 일반적 의미와 구체적 의미의 차이를 구분해서 이해하지 못한다. 신체의 유의어인 인체, 육체의 유의어인 육신까지 비교해 보면 그 차이는 더 이해하기 어려워진다. 우리는 여기에서 신체와 육체의 의미와 쓰임을 비교하는 방식으로 조금 더 깊게 분석해 보자.

신체 *身體*, 사람의 몸

예)   신체의 자유   ↔   육체의 자유

      신체가 허약하다   ↔   육체가 허약하다

      신체가 튼튼하다   ↔   육체가 튼튼하다

육체肉體, 구체적인 물체로서 사람의 몸

예)   육체가 건강해야 정신도 건강하다.

      ↔ 신체가 건강해야 정신도 건강하다.

      그는 건장한 육체를 가진 사람이다.

      ↔ 그는 건장한 신체를 가진 사람이다.

　이들 예에서 보듯 육체의 경우 신체로 바꾸어 써도 의미적으로나 어법에서 크게 차이가 없다. '육체관계, 육체노동, 육체문학, 육체미, 육체적생명' 등과 같이 이미 굳어진 상용 표현이거나 문학적, 철학적 용어인 경우를 제외하고 육체는 신체에 비해서 이미 사용의 범위가 좁아졌다고 할 수 있다. 그러니 조금 어색하더라도 몸을 의미하는 표현을 쓸 때에는 신체로 바꾸어 써도 된다.

　한국어에는 감각을 나타내는 표현이 상당히 많다. 신체 부위를 나타내는 그림과 함께 그 표현을 알아 보자. 통증 감각과 상태를 나타내는 표현을 중심으로 정리해 보면 다음처럼 다시 나타낼 수 있다.

머리가	저리다/쑤시다	아프다
	지끈지끈하다 지끈거리다	
얼굴이	저리다/쑤시다	
	붓다	
	화끈화끈하다 화끈거리다	
눈이	따끔거리다	
귀가	막히다	
	따갑다	
코가	막히다	
	맹맹하다	
입술이	트다	
	찢어지다	
목이	타들어가다	
	메이다	
	결리다	
	쑤시다	
어깨가	결리다/쑤시다	
	딱딱하다	
팔이	저리다	
손이	저리다	
	붓다	
가슴이	답답하다	
속이	쓰리다	
허리가	결리다	
	쑤시다	
다리가	저리다	
	쑤시다	
	붓다	
발이	저리다	
	붓다	

이들 신체/육체 부위마다 통증을 나타내는 결합 표현들이 다른 이유를 명확하지 않다. 하지만 한국어에서는 이 증상의 미묘한 차이를 구분하고 있다는 점은 매우 흥미롭다.

저리다	머리가 저리다 얼굴이 저리다 손이 저리다 팔이 저리다 다리가 저리다 발이 저리다	저리다 [동] 뼈마디나 몸의 일부가 오래 눌려서 피가 잘 통하지 못하여 감각이 둔하고 아리다. 뼈마디나 몸의 일부가 쑥쑥 쑤시듯이 아프다.
붓다	얼굴이 붓다 손이 붓다 다리가 붓다 발이 붓다	붓다 [동] 살가죽이나 어떤 기관이 부풀어 오르다.
막히다	귀가 막히다 코가 막히다	막히다 [동] 길, 통로 따위가 통하지 못하게 되다
결리다	목이 결리다 어깨가 결리다 허리가 결리다	결리다 [동] 숨을 크게 쉬거나 몸을 움직일 때에, 몸의 어떤 부분이 뜨끔뜨끔 아프거나 뻐근한 느낌이 들다.
쑤시다	머리가 쑤시다 얼굴이 쑤시다 목이 쑤시다 어깨가 쑤시다 허리가 쑤시다 다리가 쑤시다	쑤시다 [동] 신체의 일부분이 바늘로 찌르는 것처럼 아픈 느낌이 들다

신체의 통증을 나타내는 동사들을 정리하면 이처럼 나타난다. '저리다', '붓다', '막히다', '결리다', '쑤시다'를 외국어로 어떻게 바꿔야 할지 새삼 궁금하다.

'한량'과 '불한당' 중 누가 더 나빠요?

한국 드라마를 보다 보면 종종 '한량'이니 '불한당'이니 하는 말들이 나온다. 외국어 또는 제2 언어로 한국어를 공부하는 사람들에게 이들 단어는 매우 생소하며, 사전을 찾아도 그 의미가 잘 이해되지 않는 단어들이다.

'한량(閑良)'은 보통 '인생을 참 한량처럼 살다간 사람'처럼 쓰이는데, 이는 보통 돈 잘 쓰고 잘 노는 사람을 비유적으로 이르는 말이다. 그런데 이 말은 긍정적인 의미로는 잘 쓰지 않는다. 돈 잘 쓰고 잘 노는 것이 나쁘거나 비난받아야 할 것은 아니지만 그런 사람에게 '한량'이라는 표현을 쓰는 상황에는 다분히 화자의 반어적인 의도가 담겨 있다. 어찌 보면 부러움의 마음이 담겨 있기도 하고 또 어찌 보면 아니꼬운 마음이 담겨 있기도 한 것이다. 어쨌든 누군가를 '한량 같다'라고 말하기 위해서는 그 말을 듣는 대상, 청자와의 관계가 원만(?)해야 한다. 칭찬이 아닌 의도가 담기는 표현이기 때문이다.

'불한당(不汗黨)'은 '떼를 지어 돌아다니며 재물을 마구 빼앗는 사람들의 무리. 남을 괴롭히는 것을 일삼는 파렴치한 사람들의 무리'라고 사전에 뜻 설명이 나온다. 원래 '땀을 흘리지 않는 사람들'이라는 의미인데 왜 이런 뜻으로 쓰이는지 궁금하다. 누군가를 '불한당 같은 사람' 또는 '저런 불한당 같으니라고!'라고 쓰는 것에는 화자의 청자에 대한 불편함이 그대로 드러난 표현이다. 남을 괴롭히는 사람을 지칭하는 한국어 표현은 많다. '양아치, 깡패, 건달, 조폭, 무뢰배' 등등. 시대에 따라서 주로 사용되는 표현이었던 이들 모두의 공통점은 '예의와 염치가 없고 함부로 행동하는 사람'을 말한다. 간단히 이들 단어의 기원/어원을 살펴보자. 양아치는 동냥아치에서 온 말이고, 깡패는 영어 'gang'에 무리를 뜻하는 패가 붙은 말이다. 건달은 산스크리트어 'Gandharva(乾闥婆)'에서 온 말인데 하는 일 없이 빈둥빈둥 놀거나 게으름을 부리는 짓 또는 그런 사람을 말한다. 원래 'Gandharva(乾闥婆)'는 음악을 담당하는 신을 뜻하는 불교 표현이었다. 조폭은 조직폭력배의 준말이고, 무뢰배는 무뢰(無賴)한 사람 즉, 성품이 막되어 예의와 염치를 모르며 함부로 행동하는 사람을 말한다. 이때의 '뢰(賴)'는 '힘입다, 이득, 이익' 등을 나타내는 말이다. 신뢰(信賴)와 의뢰(依賴)에 쓰였다. 그러니 무뢰한 사람은 기대기 어려운, 믿기 어려운 사람이라는 의미에서 출발한 것으로 이해할 수 있다.

불한당의 한자는 '不汗黨'이다. 여기에 쓰인 '한(汗)'은 '땀'을 의미한다. 그러니 불한당을 문자 그대로 해석하면 '땀을 흘리지 않는 사람(무리)'이라는 말이 된다. 그런데 여기에서 전제하고 있는 '땀을 흘린다'는 뜻은 노동을 뜻할 것이다. 따라서 불한당에는 건전한 노동을 하지 않는 사람 즉, 땀을 흘리지 않고 다른 사람이 얻은 땀의 결실을 취하는 사람은 나쁜 사람이라는 의도가 담겨 있는 것이다.

이처럼 한국어에는 행동이나 상태를 뜻하는 표현에 자신들이 궁극적으로 하고자 하는 의미와 의도를 담는 방식으로 만들어진 어휘들이 많다. 앞서 살펴본 '한량'은 역사문화적인 배경까지 담겨 있는 표현이다. 돈 잘 쓰고 잘 노는 사람을 비유적으로 이르는 말인 한량이 쓰인 단어들로는 다음의 것들이 있다.

1) 한량-기로(閑良耆老)[할량기로]
   『역사』고려 말기·조선 전기에, 70세가 넘어서 퇴직한 이품 이상의 벼슬아치. 하례 때나 나라의 중대사를 의논할 때 조의에 참석하였다.

2) 한량^광대(閑良광대)
   『음악』조선 후기에, 학식 있는 상민으로서 판소리를 배우는 사람을 이르던 말. =비가비.

3) 한량-군관(閑良軍官)[할량군관]
   『역사』조선 시대에, 총융청에 속한 벼슬.

4) 한량-무(閑良舞)[할량무]

『민속』무언 무용극의 하나. 진주를 중심으로 영남 일대에서 성한 것으로, 과거에 낙방한 한량과 중이 기생을 꾀는 시늉을 하며 춤을 춘다.

5) 한량-문신(閑良文臣)[할량문신]

『역사』고려 말기·조선 전기에, 한량품관 가운데 문신이었던 사람.

표준국어대사전에 실려 있는 이 단어들은 모두 역사, 음악, 민속 관련 표현으로서 벼슬과 관련이 있다. 퇴직한 관료로서 경제적으로 비교적 부유했던 한량들은 시간이 흐르면서 그 성향이 있는 사람들을 두루 가리키는 말이 되었다가 다시 무과 급제자들을 지칭하는 표현이 되기도 했다. 세월이 흐르면서 한량이라는 표현에는 돈 잘 쓰고 잘 노는 사람이라는 의미만이 남게 되었다. 그리고 이 말은 누군가가 성실하지 않고 노동에 대한 존중 없이 씀씀이가 과도할 경우를 비꼬는 표현으로 쓰이게 되었다. 사전에는 '오후한량(午後閑良)'과 '한량음식(閑良飮食)'이라는 단어가 있는데 이들은 모두 '배고픈 차에 음식을 마구 먹는 짓'을 의미한다. 자주 쓰지 않는 표현이지만 한량이라는 의미를 잘 드러내고 있다.

※ 조선 후기 1625년(인조 3)에 작성된 호패사목(戶牌事目)에는 사족으로서 속처가 없는 사람, 유생(儒生)으로서 학교에 입적(入籍)하지 않은 사람, 그리고 평민으로서 속처가 없는 사람을 모두 '한량'으로 호칭하고 있다. 이것은 조선 전기의 한량 개념이 그때까지도 그대로 계승되고 있음을 말해준다. 그러나 정조 때 『무과방목 武科榜目』에는 무과 합격자로서 전직(前職)이 없는 사람을 모두 '한량'으로 호칭하고 있다. 이는 이 무렵부터 한량이 무과 응시자격을 얻게 되면서무과 응시자 혹은 무반 출신자로서 아직 무과에 합격하지 못한 사람의 뜻으로 바뀐 것을 말한다. -
출처: 한국민족문화대백과사전(한량(閑良))

'사람'의 반대말은 무엇인가요?

　　'사람'의 반대말은 '짐승/동물'인가? 아니면 '주검'인가? 아니면 '놈, 새끼'인가? '사람'의 사전적 정의를 표준국어대사전에 보면, "생각을 하고 언어를 사용하며, 도구를 만들어 쓰고 사회를 이루어 사는 동물. ≒인간."이라고 나온다. 임홍빈(1993) 『한국어 사전』에는 "일을 하고, 음식을 먹고 살아가며, 사랑과 미움을 느끼고, 울고 웃는 구체적 존재로서의 인간"을 가리킨다. 비슷한 말 '인간'에 대해서는 "사람을 가리키는 한자어로, 정신적인 능력과 관련하여 동물과 대립하는 존재로서 특성을 부각시키는 측면이 강하며, '사람'을 총칭으로 이르기 때문에 '사람'을 추상화하여 관념적, 개념적 존재로 가리키는 경향이 있다. 구체적 장면에서 생활하고 활동하는 존재를 '인간'으로 가리키는 일은 극히 드물다. '저 인간이 무엇을 안다고?'와 같은 예에서는 낮잡는 뜻을 드러내며, '네가 인간이냐?'와 같은 예에서는 동물과 대립적인 존재의 성격을 부가시킨다. 한문 문장에서는 '인간세상'을 가리켜 쓰이기도 한다."라고 풀이했다. '사람'과 '인간'은 '사람/인간 대접, 사람/인간 취급' 등 바꾸어 써도 문제가 없는 경우도 많지만, 한국어에서 비슷한 의미의 고유어와 한자어가 있을 때, 한자어를 높이고 고유어를 낮추는 경우가 많은데, 유달리 화가 나서 '이 인간이!'라고 할 때는 '이 사람이!'라고 하는 것보다 더 낮춰 말하는 것이 된다.

　　'사람'은 그 형태를 분석해 보면, 동사 '살다'의 어근 '살-'에 명사화접미사 '암'이 결합된 '살+암'을 소리나는 대로 표기하여 '사람'이 된 것이다. 같은 원리로 '죽다'의 '죽-'에 '엄'이 결합되어 '죽+엄'이 되고 그것을 소리나는 대로 표기하여 '주검'이 되었다. 명사화접미사 '암/엄'은 앞 음절의 모음이 양성모음인가, 음성

모음인가에 따라 다르게 결합하는 변이형태이다. 사람은 살아있는 존재로서 인간을 말하고, 주검은 더 이상 살아있지 않고 죽은 시체를 일컫는다. 신문 기사 같은 글에 사고나 병으로 죽은 사람을 가리켜 시체(屍體), 사체(死體) 등의 한자어를 쓰는 경우가 많은데, 가장 적절한 단어는 '주검'이다. "실종된 지 일주일 만에 그의 주검을 한강 둔치에서 경찰이 찾았다."와 같이 쓰는 것이 바른 표현이다. 한자어 사용을 선호하면서 주검 대신에 시체, 사체, 유해(遺骸) 등의 단어가 쓰이고, 그 수를 헤아리는 단위도 '한 구(具), 두 구'처럼 한자 단위가 일반적으로 쓰이게 된 것이다.

"민통선 검문소를 민간인 한 사람과 군인 한 명이 지나갔다."라고 하는 문장을 두고 '군인은 사람이 아닌가'라는 농담을 한 적이 있다. 모인 사람들의 숫자를 말할 때 단위 명사로 보통 '명'이 쓰이지만, 같은 뜻으로 '사람'이 쓰이기도 한다. 대화 상황에서 등장하는 사람에 대해서 '이/그/저 사람'이라고 하지만 높여서, '이/그/저 분'이라고 할 수 있다. 그런데 '이/그/저 인간'이라고 하면 낮춰서 일컫는 말이 된다. 한국어에서 호칭과 지칭 체계는 복잡하고 실제 대화 상황에서 어떻게 부르고 지칭할 것인지 어렵다. '이/그/저 사람' 대신 친근감을 표시하면서 '이/그/저 친구'라고 하기도 하는데 이때의 '친구'는 사실상의 친하거나 나이가 비슷하거나 한 사람을 가리키는 것이 아니라 친밀감을 드러내는 지칭이 된다.

사람과 관용적으로 어울리는 단어들을 보면 '사람 좋다, 사람 잡다, 사람 되다, 사람 얻다/잃다' 등이 있고, '사람 살려!', '열 길 물 속 알아도 한 길 사람 속 모른다.', 사람 위에 사람 없고 사람 밑에 사람 없다.', '사람이면 다 사람인가 사람이라야 사람이지.' 등 사람들의 삶과 인격, 인간관계에 대한 속담이 많다.

한국 사람들이 자주 쓰는 '우리'는 과연 누구인가요?

우리는,

빛이 없는 어둠 속에서도 찾을 수 있는 *우리*는,

아주 작은 몸짓 하나라도 느낄 수 있는 *우리*는,

*우리*는,

소리 없는 침묵으로도 말할 수 있는 *우리*는,

마주치는 눈빛 하나로 모두 알 수 있는 *우리*는,

*우리*는 연인.

기나긴 하세월을 기다리어 *우리*는 만났다

천둥 치는 운명처럼 *우리*는 만났다

오오~ 바로 이 순간 *우리*는 만났다

이렇게 이렇게 이렇게 *우리*는 연인.

*우리*는, 바람 부는 벌판에서도 외롭지 않은 *우리*는,

마주 잡은 손끝 하나로 너무 충분한 *우리*는,

*우리*는, 기나긴 겨울밤에도 춥지 않은 *우리*는

타오르는 가슴 하나로 너무 충분한 *우리*는

*우리*는 연인.

수없이 많은 날들을 *우리*는 함께 지냈다

생명처럼 소중한 빛을 함께 지녔다

오오~ 바로 이 순간 *우리*는 하나다

이렇게 이렇게 이렇게 *우리*는 연인.

이렇게~

이렇게~

이렇게~

〈송창식(1983), 「우리는」〉

한국인에게 '우리'는 주변에 있는 어떤 대상이나 개념을 '나, 나의 것, 내 모습'의 영역으로 감싸는 표현이라고 할 수 있다.

따라서 한국인으로서, 우리에게 '우리'는 친숙한 관계를 가장 잘 나타내는 표현이자 '나'가 아닌 다른 개념을, '나'라는 정체성과 동일한 선상에서, 익숙하지 않은 '타자성의 한계'를 제거해 주는 일종의 믿음과 결속을 나타내는 표현이라고 할 수 있다. 다시 말해서 '우리'라는 표현은 나를 확장시킨 개념이라고 할 수 있는 것이다.

1983년에 발표된 송창식의 노래 「우리는」은 연인의 다른 이름이다. 빛이 없어도 알 수 있고, 작은 몸짓 하나, 눈빛 하나로도 모두 알 수 있는 그런 관계인 것이다. 그래서 '우리'는 너와 내가 아닌 비로소 '우리'일 때 행복한 연인이 된다.

2015년에 발표된 그룹 여자친구의 노래 「오늘부터 우리는」의 '우리' 역시 연인으로 발전하는 너와 나를 하나로 만들어 주는 개념이다.

널 향한 설레임을, 오늘부터 *우리*는.

꿈꾸며 기도하는, 오늘부터 *우리*는.

저 바람에 노을빛 내 맘을 실어 보낼게,

그리운 마음이 모여서 내리는~.

Me gustas tu, gustas tu, su tu tu ru 좋아해요.

Gustas tu, su tu ru, su tu ru.

한 발짝 뒤에 섰던 *우리*는 언제쯤 센치해질까요.

(중략)

오늘부터 *우리*는 꿈꾸며 기도하는, 오늘부터 *우리*는

저 바람에 노을빛 내 맘을 실어 보낼게.

그리운 마음이 모여서 내리는…

감싸줄게요, 그대 언제까지나 언제까지나.

사랑이란 말 안 해도 느낄 수 있어요.

고마운 마음을 모아서…

No No No No oh

널 향한 설레임을, 오늘부터 *우리*는,

(오늘부터 *우리*는) 꿈꾸며 기도하는 오늘부터 *우리*는

(오늘부터 *우리*는) 저 바람에 노을빛 내 맘을 실어 보낼게.

그리운 마음이 모여서 내리는…

Me gustas tu, gustas tu, su tu tu ru 좋아해요.

Gustas tu, su tu ru, su tu ru.

〈여자친구(2015), 「오늘부터 우리는」〉

이 노래에서는 설레는 자신의 마음을 전하며 우리가 되고픈 나의 마음을 수줍게 표현하고 있다. 그래서 노래 내내 '오늘부터 우리는'으로 강조하고 있다.

이렇게 한국인들은 나의 영역으로 들어오는 가장 가까운 사람을 함께 지칭하는 표현으로 '우리'를 사용한다. 그래서 한국인들은 '우리 집, 우리 가족, 우리나라, 우리 학교, 우리 동네'는 물론 '우리 애인, 우리 아빠'처럼 '우리'를 자신이 가진 모든, 좋은 것, 사랑하는 것에 붙이는 경향이 짙다. 그러다 보니 때때로 한국어를 배우는 사람이 혼란에 빠지기도 한다. 대화를 주고받는 화자와 청자의 입장에서 보면 '우리 애인', '우리 아빠'는 사실 즉각적으로 이해되기 힘들다. 다음 대화를 보자.

*친구 4명의 대화, 주말에 무엇을 할 것인지에 대해 이야기를 나누고 있다.

*쯔엉(베트남, 여), 앤드류(호주, 남), 왕양(중국, 여), 철수(한국, 남)

*쯔엉과 앤드류, 왕양과 철수는 각각 연인 사이다.

쯔 엉: **우리**[1] 주말에 어디라도 갈까? 너무 답답해.

앤드류: 그래, 요즈음 날이 좋으니까 **우리**[2] 다 같이 가까운 데에 피크닉이라 도 가자.

왕 양: 좋은 생각이야! 그러면 **우리**[3]가 도시락 싸 갈게.

철 수: 역시 **우리**[4] 애인이야. 추진력이 끝내 줘.

여기에서 우리[1]은 쯔엉과 앤드류를 말한다. 그런데 쯔엉이 앤드류를 보고 말했다면 쯔엉과 앤드류만을 말할 것이고 모두를 보며 말했다면 왕양과 철수도 포함하는 개념이 될 수 있다. 우리[2]는 '다 같이' 이하를 수식하고 있으므로 대화 상대 모두를 나타내는 표현이다. 그런데 우리[3]은 '도시락을 싸 가겠다'고 이야기하고 있으므로 왕양과 철수를 뜻하는 표현이 된다. 그리고 우리[4]는 철수가 왕양을 부르는 표현이 된다. 이처럼 한 대화 안에서 쓰인 '우리'는 대화상에 등장하는 너와 나로 이해할 때 비로소 해석이 가능하다.

한국인이 쓰는 '우리'는 대화 상대 즉, 화자와 청자를 포괄하는 1인칭이 아닌 경우가 많다. '우리 와이프, 우리 아들, 우리 엄마, 우리 가족, 우리 동네, 우리나라, 우리 애인, 우리 차, 우리 집, 우리말'처럼 여러 곳에서 비교적 오해 없이 잘 쓰인다. 그런데 '우리 형'은 자연스럽지만 '우리 동생'은 조금 어색해 하는 사람도 있다. 이때에는 '내 동생'이 더 적절해 보인다. 함께 공유하는 개념이거나 나와 동등하거나 그 이상의 개념들에는 '우리'를 붙여 쓰는 것이 자연스럽지만 나에게 완전히 귀속된 것이거나 나보다 상대적으로 낮은 지위에 있는 인격을 '우리' 안에 넣는 것을 꺼리는 것이다. 우리 집, 우리 차의 경우도 그렇다. 집과 차를 공유하는 누군가가 없다면 '내 집', '내 차'처럼 쓰는 것이 더 적절하다. 한국 사람들은 '우리 딸, 우리 엄마, 우리 애인'과 같은 경우는 '내 아들, 내 엄마, 내 애인'처럼 쓰는 것을 어색하게 느낀다. 이 역시 우리를 구성하는 인격들을 서로 동등한 개체로 인식하고 있기 때문이라고 할 수 있다. 그렇다고 해서 내 딸, 내 엄마, 내 애인을 쓰지 못하는 것은 아니다. 하지만 이 경우에 '나'는 '딸, 엄마, 애인'을 책임져야 하는 존재로 인식하기 때문이라고 할 수 있다. 그래서 오빠, 형으로서 책임감이 높은 사람들은 '내 동생'을 오히려 '우리 동생'보다 오히려 자연스럽다고 느낄지 모르겠다.

※ 여자친구의 노래 가사 중 '설레임'은 '설렘'이 맞는 표현이다. 그리고 '센치해질까요'는 그 기본형이 '센치하다'가 될 터인데, 흔히 쓰는 구어 표현이지만 옳은 표현은 아니다. 옳은 표현으로는 센티멘털하다(sentimental하다)가 있는데, 현대 한국어에서는 '센치하다'를 더 많이 쓴다.

'방금, 금방, 이제, 지금'은
어떻게 다른가요?

누가 '시간'이 무엇이냐고 물으면 설명하기가 쉽지 않다. 사전에 보아도 그 개념이 분명하지 않다. 「1」 어떤 시각에서 어떤 시각까지의 사이. 「2」 시간의 어느 한 시점. =시각. 「3」 어떤 행동을 할 틈. 「4」 어떤 일을 하기로 정하여진 동안. 「5」 때의 흐름.'으로 풀이한다. 그중 '때의 흐름'이 가장 기본적인 뜻매김이라고 본다.

그런데 사람들은 '때(시간의 어떤 순간이나 부분)'를 어떻게 인지하고 어떻게 나누고, 그 흐름은 어떤 방식으로 흐른다고 생각할까? 한국 사람들은 때를 어떻게 인식하고, 어떤 방식으로 나누고, 어떤 개념들을 만들었을까?

인간의 인지는 기본이 '지금', 그리고 '여기'이다. 지금은 내가 존재하는, 현존의 때(이때)를 말하고, 여기는 내가 존재하는 공간(이곳)을 의미한다. 그런데 한국어의 지금은 고유한국어가 아니고 한자어이다. 한국말의 지금은 무엇일까? '이제'가 '지금'에 가장 가까운 말이다. '지금 갈게요/이제 갈게요.', '지금 공부하고 있어요/이제 공부하고 있어요.'와 같이 대부분의 문장에서 '지금'은 '이제'로 바꾸어 쓸 수 있다.

그런데 '이제'와 '지금'은 대화 장면에서 사용 사례를 분석해 보면 항상 같은 의미 기능을 갖지는 않는다. '이제'는 과거부터 이 시각까지 있었지만/존재했지만 더 이상 존재하지 않거나 하지 않거나 할 때 주로 사용한다. 반면, '지금'은 과거의 존재와 행동에 관계없이 이 시각 존재/행동을 나타내는 경우에 주로 사용한다. 이제는 과거와 상태나 동작이 변화하는 것을 전제로 하는 반면, 지금은 단순 현재로 바로 이 시각에 초점을 맞추어 하는 말이 된다. '이제 먹어요.'는 지금까지 하고 있는 기다림을 끝내고/그만두고 먹으라는 말이고, '지금 먹어요.'는 지금까지 존재하고/행하고 있었던 것을 고려하지 않고, 당장 여기서 먹으라는 말이다. 오히려 미래에 먹을 생각하지 말고, 이 시각 먹으라는 말이 된다.

'이제/지금'과 관련 있는 부사가 또 있다. '금방/방금'이다. '금방(今方)'과 '방금(方今)' 두 한자가 순서를 바꾼 것이지만 한국어에서 쓰임은 차이가 있다. '방금 도착했어요.'는 조금 전에 도착했다는 의미인데, '금방 도착했어요.'는 시간이 오래 걸리지 않고 짧은 시간에 도착했다는 뜻이 된다. '지금 도착했어요.'는 '방금 도착했어요.'로 바꿔 말할 수 있다. '이제 도착했어요.'와 '금방 도착했어요.'는 다른 의미가 된다.

그런데, '이제'라는 고유한국어와 비슷한 개념의 '지금, 방금, 금방'이 들어와 쓰이게 되었을까? 세종대왕이 훈민정음을 만들기 이전 고유한국어가 어떤 단어들이 있었는지 확인할 길이 없고, 한자 기록이나 한국어와 같은 어족의 다른 언어를 통해서 고대 한국어를 추론하는 것은 장님 코끼리 더듬는 것처럼 부정확하고 어려운 일이다. 아마도 '이때'를 가리키는 '이제'와 한자어 '지금, 방금, 금방'이 함께 쓰이다가, 좀 더 정교한 시간 구분과 시간 관련 의미 전달의 미묘한 차이를 만들어 내면서 체계화되지 않았을까 짐작해 본다.

바빠서 바쁘고,
바쁘니까 바쁘겠지요?

　외국인들에게 한국 사회의 키워드를 하나 꼽으라고 하면 흔히 '바빠바빠'와 '빨리빨리'를 꺼내곤 한다. 삶의 여유를 강조하는 최근 한국의 분위기로 보면 이게 좀 달라진 게 아닐까 싶어서 '요즘 한국 사람들 꼭 바쁘게 살지 않으려고 해요.'라고 하면, '바쁘게 살지 않으려고 바쁘게 다닌다.'고 대답한다. 여유를 즐기는 모습마저 다른 문화권과 비교하면 훨씬 조급하고 전투적이라고 한다. 장기적으로 해외를 오가는 사람들이나 재외동포들은 절감하겠지만 한국 사회의 변화 속도는 그야말로 아찔하다. 몇 년 사이에도 풍경이 금방 바뀌니 말이다.

　한국인이 언제부터 이렇게 속도를 중시하게 되었는가에 대해서는 역사문화 차원에서 이런저런 이야기가 많다. 그리고 이 '쾌속(快速)의 문화'가 현대 사회에 적응하는 한국인의 힘이자 장점이 되었다는 풀이도 볼 수 있다. 이런저런 얘기는 접어두기로 하고, 여기에서는 '바쁘다'라는 말을 한번 뒤적여보려 한다.

　현대국어에서 '바쁘다'는 더 이상 분석할 수 없는 단일어지만 '바쁘다'의 15세기 형태인 '밧ᄇ다'는 동사 '밫다'에 파생접미사 '-ᄇ-'가 결합하여 형성된 파생형용사로 어기(語基)와 접미사의 구별이 가능하였다. 이후 '밧ᄇ다'는 '밧ᄇ다 〉 밧브다 〉 바쁘다'라는 변화를 거쳐 오늘날까지 이어지게 되었는데, 정작 어기인 '바쁘다'의 원래 어형인 '밫다'는 근대 국어에 들어와 사라지게 되었다. 얼핏 보기엔 현대국어에 있는 형용사 '밭다'라든지 부사 '바투/바짝' 등과도 유관성이 있어 보이지만 중세국어에서 이 말의 표기는 '붙다'로 올라가고 '붙다' 등과도 어휘장에서 겹치는 양상이 있어 추정은 가능하지만 확인할 방법이 없다. 그러니 일단 15세기 국어에서부터 출발해서 '바쁘다' 하나만 짚어보도록 하겠다.

현재 '바쁘다'의 품사는 형용사이며 '일이 많거나 또는 서둘러서 해야 할 일로 인하여 딴 겨를이 없다', '몹시 급하다', '한 가지 일에만 매달려 딴 겨를이 없다'라는 뜻풀이로 정의된다. 그런데 같은 단어이지만 북한에서 쓰이는 '바쁘다'의 정의는 '힘에 부치거나 참기가 어렵다'와 '매우 딱하다'이다. 그래서 '요즘 놀기 바쁘다'란 말을 들은 남한 사람은 '요즘 노는 데 정신이 팔려 다른 일을 할 겨를이 없다'는 뜻으로 받아들일 것이지만, 북한 사람들은 '노는 게 힘들다'는 뜻으로 해석할 가능성이 높다. 한 단어가 역사를 두고 흘러가면서 중심 의미가 남쪽에서는 바쁜 상태에, 북쪽에서는 바쁜 결과에 기울여졌다 하겠다. 한편 북한에서는 '바쁘다'를 '보기에 매우 딱하다', '말하기 매우 딱하다'라는 뜻으로도 쓰는데, 일전에 새터민 강리혁 씨는 "채널 A"와의 인터뷰에서 '바쁘다'는 '경제적으로 어렵다', '상황이 딱하다'라는 뜻으로도 쓰인다고 말했다.

> [예1] 경제적으로 어렵다
> A : 요새 그 친구 왜 그리 연락이 없대요?
> B : 예, 그 친구가 좀 바쁘대요.
> A : ('바빠? 요새 주머니 사정이 빠듯한가.') 아, 그래요?
>
> [예2] 어렵다, 힘에 부치다
> "이 문제느 풀기 바쁘구마." (함북지역)

흥미롭게도 일부 경북 방언에서는 '바쁘다'를 '힘들다'라는 용례로 쓰이는 것을 볼 수 있는데 어찌 보면 '겨를이 없다'와 '어렵다/힘에 부친다'는 의미상 유관성이 있어 의미 전이가 충분히 일어날 만한 소지가 있다. 그리고 이것이 북한에서는 그 결과의 상태를 말하는 '딱하다'로도 쓰이는 듯하다.

'바쁘다'의 15세기 형태는 바로 '밧부다'이다. 앞에서 언급했듯이 '밧부다'는 동사 '밫다'의 어간에 '-부-(형용사 파생 접미사)'가 결합하여 만들어진 단어이다.

형용사 파생 접미사 '-ᄇ/브-'는 동사 어간에 결합하여 형용사를 파생시켰는데, 16세기 이후로 그 생산성을 잃고 사라지게 된다. 하지만 그렇게 해서 파생된 단어들은 '밧ᄇ다'를 포함해 16세기가 지나서도 쓰였다.

그렇다면 '밧-'은 무엇일까? '밧-'은 원래 '밫-'이었다. 밫다에 대응되는 한자가 망중한(忙中閑)에서도 쓰이는 바쁠 망(忙)이다. '밫다'는 동사로 '바빠하다'란 뜻이었다. 그래서 중세국어에서 '바차'는 오늘날의 '바쁘게 하여, 바빠서'의 뜻으로 '바차, 바ᄎ시니' 등으로 활용되었고, 주로 '바차'형으로 사용되었다. 하지만 이 '밫다'는 근대국어 이후로 거의 쓰지 않게 된다. 그리고 먼저 쓰이던 '밧ᄇ다'라는 형태는 'ㆍ'가 첫음절의 모음이 아닌 단어에서 'ㅡ'로 변화하는 'ㆍ'의 비음운화를 겪어 '밧브다'가 된다. 또 '밧브다'의 제1음절의 어말음(ㅅ)이 제2음절의 첫소리로 내려가 된소리를 형성한 것이 '바ᄲ다', '바쓰다' 꼴인데, '바쓰다'는 20세기에 '바쁘다'로 표기되어 현대국어에서까지 쓰이고 있다.

이 '바쁘다'의 역사적 흐름이 '나쁘다', '기쁘다', '예쁘다' 등과 같은지도 궁금할 것이다. 먼저 '나쁘다'는 15세기 문헌에 '낟ᄇ다' 또는 '낟브다'로 나오는데 '낟브다'는 '낟다'라는 동사에 형용사를 만드는 접미사 '-ᄇ-'가 결합된 형태로 보인다. 그런데 '낟다'라는 동사는 확인이 되지 않아 '낟브다'의 어원도 알기 어렵다. '나쁘다'는 '낫브다'가 '나쁘다'로 표기되어 제2 음절의 두음(頭音)이 된소리로 변한 뒤에 나타난 표기이다. 따라서 전체적인 어형의 변화 과정이 '바쁘다'와 비슷하다고 볼 수 있을 것이다. 다음 '기쁘다'는 '기쁘다'는 15세기에 '깃브다'로 나온다. '깃브다'는 동사 '깄다(기뻐하다)'에서 파생된 형용사이다. 즉 동사 '깄다'의 어간 '깃-'에 형용사를 만드는 접미사 '-브-'가 결합된 형태인 것이다. 18세기에 오면 '깃브다'는 제2 음절의 모음이 변하여 '깃부다'로 표기되어 나오기도 한다. '기쁘다'라는 표기 형태는 20세기 초에서 발견되는데 이는 '깃브다'가 '기쁘다'를 거친 뒤에 나타난 형태이다. 그렇게 보면 '나쁘다', '기쁘다'는 '바쁘다'와 비슷한 변화 과정을 겪은 것으로 본다.

그렇지만 '예쁘다'는 확연히 다르다. '예쁘다'의 어형 변화 과정이 이들과 비숫하려면 예를 들어 '옛다'라는 동사에 형용사를 만드는 접미사 '-ㅸ-'가 결합했을 것이라는 예측을 해볼 수 있겠지만, '예쁘다'의 중세 국어 어형은 '어엿브다'이다. 중세어 '어엿브다'는 현대 국어에서 '예쁘다'로 정착하는데, 이것은 '어엿브다'를 소리 나는 대로 적은 '어여쁘다'를 줄인 형태이다. 그런데 '어엿브다'에서 '예쁘다'로 변화하는 과정에서, 다른 표기들이 다양하게 등장하고 이는 앞서 봤던 어휘들의 과정과는 상당히 다르다. 아마 경험했거나 경험해 보겠지만, 한국어를 배우는 모든 이들은 비슷한 어형을 보고 나름의 추론을 한다. 이것은 언어 습득에서 매우 자연스러운 일이기 때문이다. 그렇지만 오늘날의 형태가 비슷한 어휘라고 해서 어형 변화 과정과 어원이 같을 것이라는 판단은 알고 보면 맞지 않은 경우가 대단히 많다.

한국어를 '가리키는' 건가요?
'가르치는' 건가요?

외국인에게 한국어를 가르치는 일, 외국인이 한국어를 배우는 일을 연구하는 일이 필자의 직업이라고 주변에 말을 꺼내다 보면, 종종 "오, 외국인들에게 한글 가리키는 일이요? 정말 보람 있는 일이지요.", "한글 세계화라, 멋져요.", "한국어 해외 보급이 요즘 인기도 있고 나라에서도 관심 많이 갖는 것 아닌가요?"와 같은 인사치레를 듣곤 한다. 매우 감사한 말이다. 워낙 한국어교육이 주목을 받는 시대기도 하거니와 이 분야에 대해 아는 사람이 많을수록 사회적 책무는 커지는 법이니 어깨가 무겁기도 하다. 그리고 이 일을 둘러싼 일반 사람들의 인식이나 감정을 깨닫고 귀 기울이게 해 준다.

이 말들을 되새겨 볼 때가 있다. 사람들의 덕담들을 통해 볼 수 있는 우리들의 상식과 인식은 무엇일까? 그리고 다시 '한글', '외국인', '가리키다'와 같은 말들이 향하는 지점은 어디인지, 그리고 '보람'이니 '세계화'니 '해외 보급'이니 하는 낱말 하나하나에 담긴 의미는 무엇인지 다시금 곰곰이 생각해 본다. 이 안에는 사실은 이렇다고 더 해명하고 싶은 것들도 있고, 알고 보면 이런저런 사연들이 쌓여 있다고 알려주고 싶은 것들도 있다. 이 책의 5부에서 '한글'에 대한 내용은 어느 정도 설명한 것이 있으니(한글은 언제부터 한글이라 불렸을까?) 여기에서는 '가르치다'를 가지고 이야기를 해볼까 한다.

'가리키다'는 15세기에 나타나는 'ᄀᆞᄅᆞ치다'(혹은 'ᄀᆞᄅᆞ치다')로 거슬러 올라가는데, 이때는 현대국어의 '가르치다[敎]'과 '가리키다[指]'의 두 가지 뜻을 동시에 가지고 있었다. 즉 지금에 와서는 서로 다른 단어로 알고 있는 이 두 낱말은 원래는 같은 형태였고 19세기를 넘어서야 '가리키다'라는 낱말을 비교적 지금의 의미로

167

구별하여 쓴 사례가 보인다.

이견이 일부 있기는 하나 'ᄀᆞ르치다'는 '골ᄋ'와 '치다'로 분석하는 것이 일반적이다. 앞의 '골ᄋ'는 오늘날 '공자 가로되', '예수 가로되(말하되, 말하기를)'로 쓰는 중세국어 표기인 '골오디'에서 나오는 어근 '골'과 형태적으로나 어원적으로 가까운 점이 있다. 그리고 뒤의 '치다'는 '양육(養育)하다'는 뜻으로 중세국어에 많이 쓰였다. 지금은 '소를 치다', '하숙을 치다' 정도로 해서 좁은 의미로 국한하여 쓰이지만, 중세국어를 보면 『삼강행실도』에 '늘근 어미를 치다'라는 말이 남아있어 봉양(奉養)한다는 뜻을 갖고 있어서 오늘날의 '치다'와는 사뭇 다름을 알 수 있다. 그리고 이러한 뜻으로 어원을 보자면 'ᄀᆞ르치다'는 '말하여 치다'(말로써 받들고 길러내다)는 의미를 지닌 것으로 분석된다.

'가리키다'는 '치다'를 '키다'로 되돌리려는 사람들의 잘못된 분석으로 나타난다. 즉 어원으로부터 멀리 떠나 차차 원래 형태와 의미는 잊히고, 사람들의 인식에 따라 혹시 '치다'가 잘못 쓰인 게 아닌가 하는 생각에 이르게 되어 본디의 표기를 두고 '키다'로 쓰는 게 옳다는 쪽의 움직임이 나타난다. 이를 국어학에서는 '과도 교정'이라는 말을 쓰는데, 이러한 과도 교정 사례는 의외로 꽤 많다. 대표적으로 우리 곁에 늘 가까이 있는 음식인 '김치'는 절인 채소라는 의미를 지닌 한자어 침채(沈菜)로 그 기원이 올라가는데, 16세기까지 '딤치/팀치'라고 적혔던 것이 구개음화를 거쳐 '짐치'로 자연스럽게 넘어갔다가, 언중들이 일부 방언에서 '기름'을 '지름', '길'을 '질'이라고 하는 것처럼 ㄱ이 ㅈ으로 과도하게 바뀐 것으로 오해하고 다시 되돌려서 쓰고 말한다는 것이 '김치, 김치'가 되었다. 즉 '짐치'의 어두 ㅈ은 ㄷ이 변한 것인데 ㄱ이 ㅈ으로 바뀐 방언형으로 오인하여 ㅈ을 ㄱ으로 과도하게 돌려놓은 것이다.

여하튼 '가르치다'와 '가리키다'가 동일한 어원에서 분리되어 나가는 과정 가운데에는 '가르치는[敎]' 것과 '가리키는[指]' 것을 구분하려는 심리도 알게 모르게 반영되었을 것이다. 이렇듯 '가르치다'와 '가르키다'가 품고 있는 이 어휘사적 관계에 더하여, 사람들은 가르치는 행위가 어떤 지식을 대상에게 알려준다는 속성까지 덧붙이고 비벼서 '가르치다'라는 낱말을 두고 '[가리키다, 갈치다, 갈키다,

아르키다, 아르치다, 알키다' 등의 발음값을 뒤섞어 쓰고 있다. 설마 이런 표현들을 쓸까 싶겠지만, 사람들이 쓰는 입말(구어)을 유심히 들어보면 생각보다 [아리켜줘(알켜줘)]와 같은 발음은 제법 흔하게 쓰인다는 것을 발견할 수 있을 것이다.

결론적으로 말하자면, 어찌 보면 사람들이 '가르치다'와 '가리키다'를 헷갈려 할 만한 사연이 있다는 것이다. 물론 지금 이렇게 표기와 사전적 정의가 분명히 구분이 되는 이상, 마음대로 쓸 수는 없다. 다만 '한국어를 가리킨다'라는 말을 듣고 무작정 틀렸다, 무식하다며 비난하기보다는 한국어 교사라는 입장에서 스스로의 언어 생활을 성찰하는 계기로 삼고, 또 호기심과 탐구의 대상으로 돌려보려는 태도가 더욱 바람직할 듯하다.

'닭도리탕'은 '닭볶음탕'으로
고쳐 말하는 게 맞겠지요?

"닭도리탕". 양념으로 매운 맛을 내고 감자, 파 등을 넣어 얼큰하게 끓여낸 익숙한 닭요리이다. 비교적 간단한 조리법으로 여럿이 함께 먹을 수 있는 장점에, 또 '맵짠' 요리의 대표격이라 할 만한 닭도리탕은 국민들로부터 많은 사랑을 받고 있는 요리 중 하나이다.

아마 방송 캠페인이든 복도나 계단, 화장실 벽면에 붙은 스티커든 여러 경로를 통해 이 '닭도리탕'은 일본어의 잔재(殘滓)가 묻은 어휘이므로 사용을 지양해야 해야 한다는 얘기를 한두 번쯤은 접해 보았을 것이다. 그리고 이를 대체할 단어로 '닭볶음탕'이라는 말로 순화할 것을 권장하고 있다. 그래서 방송을 보면 시청자의 사연이나 식당 간판, 메뉴판에 드러난 '닭도리탕'은 지각 있는 방송 진행자와 제작자를 통해 가려지거나 '닭볶음탕'으로 대체되어 전달된다.

닭도리탕이 일본 잔재어로 규정되어 수정(혹은 순화)의 대상이 된 것은 꽤 오래전의 일이다. 닭도리탕이 순화의 대상으로 올라간 이력은 1982년 9월 22일 "우리말 다듬는 일 급하다"라는 주제의 동아일보의 기사로부터 시작된다. 이 기사에서는 '닭도리탕'을 지금의 국어원의 분석과 같이 하고, 이를 '모찌떡'과 함께 문제삼고 있다.

1995년에 국립국어원이 〈일본어 투 용어(국어순화용어자료집 식생활 용어)〉에서 처음 '닭도리탕'을 언급하게 된 것도 이때 이후 신문에서의 문제제기에 비롯되었을 가능성이 높다. 여하튼 국어원은 1997년, 2003년 고시한 〈국어순화용어자료집〉에 꾸준히 '닭도리탕'에 일본어 잔재가 있음을 적어 두고, 이를 '닭볶음탕'으로 순화할 것을 권장하고 있다. 1999년에 완성되어 꾸준히 온라인으로 수시 개정해 온 〈표준국어대사전〉과 국립국어원에서 관리하는 개방형 온라인 사전 〈우리말샘〉에서는 표제어 '닭도리탕'을 다음과 같이 설명한다.

• 닭도리-탕 (닭tori[鳥]湯) 「명사」 → 닭볶음탕.   〈표준국어대사전〉
• 닭도리-탕 (닭[일본어]tori[鳥]湯) 「명사」 1. 닭고기를 토막 쳐서 양념과 물을 넣고 끓인 음식. 경우에 따라 토막 친 닭고기에 갖은양념과 채소를 넣고 먼저 볶다가 물을 넣고 끓이기도 한다.

이 '닭도리탕'이 일본어의 잔재라고 해석하는 이유는 국립국어원에서 밝힌 아래의 설명을 참고하면 될 듯하다.

'닭도리탕'에 대해 표준국어대사전에서는 '(-〈일〉tori[鳥]湯)'이라고 어원 풀이를 하고 있습니다만, 더 구체적으로 어원을 밝히면 '닭'+'니와도리(にわとり, 鷄)'+'탕(湯)'이 됩니다. '니와도리(니와토리)'는 '닭'을 뜻하는 일본어인데, [니와(뜻: 마당, 뜰)의 도리(뜻: 새)]라는 의미로 구성된 합성어이며, '니와도리'의 축약형인 '도리'만 남아 '닭도리탕'의 단어 구성 요소가 된 것입니다. 일반적으로 일본어에서 '닭'을 '도리(とり)'라고 표현하기도 합니다. 일본어사전을 찾아보면 합성명사가 아닌 단일어 'とり'에 대해서도 '鷄'라는 한자를 병기함을 확인할 수 있습니다. 그 외에 합성명사의 예들도 있습니다. '닭고기'를 '鷄肉(とりにく, 도리니쿠)', '찜닭'을 蒸し鷄(むしとり, 무시토리), '닭구이'를 焼き鷄(やきとり, 야키토리)'라고 하는 것이 바로 그런 예입니다. (국립국어원 누리집(홈페이지) 메뉴 중 [개선] - [다듬은 말]의 주요 표제어 중 순화 대상어 '닭도리탕'에 대한 해설)

요컨대, 국립국어원은 '닭도리탕' 중 'とり(tori)'라는 부분을 일본어로 인식해 닭도리탕을 일본어가 섞인 어휘로 분류하여 순화의 대상으로 삼은 것이다. '닭도리탕'의 '도리'가 국립국어원의 주장처럼 일본어인 'とり'에서 온 것이라면 닭도리탕은 어원상 '닭닭(새)탕'을 의미한다. 이러한 단어 형성은 언뜻 매우 부자연스러워 보인다. 하지만 국립국어원은 동어반복이 '살아생전, 처갓집, 외갓집, 해변가, 돼지족발'처럼 일부 단어에서는 폭넓게 사용되고 있다는 점을 들어 그 타당성을 입증하고 있다(한국어에서 동어반복은 보통 한자어나 외래어가 앞에 나오고, 국립국어원에서 예시로 든 단어들도 모두 이 경우에 포함되는데 '닭도리'의 경우는 고유어가 앞에 나와서 그러한 규칙에 위배되어 어색하다는 반론도 있다).

〈표준국어대사전〉의 '닭도리탕'에 대한 표제어 정의, 그리고 국어원의 순화 이유에 대한 해석에 대한 반론이나 질의는 1990년대 후반에도 간헐적이나마 조금씩 있었다. 그런데 이 논쟁이 다시 뜨겁게 불붙기 시작한 것은 2010년 이후부터로 보인다. 몇 명의 음식칼럼니스트, 작가, 재야연구자들이 국어원의 해석에 강하게 의문을 제기하면서 일본어 잔재가 아닌 전통 음식명에 의한 조어이자 이로부터 전래된 것이라는 주장을 펼쳤다. 여러 주장들을 일일이 다 열거하고 설명하기는 어려울 듯하나, 대표적으로 '도리다(도려내다/도리치다)' 유래설, '접미사 '-도리'(윗도리, 아랫도리)' 유래설, '조리다(도리다)'의 방언 유래설, 닭의 중세 어형이 남은 꼴이 어원이 된 '돍돌이탕' 유래설 등이 제기되어 있고, 여기에 〈해동죽지(海東竹枝)〉(1925)와 〈조선무쌍신식요리제법(朝鮮無雙新式料理製法)〉(1924)에 나온 '도리탕(桃李湯)'도 자주 논거로 등장한다. 이에 대해서 국어원은 그간 제기된 주장마다 조어법의 규칙이나 문헌의 출간 연대 등 여러 논거를 들어 반론을 완전히 수용하기에는 어려운 지점이 있다고 답변한 바 있다.

한편 국립국어원이 '닭도리탕'의 순화를 위해 대체어로 내놓은 '닭볶음탕'의 문제제기도 상당히 격렬했고 논쟁을 격화시킨 원인으로도 작용했다. 몇몇 음식 전문가들이 '볶음'과 '탕'을 조합해서 만든 이 대체어는 '음식에 대해 조금이라도 안다면 말도 안 되는 조어를 국어학자들이 멋대로 붙여 놓았다'는 취지의 상당히 원색적인 비난이 일었고, 이로 인해 일부 논쟁은 감정적인 국면으로 접어들었기 때문이다. 국립국어원은 이 지적에 대해서도 어학적으로 상당히 공을 들여 해명했지만 본질과 논점과는 관계없는, 여전히 보기 불편한 국어원과 국어학자들을 향한 비아냥의 언어는 지금도 계속되고 있다.

여하튼 이 논쟁은 국립국어원이 2016년 이후 해당 질의와 민원에 대해 "기존의 입장을 바꿀 만한 결정적인 근거가 확인되지는 않지만 다양한 견해가 있을 수 있으며, 그렇기 때문에 시간이 걸릴 수 있겠지만 내부적으로 검토해 보겠다"는 입장을 취하면서 다소 수그러들었다.

한편, 이러한 유래에 대한 각종 추측과 논쟁과는 별개로 지금의 닭도리탕이 본격적으로 대중화된 것은 1970년대이므로 선입견을 버리고 생각을 달리해야 한다는 의견도 있다. 필자 역시 그러한 생각을 갖고 있다. 닭도리탕은 비교적 가격이 저렴한 식재료인 닭고기와 감자를 매운 양념과 함께 푸짐하게 큰 통에 끓여내는 음식이다. 이 음식의 고향은 가정보다는 공사 현장, 건설 현장, 학생이 많은 대학가 주변의 식당가 등 대량 급식의 장소이고, 1970년대를 지나며 빠르게 서민들에게 자리잡은 음식이다. 1982년, '닭도리탕'에 일본어 잔재가 있다고 동아일보에서 문제제기를 하고 있지만, 조금 더 숙고해 보면 일본어 잔재는 맞되, 일제 강점기 시기에 나타났다기보다는 강점기 이후 일본어의 조각들을 공사판과 간이식당의 주방 속, 삶의 현장에서 유지하고 사용하고 있던 한국인들에 의해 작명되고 전파되었을 가능성이 적지 않다. 값싼 고등어구이가 '고갈비'로 말로나마 승급이 된 것처럼, 감자를 잔뜩 넣어 푸짐하게 양을 늘린, 고추장을 잔뜩 넣어 들통에 끓인 닭고기 요리의 이름에, 화투놀이에서 높은 점수를 던져주는 '고도리'가 나름대로 대접을 받아 언어유희처럼 조어가 되었을 수도 있다. 물론 확실한 증거는 없다. 그러나 언어가 태어나고 살아가는 방식은 그러하다는 점을 자연스럽게 받아들이는 것도 때로는 필요하다.

그렇다면 한국어를 가르치는 입장에서 '닭도리탕'을 '닭볶음탕'으로 고쳐 말하는 게 맞을까? 일단은 논쟁과는 관계없이, 또 논쟁에서 교사 본인이 갖는 주장이나 입장을 구태여 내세우지 말고 '닭볶음탕'이라고 하는 게 좋을 것이다. 혼란을 가중시키거나 학습자를 혼란시키게 할 필요는 없다. 그런데 한 가지 중요한 것은 무엇은 틀리고 무엇은 옳다는 것이라는 인식까지 애써 전달하지는 않았으면 한다. '일본어 잔재'니 '순수 고유어'니 하면서 사물과 대상과 소릿값 외에 덧씌워진 의미를 교실에서 설명할 필요는 없다. 같은 요리를 가리키는 두 변이형으로서, 백반집에 붙은 차림표에서나, 주변 사람들은 흔히 '닭도리탕'이라고 말하고 있고, 교사인 본인 역시도 집에서나 주변 친구들과 이야기할 때 '닭도리탕'으로 대개 듣고 서로 맞춰주기 위해 이 단어로 말한다는 정도면 될 듯하다. 어찌되었든, 소위 일본어의 '잔재'를 우생학적이나 위생학적 관점으로 바라보지 않고 하나의 사회 방언으로서, 언어 현상으로서 있는 그대로 교실에서 말하고 가르쳐주는 것이 언어 교사의 자세가 아닐까 싶다.

※ 이와 관련하여, 백승주 교수(전남대학교 국어국문학과)가 기고한 칼럼([언어의 서식지] "사전에 빵꾸내기" (2020. 12. 10. 한국일보)(https://www.hankookilbo.com/News/Read/A2020121011030004789))을 함께 읽어보면 좋겠다.

턱스크에 불만인 나,
프로불편러인가요?

매년 한글날이 되면 통과의례처럼 소위 오염된 한국어를 비판하는 목소리가 높아진다. 그리고 그와 관련된 기사들은 그 시점에서 규범에 어긋난 표현들을 사용하는 것이 한글날이 지닌 의미에 크게 반하는 것처럼 우려하고 걱정하면서 비판하는 목소리 일색이다. '힙스터, 뉴트로, 불편러, 턱스크, 주린이, 헬린이, 요린이, 슬세권, 젊꼰, 알잘딱깔센' 등과 같은 표현들은 - 아마 이 글을 접하는 해에도 여지없이 - 한글날 즈음에 비난과 비판의 대상이 되는 것들이다.

힙스터, 뉴트로는 '힙한 사람들; hip-st-er', '새로운 복고풍; new-retro'을 뜻한다. 이런 류의 표현은 한국인의 인식을 그대로 반영해 만든 영어식 표현이다. 영어의 조어법과는 맞지 않지만, 한국인들이 영어를 읽는 단위에 비추어 볼 때에는 정말 '영어스럽'다.

불편러, 턱스크는 '과하게 불편해 하는 사람; 불편+ler', '마스크를 턱에 걸친; 턱+(ma)sk'를 뜻한다. 이런 류의 표현은 영어의 접미어를 한국식으로 재단하여 만들어낸 한국어+영어 복합형 표현이다. 이들을 한국인들은 직관적으로 이해하거나, 설명을 듣고 당연히 그런 뜻이었음을 이해하게 된다. 이 역시 한국식 영어 인식을 기본으로 삼고 있기 때문이다.

주린이, 헬린이, 요린이는 '주식초보자; 주(식)+(어)린이', '헬스 초보자; 헬(스)+(어)린이', '요리 초보자; 요(리)+(어)린이'를 뜻한다. 이런 류의 표현은 초보의 주 의미가 되는 한국 표현 '어린이'에서 '-린이'를 잘라서 붙여 만든 표현이다. 사실 '어린이; 어린+이'라는 단어의 구성 방식에 비추어 볼 때, 어린이에서 '어'를 떼어내는 것은 문법적으로나 어법적으로 전혀 용인되지 않는 상황이다. 하지만 주린이, 헬린이처럼 주식+어린이, 헬스+어린이로 해석하는 것에서 대부분의 한국인들은 타당하다고 생각하게 된다. 어린이라는 3음절을 뒤의 두 개 음절이 대변하면서, 잘라낸 '어'를 다른 표현으로 대체하고 있는 것이다. 물론 무엇에 미숙한 것의 대표가 '어린이'라고 인식하고 사용하는 것은 어린이 차별이며 비판받아야 할 일이다.

그밖에 슬세권은 '슬리퍼+(역)세권'에서, 젊꼰은 '젊은 꼰대'를 줄여서, 알잘딱깔센은 '알아서, 잘, 딱, 깔끔하게, 센스 있게'를 합쳐 만든 표현이라고 한다. 역세권에서 '세권'을 가져오고 거기에 슬리퍼의 '슬'자를 결합시켜 '슬리퍼를 신고 돌아다닐 만한 가까운 도심 권역'을 슬세권으로 표현한 것은 아주 재치있는 조어이다. 젊꼰은 '젊다'와 '꼰대'에서 주 의미부를 가져와서 비통사적으로 합성어를 만든 것으로 볼 수 있고, 알잘딱깔센은 두 문자 조합의 전형적인 조어법이 반영된 것이다.

표준어법 측면에서 이들의 옳고 그름을 이야기하는 것은 잠시 접어 두자. 시대에 따라서 유행하다 사라진 여러 표현을 생각하면 이들 표현도 언제 어느 때 사라질지 모른다. 하지만 인터넷 기록이 무한대를 향해 넘쳐나는 시대에, 서버가 터지지 않는 한, 지난 시절의 기록이 사라질 리 만무하다. 그리고 지금은 올바른 한국말처럼 보이지 않는 이런 표현들이 시간이 흐른 어느 시대에서, 그 시대를 가장 잘 반영하는 훌륭한 한국어 표현으로 남을 수도 있다. 게다가 잘 보면 이들 표현은 나름대로 어느 정도 타당한 논리를 갖추기도 했다. 앞서 살펴본 것처럼 잘라 붙이는 단위와 방식 역시 감탄할 정도로, 한국인이 인식하는 의미 단위 또는 발음할 때 가장 적절해 보이는 부분들을 가져왔다.

이들 표현 역시 옳고 그름을 떠나 '현재 쓰이는 한국어가 맞다'라고 해야 한다. 표준어로 합의되지 않았을 뿐, 작금의 시대를 살아내는 어느 세대가 유용하게 사용하고 있다면 비록 표준 어법에 어긋난 표현이라고 할지라도 이 역시 이 시대에 살아있는 한국어라고 할 수 있다. 따라서 이들의 사용을 권장하느냐 안 하느냐의 선택만이 남을 뿐이다.

인터넷을 통한 교육과 소식, 각종 사회소통망(SNS)이 통번역 프로그램과 만나 소통의 방식이 갈수록 진화하고 있는 시대에, 살아 움직이는 언중의 사용 표현을 규범으로 재단하고 정리하는 속도가 이를 따라가기는 쉽지 않다. 그렇다고 해도 올바른 어법과 화법, 그리고 제대로 된 표현을 사용하는 것은 언제든 옳은 선택이다. 하지만 현실 속에서 살아 움직이는 비규범적인 여러 표현의 사용을 꼭 부정적인 것으로 판단할 필요는 없다. 어느 누구에게도 다른 사람의 말과 글의 옳고 그름을 재단할 권리는 없기 때문이다.

　세종대왕이 훈민정음을 짓고 반포하기 전 집현전 부제학 최만리(崔萬理)의 상소에서는 비루하고 상스러운 무익한 글자를 창조한 것을 비난하며, 언문은 새롭고 기이한 한 가지 기예(技藝)에 지나지 않는 것으로서, 학문에 방해됨이 있고 정치에 유익함이 없으므로, 아무리 되풀이하여 생각해도 그 옳은 것을 볼 수 없다고 하였었다. 그런데 한글이 창제되고 사용된 지 600여 년 가까이 흐른 지금 한글의 정체성을 의심하는 사람은 존재하지 않는다. 오히려 저 상소에서 말한 '새롭고 기이한 기예성' 덕분에 어떤 말도 재료로 삼아 기발하게 생산할 수 있는 것을 보면 한글 창제 반대쪽에 선 학자들도 보는 눈은 있었던 모양이다.

댕댕이 커여워요!
— '야민정음'이란 무엇인가요?

국립국어원에서는 표준한국어 사전으로 쓰이는 『표준국어대사전』 외에 2016년 10월부터 개방형 온라인 한국어 사전인 『우리말샘』을 운영하고 있다. 『우리말샘』 사전은 현재의 한국어 표준어뿐만 아니라 중세 한국어와 근대 한국어의 고어, 방언, 외래어로 인정되지 않은 신조어, 외국어를 두루 포함하고 있다. 현재 한국 사회에 쓰이는 단어들을 두루 싣고 있어 그 생명력과 활용성을 인정받고 있다. 표제어 설명 내용은 전문가의 감수를 거쳐 비교적 신뢰할 만한 정보를 정돈된 표현으로 확인할 수 있다는 장점이 있다. 이 사전에 '댕댕이'와 '커엽다' 등 최근 자주 쓰이는 신조어들이 나온다. '댕댕이'는 "인터넷 게시판 따위에서 '멍멍이'라는 뜻으로 쓰는 말. 글자 모양이 비슷하다는 점을 이용하여 재미있게 적은 것에서 비롯되었다."라고 낱말(기호)의 유래와 의미를 풀이하고 있다.

이렇게 한글의 글자 모양에 착안해서 이것이 글꼴이 바뀔 경우, 옆으로 돌리거나 뒤집어 보는 경우 등에 착안해서 새로운 단어나 표현을 만드는 것을 흔히 '야민정음'이라고 한다. 이 '야민정음'이라는 주제만 잘 쫓아가도 현대 인터넷 사회에서도 옛 사회와 다를 것 없이 구전(口傳)으로 전하는 민담과 전설, 그리고 해학의 서사가 면면히 이어지고 있다는 사실이 흥미롭다.

'야민정음'이라는 말의 기원과 유래만 해도 여러 가지의 설과 민속 어원이 있다. 가장 유력한 "설"은 온라인 커뮤니티 사이트인 "디시인사이드"의 게시판 중 하나인 '국내야구 갤러리(야갤)'에 '훈민정음'이 합성되었다는 견해이다. 이 게시판에서 최초로 시작된 것은 아니지만 화면상으로 보았을 때 모양이 비슷한 글자들끼리(특히 '귀/커', '머/대') 서로 바꿔쓰는 놀이가 2000년대 중후반부터 이 갤러

리에서 많이 사용되고 변형되어서 '야민정음'이라고 한다는 것이다. 실제로 "우리말샘"에서 '야민정음'을 찾으면 한자로 '野民正音'으로 표기하고 이를 받아들이고 있는 것처럼 보인다. 이외는 달리 '야민정음'은 '야생, 야만, 야당'에서 볼 수 있는 '날 것, 거친 것, 장외의 것'을 가리키려고 '야'를 가져왔다는 설, 비합법적이고 제대로 된 것이 아니라는 속어인 '야매(일본어 闇(やみ)에서 유래)'에서 따와서 생겼다는 설 등이 민간어원처럼 오간다.

국어학계에서도 '야민정음'을 주제로 하여 흥미로운 학술적 분석과 견해를 제시해 왔다. 정리하기에는 많지만, 먼저 '야민정음'의 유형들은 대략 다음의 여섯 가지로 나타난다고 본다.

(1) 가. 댕댕이 커여워, 괄도 네넴띤 (↔ 멍멍이 귀여워, 팔도 비빔면)

　　 나. 머견팡역시, 머구팡역시, 팡주팡역시 (↔ 대전광역시, 대구광역시, 광주광역시)

(2) 가. ㅐ울특별ㅐ (↔ 서울특별시)

　　 나. ㅍ려머, ㄹ의 공식 (↔ 고려대, 근의 공식)

(3) 가. 숲튽훈 (↔ 金長훈 = 김장훈)

　　 나. 갈아 만든 IdH (↔ 갈아 만든 배)

　　 다. %, △N 먹으러 가자 (↔ 응, 스시 먹으러 가자)

(4) 가. ㄸ뚜ㅁ뜨뜨 먹고 싶다 (↔ 비빔밥 먹고 싶다)

　　 나. 방커머틓 으어뚠어뚠 (↔ 방귀대장 뿡뿡이)

(5) 가. 쨘영화 (↔ 조조영화)

　　 나. 뚦회 (↔ 돌돔회)

(6) 가. 곤뇽, 곤ㅐ우, 곤운 (↔ 육군, 해군, 공군)

　　 나. 표믕롬, 롬곡옮눞 (↔ 물음표, 폭풍눈물)

기본적으로 야민정음은 글자쌍의 상호 호환으로 이루어진다. (1)에서 보는 것처럼 '대 → 머', '커 → 귀' 등 형태가 유사한 한 쌍을 설정하고, 해당하는 글자가

나올 때마다 대응하는 글자로 바꾸어 쓰는 것이다. 하지만 이 글자쌍을 보면 'ㄱ
→ ㄴ'의 변환은 이루어지지만 'ㄴ → ㄱ'의 변환은 잘 이루어지지 않는 경우가 많
다. 그 이유는 ㄴ이 일상생활에서 자주 쓰이는 글자가 아니거나 기호인 경우가
많기 때문이다.

대략의 사용 양상을 각각 살펴보면 이렇다. (1)은 하나의 음절이 또 다른 하나
의 음절과 동등하게 대응되는 사례이다. '멍, 귀, 대, 전, 광'을 각각 '댕, 커, 머, 견,
팡'이 대체하고 있다. (2)는 음절에 대응하는 글자가 꼭 같은 음절일 필요는 없다
는 것을 보여준다. 'ㅒ, ㅔ, ㅍ, ㄹ' 등의 음소가 각각 '서, 시, 고, 근'이라는 음절을
대체한다. 형태의 유사성이 크지 않아 해당 대응쌍에 대한 사전지식 없이는 해
석하기가 상당히 힘든 변형 형태라는 점이 특징이다. (3)은 한글과 한글이 아닌
것이 대응하는 예이다. (3)에서는 한글과 다른 문자, 혹은 기호가 대응한다. 한자
'金'이 '숲'과, '長'이 '튽'과 대응되며, 영어 문자열 'IdH'는 필기체로 흘려 쓴 '배'
와 유사하게 생겼다는 이유로 대응된다. (3다)의 경우는 '% → 응', '△ → 스'처럼
한글과 특수문자 기호도 대응되고 있음을 보여준다. (4)에서는 글자가 옆으로 누
운 모습을 형상화한 변형이 일어나고 있다. 언뜻 보면 전혀 의미 없는 문자의 나
열로 보이는 'ㄸㄸㅁㅁㅃㅃ'과 '으어뚠어뚠'은 각각 '비빔밥'과 '뿡뿡이'의 각 글자
를 시계 방향으로 90도 회전시킨 모양에 대응한다. (5)는 두 글자로 된 문자열을
압착시켜 한 글자로 만든 것처럼 보이게 하는 변용의 예이다. 각각 '쬬'는 '조조',
'똚'은 '돌돔'이라는 두 글자를 작게 만들어 붙여 놓은 것처럼 생겼다. (6)은 한 단
어를 위아래로 뒤집은 모습을 나타낸다. 대응쌍의 문자열을 180도 회전시킨 모
습을 형상화한 것이다.

이와같이 '야민정음'의 글자 대응 체계는 상당히 다양하다. 최소한의 형태적
유사성만 확보된다면 그 어떠한 조건도 없이 대응시키는 것이 가능하다. 대응의
대상은 같은 한글일 수도 있고 한자나 영어 등의 다른 언어, 심지어 특수문자 기
호일 수도 있다. 또한, 언뜻 봤을 때 헷갈릴 수 있을 정도로 모습이 비슷한 글자
로 대체하는 변형부터, 원리를 미리 알고 있는 사람이 아니면 독해가 거의 불가
능한 변형까지 다양한 수준의 변형이 이루어지고 있다. 이는 단순히 형태의 유사

성에 착안해 시작된 '야민정음'이, 어느 정도의 규칙을 갖고 그것을 기반으로 복잡한 형식으로 발전하고 있음을 보여준다.

'야민정음'은 글자를 마치 암호처럼 변형시키고 그것을 다시 해독하는 행위 자체의 즐거움, 즉 오락적 동기를 기반으로 탄생했다고 말할 수 있다. 언어를 전달하려는 효과를 더 생생하거나 분명하게 하는 것이 아니라 오히려 번거롭게 하는 것이다. 또한, 형태의 유사성이 아주 강한 극소수의 변형 사례를 제외하고는 '야민정음'에 대한 사전 지식이 전혀 없는 사람이 '야민정음'을 이용해 쓰인 글을 빠르게 해독하기는 쉽지 않다. 즉 어떤 면에서 '야민정음'은 어느 유행어나 집단 방언이 그랬듯이 사용자들의 유대감이나 소속감을 강화하는 역할을 한다. 그렇기에 '야민정음'의 사용은 일종의 언어적 일탈로서도 해석할 수 있다. 단순히 일부 사용자들 사이에서 재미를 위해 시작된 언어 변용 현상이었으나, 점차 인기를 얻고 유명해져서 사회로부터 '한글 파괴', '한글의 돌연변이 사용'이라는 비판이 생기면서, 또 이미 너무 보편화되어서 다 식상해지는 것을 피하고자 하는 심리에 의해 더 의식적으로 변형 행위를 지속하게 되는 것이다. '야민정음'의 사용자들은 이를 통해 일종의 심리적 해방감을 느끼게 된다.

'닭도리탕'과 관련한 글에서도 잠깐 언급한 바와 같이 언어를 우생학적, 혹은 위생학적 관점에서 보면 이러한 '야민정음'의 표기는 한국어를 오염시키고 파괴하는 것처럼 보일 수도 있겠지만, 그렇게 부정적으로만 볼 일은 아니다. '야민정음'은 표기상으로 기발함, 창의력, 유희적 성격을 갖고 있기도 하고 또 이 흐름이 비단 오늘날에서만 있었던 것이 아니라 옛 한국어에서도, 다른 언어에서도 나타나는 것이기에 언어 사용의 한 단면으로서 중립적 시각으로 바라볼 필요도 있다. 대체로 유행어는 일정한 시간이 지나면 수그러들기 마련인데, 실제로 '야민정음'에 들떴던 언중들의 '판심(관심)'도 2020년을 전후해서는 이미 시들해지고 있는 느낌이다. 현재 『우리말샘』에 남아 있는 이러한 '야민정음'류 단어들이 얼마만큼의 생명력을 가지고 세대를 넘어 살아남을지는 미지수다. 유행하다가 살아남은 단어들은 한국어 다양성에 기여하면서 어휘사의 또다른 이야기로 남을 것이다.

※ 이와 관련하여, 박진호 교수(서울대학교 국어국문학과)가 기고한 칼럼[학술기고] "야민정음, 발랄한 문자 놀이" (2017. 9. 4. 서울대저널)(http://www.snujn.com/news/33973)을 함께 읽어보면 좋겠다.

별것을 다 줄여서
'별다줄' 하는 까닭은 뭘까요?

'별다줄'은 요즘 젊은 세대 사이에서 늘어나고 있는 줄임말 중 하나다. 상대방이 한 줄임말이 그 뜻을 이해하기 어렵거나 발음하기 어려울 때, '별것도 아닌 것을 다 줄여 말한다.'라는 뜻으로 자신의 언짢은 감정을 나타내는 신조어이다. 하지만 이 또한 줄여 쓴 것으로, 줄임말이 만연하는 세태를 희화하는 표현이기도 하다.

줄임말을 다시 줄인 줄임말이 생길 정도로 줄임말 신조어는 빠르게 한국사회에서 확산하고 있다. 80~90년대 정도만 해도 통상적인 줄임말은 '전경련', '과기부'처럼 대체로 긴 한자어의 구절 앞을 떼어 붙이는 정도로서 대체로 일종의 조어 방식으로 이루어진 것이었다. 그런데, 90년대 후반, 소위 PC통신이 등장하면서부터 '방팅'과 같은 다소 독특한 줄임말이 유행어 형태로 나타나기 시작했다. 다른 유행어처럼 한자어 아닌 줄임말 또한 유행하다가 사라지기를 반복해 왔고, 2000년대 중반까지만 해도 '초딩', '쌤'과 같이 누구나 들으면 그 뜻을 어느 정도 예상할 수 있는 것들이 주류였지만 최근에는 줄임말의 개수는 따라가지 못할 정도로 빠르게 늘어나고 있다. 이들 줄임말들은 특정 세대나 집단, 직업 안에서 은어처럼 쓰이는 경우도 더욱 흔해졌다.

어느새 이 줄임말을 만드는 현상을 가리키는 말이 국립국어원의 개방형 사전인 『우리말샘』에 2016년부터 오르기 시작했다.

별다줄(別다줄) 「001」 '별것을 다 줄인다'를 줄여 이르는 말.

이렇게 별의별 말들을 다 줄이는 이유는 무엇일까? 현대 한국어에서 언어 사용자들이 '별걸 다' 줄여내는 현상과 양상을 몇 가지 분석하면 다음과 같다.

첫째, 머리글자[두자어,頭字語] 또는 혼성어(混成語)의 방식이다. 이 방식은 어떤 면에서는 일반적인 새 단어 조어 방식에도 맞닿는 부분이 있다. 머리글자 또는 혼성은 가장 기본적이고 많이 일어나는 줄임 방식으로, 수많은 예시가 존재한다. 머리글자 줄임말은 말 그대로 단어의 맨 앞 머리글자를 따서 합성어를 만드는 방식이고, 혼성은 '스모그(smoke+fog)', '브런치(breakfast+lunch)', '라볶이(라면+떡볶이)'처럼 두 낱말의 일부가 결합하여 만드는 신조어 조어 방식이다. 신조어 차원이 아니더라도 한자어를 줄이는 방식으로 그간 한국 언어 문화 안에서도 늘상 써 왔고, '삼황오제 → 황제', '경세제민 → 경제' 등 줄어든 낱말 자체가 굳어져 기본 단어처럼 된 경우도 많다.

최근 만들어지는 '별다줄'의 머리글자, 혼성의 방식의 신조어는 다시 두 종류로 나뉘는데, 먼저 '코노(코인노래방)'처럼 생활 속에서 자주 언급되는 두 어절 이상의 어휘를 줄인 것, 그리고 '소확행(소소하지만 확실한 행복)', '알잘딱깔센(알아서 잘 딱 깔끔하고 센스있게)', '버카충(버스카드충전)'와 같이 구나 문장 단위를 줄인 것이 있다. 전자의 단어 줄임은 비교적 전통적인 방식이지만 구나 문장을 줄이는 후자의 방식은 최근 들어 젊은 세대 사이에서 빈번히 나타나고 있다. 과거 한국어에서는 그 용례가 거의 없고(물론 '백설공주'(백만인이 설설 떠는 공포의 주둥아리)), '제물포'(쟤 때문에 물리 포기했어), '옥떨메'(옥상에서 떨어진 메주)처럼 속어 차원의 은어로는 일부 존재했었으나 1993년 '토요일 토요일은 즐거워'라는 쇼 오락 TV 프로그램을 진행자가 '토토즐'이라고 한 시점부터 구어 소통에서부터 점점 확대되고 양성화된 것으로 보인다. 그 이후 2000년을 전후하여 '○○○을 사모하는 모임(○사모)'와 같은 구의 첫 글자를 따서 전체를 줄이는 방식은 한국어에서 좀 더 과감하게 사용하는 사람이 늘어난 것으로 보인다.

둘째, 발음의 유사성을 활용해 만든 줄임말들을 볼 수 있다. 위의 첫째 양상이 단어, 구, 문장의 앞 글자를 고스란히 딴 방식이라면 이 경우는 단어에 변형이 일어나지만 본래의 단어와 발음이 유사해 그 의미가 통하게 되는 줄임말이라고 할 수 있다. 이 또한 대략 두 유형으로 나뉜다. 먼저 발음을 빠르게 하고 모음을 최대한 축약하는 방식이다. 보통 단어가 받침이 없는 음절 뒤에 모음이 오는 경우 이러한 현상이 발생한다. 예컨대 '서울대학교 → 서울대 → 설대', '수원 → 숸', '포항 → 퐝' 등의 사례가 나타나고, 영어가 섞인 표현, 예컨대 'Real로 → 리얼로 → 렬로' 등으로 해서 같은 방식으로 줄임말이 만들어졌다. 다음으로 숫자나 기호를 활용하여 유사한 발음의 부분을 줄이는 경우가 보인다. 예컨대 단어를 발음할 때 같은 발음의 숫자나 기호로 대체하는 경우이다. 이는 주로 영어를 사용할 때 효과가 드러나서, 인터넷 미디어, 대중문화 콘텐츠의 이름이나 문구에서 주로 드러난다. 예로 'for → 4', 'two → 2'의 경우가 있으며 'Great → Gr8'의 형태로도 사용할 수 있다. 국어의 경우 '시아버지 → #G'의 경우처럼 기호를 활용한 경우가 있다.

이런 줄임말은 다시 같은 방식으로 다른 단어를 연이어 파생성시키는 힘을 갖기도 한다. 예컨대 공식 입장 또는 공식 발표를 뜻하는 '오피셜'은 '옷피셜, 뇌피셜, 지인피셜' 등 '○피셜'과 같은 접미파생식 조어를 보이기도 하고, '갑분싸'(갑자기 분위기 싸해짐)에서 출발하여 '갑분띠'(갑자기 분위기 띠용)', '갑분핫'(갑자기 분위기 핫해짐), '갑분수'(갑자기 분위기 수렴)과 같이 '갑분○'의 줄임말 상태의 파생성을 보이기도 한다.

휴대전화 문자 메시지 위주의 커뮤니케이션 비율이 높아짐에 따라, 젊은 세대를 중심으로 신조어가 늘어나고 있다. 최근 커뮤니케이션 방법에서 음성통화 이용량은 줄고 모바일 메신저가 차지하는 비율이 증가해왔다. 텍스트를 통한 일상대화가 주를 이루면서 야민정음과 같이 한글의 시각적 요소를 이용한 신조어들과, 짧고 빠르게 보낼 수 있는 신조어들이 어찌 보면 의사소통의 최적성과 효율성에 유희성을 더하여 빠르게 늘어나고 있는 것이다. 은어야 어느 시대이든 존재한다. 그렇지만 휴대전화나 인터넷 소통에서 최대한 손가락 입력의 에너지를 최소화하고 입말에 다를 바 없는 글말을, 손가락 속도를 높여 빠르게 입력하려는 욕구에서 생겨나는 줄임말은 과거 언어 변화 과정에는 겪어보지 못한 새로운 현상이기에 앞으로 어떤 양상으로 변화할지 주목해 볼 필요가 있다.

'잘 부탁합니다'는
어떻게 번역해야 하나요?

이 일화는 어느 방송에서 한 출연자가 비슷한 얘기를 한 적이 있긴 한데, 필자가 직접 경험한 일이기도 하다. 필자가 1998년에서 2000년 사이에 코이카(KOICA) 한국어교육 분야 단원으로 선발되어 몽골의 한 대학에서 일했던 시기, 인터넷도 잘 안 되고, 편지를 부쳐도 한 달이 지나서야 도착하는 때라 유일하게 한국 소식을 얻을 수 있는 경로는 대사관에서 얻어낸 철 지난 신문지와 케이블 TV가 나오는 다른 단원 집에 놀러 가서 '아리랑TV'를 보는 일이었다.

한번은 너덧 명이 그 집에 모여 모처럼 같이 저녁을 먹고 옹기종기 모여 '아리랑TV'로 한국 사극을 함께 보게 되었다. 화면에는 마침 문무백관들이 왕 앞에 머리를 조아리며, "전하, 성은이 망극하옵니다."를 외치는 장면이 나왔다. 화면에는 짧은 영어 번역이 자막으로 나왔는데, 웬걸, 이 말의 번역어가 "I'm sorry."였다. 같이 TV를 보던 단원들은 킥킥거리며 웃다가, "와, 도대체 이 말은 어떻게 영어로 번역해야 하냐?" 하며 번역자가 짧은 공간 안에 적당한 말을 찾느라 아주 힘들었겠다며 성은이 망극한 게 무척 미안하고 유감인 게 아니겠냐며 대충 그 번역을 이해해 주기로 한 기억이 난다. 이와 비슷한 사례를 어느 방송에서 한 출연자가 얘기를 한 적이 있는데, 이는 드라마 영어 자막을 보며 필자가 직접 경험한 우습고도 황당한 번역 사례이다.

일상 표현을 적절한 외국어로 번역하는 문제로 우스꽝스러운 장면이 연출되는 일은 한국에서도 똑같이 벌어진다. 한 유머 프로그램에서, 한 경상도 출신의 환자가 서울 큰 병원에 가서 정형외과 의사에게 '무르팍이 고마 우리한 기 쫌 켕기는데예…'라고 말해서 이것을 같이 간 서울 사는 보호자가 '무릎 안쪽에서부

터 은근하면서도 지속적인 통증이 발생하고 있는데요'라고 통역해 주었다는 유
머를 본 적이 있다. 이것이 바로 말의 뒤침[譯], 통번역의 문제이다.

외국인을 대상으로 한국어를 가르치다 보면, 한국 TV의 열렬한 팬들이 많다.
드라마나 영화를 가지고 대화를 나눠보다 보면, 드라마나 영화 내용을 심각하게
잘못 이해하고 있는 경우가 종종 있다. 드라마에서 연인을 부르는, 혹은 더러 남
편을 부르는 호칭인 '오빠'를 현지어 그대로 번역을 해서 남매 사이의 이해할 수
없는 사랑으로 완전히 오해하는 경우도 있고, 한국인들이 분명 대화에서는 뭐라
고 길게 말했는데 '문제 없어', '좋아' 정도로 모든 것이 다 함축된 채 번역되어 나
오는 경우도 있다. 어디서는 '괜찮다'는 대사가 나왔는데 이게 좋다는 건지, 안 좋
아도 참겠다는 건지, 싫다는 건지 뉘앙스나 표정으로만 대충 이해하고 번역으로
는 이해가 안 되었다는 경험담을 들은 적도 있다.

서로 다른 문화를 가진 언어 사이에서 번역은 대단히 어렵다. 한국어라는 언
어가 어려워서도 아니고 원어(혹은 출발어)인 한국어에 없는 다른 언어의 단어와
표현을, 그것도 효율적인 표현으로 찾아내야 한다는 점에서 대역어(혹은 목표어)
의 섬세하고 높은 실력이 요구된다는 점에서 어렵다. 그래서 한국어교육에서 뛰
어난 한국어 통번역가를 양성하는 것이 높은 목표이자 이상이기도 한데, 그러기
위해서는 한국어를 영어 등 다른 언어로 번역하는 사람의 수준 높은 자국어 실력
과 더불어, 한국어를 표면적인 언어표현뿐만 아니라, 한국 사회를 깊이 이해하고
문화까지 폭넓게 이해하려는 노력과 태도가 중요하다고 본다.

한국어교육 바람이 크게 일어난 지도 어느새 20년을 넘어가고 있고, 이제는
어느 부분에서는 단순히 의사소통, 듣기/읽기/쓰기/말하기의 기능 교육을 넘어
서 문화 교육을 포함한 수준 높은 통번역 교육, 그리고 사용역(使用域)과 언어 기
능을 넘나드는 매개(媒介, mediation) 능력을 강조하는 지점으로 새로운 분위기가
형성되고 있는 것도 사실이다. 또 기계번역의 기술력을 활용하여 이를 다듬는 번
역 후처리(포스트 에디팅), 기계 번역이 알아듣고 이해하기 쉽도록 구문이나 단어
를 조정하는 번역 전처리(프리 에디팅) 같은 논의들도 한국어교육 안에서 새롭게
제기되고 있으니 한국어교육에 관심을 가진 독자들이라면 이러한 새 경향에 주

목할 필요가 있다고 본다.

전 세계의 한국어교육의 흐름도 언어 습득과 소통에서 좀더 미시적이고 전문적이면서도 사회문화를 중시하는 방향으로 흘러가고 있는 듯하다. 필자가 몽골에서 처음 한국어를 가르칠 때만 하더라도 한국어를 할 수 있는 사람이 귀했고, 희소성이 컸다. 그러나 그로부터 20여 년이 흐른 지금, 몽골에는 꼭 한국어과를 전공하지 않더라도 한국어를 대충이라도 말할 수 있는 사람은 그야말로 지천이 되었다. 나라에 따라서 사정은 크게 다르겠지만 이제 한국어과를 나왔다면 좀 더 정치, 경제, 문화, 국제관계의 여러 시사에 밝고, 양국의 전문적인 정보를 서로의 언어로 옮겨줄 수 있는 역량이 어느 정도는 뒷받침되어야 할 때가 되었다. 취미로 배우는 한국어와 전문가로서 연구하는 한국어를 구별해야 할 때가 온 것이다. 이웃 나라인 중국에서도 역사가 오래 된 한국어(조선어)과를 중심으로 기존의 한국어교육 교과 외에 통번역 교과를 따로 두고 교육 역량을 강화하고, 이어서 통번역사 시험을 공적으로 인증하는 체계를 갖추어 가고 있다.

한국 정부의 지원을 받아, 세종학당에서도 2020년 '세종학당 통번역과정 기본모형'을 개발하고 12개 언어권별로 통번역 교재를 개발하는 사업을 시작하였다. 물론 이 교재는 본격적인 통번역 교과 이전, 통번역을 한국어교육의 차원에서 경험하고 도전하는 데 더 주력하고 있으나 한국어교육의 새로운 전환을 시도하는 의미있는 변화 중 하나라고 본다.

한국의 국력이 강화되고 한국에 대한 정보가 이전보다는 훨씬 정밀하고 정확하게 옮겨져야 한다는 전문적 요구가 커지고 있다. 또한 문화 콘텐츠가 대단히 전 세계적으로 대단히 큰 유행을 얻으면서 한국어로 된 콘텐츠가 한국의 말맛과 느낌을 유지하면서 어떻게 현지어로 옮겨져야 하는가에 대한 문제도 더욱 진지하게 다루어지는 추세이다. 한국어교육에 관심을 두고 있는 사람들이라면, 이제 한 단계 심화된 통번역 과정을 운영하고 가르칠 수 있는 역량과 가르칠 거리를 준비해 나가가 한다고 본다.

※ 위에서 언급한 '매개'라는 학술 개념은 최근에 주목받고 있다. 특히 유럽이라는 다언어 공간에서 언어 사용의 참조 기준으로 적용하고 있는 '유럽공통참조기준(CEFR)'에서는 최근 개정판에서 '매개' 능력을 대단히 격상시킨 바 있다. 이에 대해서는 다음의 연구 논문을 참고하면 좋을 것이다.

• 김호정·강남욱·신필여·박민신(2021), "한국어교육에서의 '매개(mediation)' 영역 설정의 필요성과 방향", 『언어와 문화』 17-3, 한국언어문화교육학회. (pp.51-87)

덕력 높은 덕후의 덕질은
어떻게 이해해야 할까요?

요즘 한국 사회에 유행하는 '입덕, 탈덕, 덕후 …' 등 그 유래가 무엇인지도 비교적 많이 알려진 속칭 '덕'류 단어와 표현이 있다. 이들은 '어떤 일에 아주 몰두하는 것, 그래서 전문가 수준이라고 인정할 만한 수준 현상'을 나타내는 데 쓰는 말이다. 어떤 일이나 취미 등 처음으로 발을 디디면 '입덕', 잠깐 쉬면 '휴덕', 거기에서 빠져 나오면 '탈덕'이라고 하고, 이러한 행동에 빠진 이를 '덕후'라고 한다.

요즘 유행어에서 파생접미사처럼 쓰이는 이 '덕'의 생산성은 놀랍다. '밀리터리덕후(이를 줄여서 '밀덕'이라고 한다)', 힙합과 더하여 '힙덕', 스타벅스 커피만 마시는 이는 '스덕', 중독적인 행위를 뜻하는 '덕질', 이런 행위의 수준이나 정도를 뜻하는 '덕력', 자신의 비밀을 만천하에 드러낸다는 의미를 가진 커밍아웃에 빗대어 만든, 즉 덕질을 하는 것을 고백한다는 의미로 쓰는 '덕밍아웃', 그리고 "어떤 연예인을 덕질을 하는 사람은 정작 그 연예인을 잘 못 만난다."는 일종의 '머피의 법칙' 같은 '덕계못(덕질하는 이는 계를 못 탄다)', '어차피 덕질할 거 행복하게 덕질하자'라는 말을 줄여 두문자 조합으로 만든 '어덕행덕'까지 '-덕'의 생산성은 실로 무궁무진해 보여 어디까지 번져나갈지 궁금하다.

주지하듯 이 '덕'의 시초는 일본어에서 온 '오덕(후)'이다. 이는 1980년대 말에서 1990년대 초 일본에서 부정적으로 널리 쓰이게 된 '오타쿠(オタク, おたく, ヲタク)'를 가져다가 '오덕(후)'라고 적고 비슷하게 발음하던 것에서 시작된 것이다. '오타쿠'는 미야자키 쓰토무(宮﨑勤)라는 유아 연쇄 살인자가 만화광이었던 것에서, 그 의미와 쓰임이 부정적으로 쓰이기 시작했다. 1989년 미야자키 쓰토무 사건에 대한 언론 보도를 통해 '특정 대상이나 일에 지나치게 집착하는 사람'을 부

정적으로 평가하게 된 '오타쿠'를 90년대 이후 한국에서 '특별한 영역에 집중하는 사람'을 지칭하는 새로운 표현으로 쓰게 된 것이라고 할 수 있다.

필자가 교육 현장에서 처음 '오덕(후)'라는 말을 접한 것인 90년대 중반이다. 한참 '우주 배경 전쟁 게임: 스타크래프트'가 PC방을 점령하고, 1998년 말 일본 문화 개방이 시작되면서 젊은이들이 전자오락 게임과 만화 등에 열광하고 중독되어가는 현상 속에서 이를 비판하는 표현으로서 '오덕(후)'는 널리 퍼지게 되었다.

일본어 표현 중 광복 이후 한국에 가장 많이 전파된 표현은 '오타쿠'와 '히키코모리(引き籠もり: 방 구석에 박혀서 사회생활을 하지 않는 사람)', '이지메(苛め, イジメ: 집단따돌림)' 등이다. 이들 단어들은 모두 일본 사회에서는 부정적인 의미를 나타내고 있다는 공통점을 지닌다. 이들 단어의 유입과 정착은 매우 특이하다. 일본어의 유입에 대한 당연한 반발과 거부감 때문에 광복 이후 그 유입을 막던 한국 사회에서도 일본의 부정적 현상을 담고 있는 이들 표현의 유입은 허용할 수 있다는 한국 사람들의 암묵적인 합의 덕분이라고 할 수 있는 것이다.

이 중 '오타쿠'는 한국어식 음가로 '오덕(후)'처럼 발음되면서 다시 '덕후'로 파생되고, 우리가 쓰는 한자어 '덕(德)'과 그 형태적 유사성에 힘입어 의미적 유사성까지 이용하면서 일종의 접미사처럼 자리 잡게 되었다고 할 수 있다. 이러한 과정을 통해 앞서 이야기한 모든 '-덕'류 단어들에, 원래의 뜻과 발음에서 멀어진 채 '덕(德)'이라는 형태의 의미 강화를 받아 상용하게 된 것으로 볼 수 있다.

인터넷에서 '덕후'를 찾아보면 한국어 사전에 새로이 어휘 목록에 등재되었다는 정보가 보인다. 이는 오해이다. 표준국어대사전에 '덕후'라는 단어가 있기는 하다. 그런데 그 덕후는 덕후-하다(德厚하다)라는 단어의 어근이다. 이는 형용사로서 '덕이 후하다'라는 의미를 지닌 단어이다. 현대국어에서는 잘 쓰지 않는 다른 의미의 단어이다. 이런 의미로는 '덕후하다'라는 말 대신 '후덕하다'라는 단어를 쓴다.

대중들이 어떤 표현을 쓰든 그것이 현대를 함께 살아내는 언중에게 유용하다면 그것으로 가치는 충분하다고 할 것이다. 하지만 그 어원과 연원을 알지 못하고 쓰는 것과 알고 쓰는 것은 다르다. 우리가 어떤 한 영역의 전문가를 고상하게 "당신은 참 '덕후'시네요"라고 쓰지 않는 것을 보면 요즘 유행하는 '덕후'라는 단어는 아직 공식적인 표현이라고 하기는 어렵다. 게다가 그 어원을 찾아보아도 의미가 바람직한 단어라고 보기는 어렵다. 문제는 '덕후'라는 말의 한국사회 침투 속도와 영향이 너무도 빠르고 강하여, 일상적인 대화에서 그 자릿값을 대신할 단어가 없을 정도로 쓰임을 넓혀가고 있다는 데에 있다. 한국어로 특정 영역을 좋아하고 잘하게 되면, '전문가'와 '덕후' 사이 어디쯤에 있다고 보아야 할까? 현재 한국어에서 어떤 일을 아주 좋아하는 사람, 잘하는 사람을 지칭하는 표현을 고유 한국어로 표현하기를 잃어버린 시대를 살고 있는 것이 아닐까 염려가 된다.

군이 고유 한국어로 '덕후'를 대응시켜 보면 '-장이/쟁이' 어디쯤일 것인데, 애호가, 마니아 등의 표현을 썼던 것 외엔 필자도 이제 덕후를 대체할 만한 단어가 쉬이 생각나지 않는다. 그래서 '덕업일체'라는 말은 참 대단해 보인다. '좋아하는 취미와 직업이 하나가 된 것'을 의미하는 이 '덕업일체'라는 단어는 전통 철학에서 사용하던 '물아일체(物我一體)'에서 조어 방식을 가져온 것임을 알 수 있다. 일본어 '오타쿠'에서 변형 정착된 '덕'을 가져오고, 한자 사자성어 '물아일체(物我一體)'를 본따 만든 이 '덕업일체' 표현이 몇십 년 후 누구나 아는 사자성어로 자리잡을지도 모른다. 일상에서 말 쉽게 함부로 하고 살면 안 되겠구나 하는 생각이 든다. 말과 글을 쓰고 가르치는 '덕후'로서 이렇게 '-덕'류 신조어를 정리라도 해 두지 않으면 안 되겠다는 생각에서 관련 단어 정리를 해 보았다.

4부
형태와 문법

(건강과 행복을 빌어주는) '건강하세요, 행복하세요.'는 여러 사람이 실생활에 서는 자주 사용하지만 문법과 어법으로 보면 올바르지 않은 문장이다.
-본문 중에서

'개맛있으면' 맛있는 것보다
더 맛있는 건가요?

'개이득', '개좋아', '개맛있음'. 요즘 젊은 세대 대화에서 자주 들을 수 있는 표현들이다. 이들 표현에서 접두사 '개-'는 '아주, 매우'라는 뜻으로 쓰이며 긍정적/부정적 명사, 동사, 형용사 등 거의 모든 품사에 붙어 쓰인다. 표준어 용법 규정에 맞지 않고 젊은 세대를 중심으로 한정된 세대 소통에 쓰이기는 하지만 점점 더 유행하는 것을 보면 현재 한국어에서 매우 활발한 조어력을 가진 접두사임에 틀림없다.

접두사 '개-'가 붙은 말이 비속어라는 인식이 있기 때문인지는 모르겠으나, 이 말은 구어상으로 무척 왕성하게 쓰이면서도 공중파 방송 등에는 자막으로 접두사 '개-'를 표현하려고 동물 개의 그림이나 사진으로 대체하여 나머지 단어(문장)와 함께 표기하는 경우가 많다. 그러한 자막을 보면 접두사 '개-'의 어원이 동물 개에서 비롯된 것일까 하는 의문이 들기도 한다. 어떤 연유로 인간과 가장 가까운 반려동물인 개를 가져와 접두어로 사용하게 되었을까? 아니면 동물 개와 관련 없는 '개-'일까?

지금의 접두사 '개-'의 어원이 될 수 있는 첫째 가설은 원래 부정 의미로 명사에 일부 붙어 쓰이던 접두사 '개-'의 용법이 긍정 의미까지 확대되었다는 것이다. 고려대출판부 『한국어대사전』과 국립국어원 『표준국어대사전』에 접두사 '개-'를 검색해보면 다음의 서너 가지 뜻풀이가 나온다.

개- [접사]

(1) 일부 명사 앞에 붙어, '야생 상태의' 또는 '질이 떨어지는', '흡사하지만 다른'의 뜻을 더하는 접두사.

(2) 일부 명사 앞에 붙어, '헛된', '쓸데없는', '보잘것없는'의 뜻을 더하는 접두사.

(3) 부정적인 뜻을 가지는 일부 명사 앞에 붙어, '정도가 심한', '엉망진창의'의 뜻을 더하는 접두사. 예 개망나니, 개잡놈, 개꼴

(4) 일부 명사 앞에 붙어, '보잘것없는'의 뜻을 더하는 말. 예 개폼, 개사망

　　(1)의 뜻을 가지는 단어의 예로 '개금, 개꿀, 개떡, 개먹, 개살구, 개철쭉' 등이 있으며, (2)의 용례로는 '개꿈, 개나발, 개죽음, 개수작, 개폼' 등을, 그리고 (3)의 뜻을 가지는 단어로 '개망나니, 개잡놈, 개꼴' 등을 찾아볼 수 있다. 이 중 지금 최근에 활발하게 쓰이는 접두사 '개-'와 의미상 가장 비슷한 뜻을 가지는 풀이는 (3)에 해당한다고 할 수 있는데, 이때의 '개-'는 사전에서는 "부정적 뜻을 가지는 일부 명사 앞"에서만 제한적으로 붙어 쓰일 수 있다고 설명하고 있다. 그렇게 보자면 여기서 이야기하려는, 다음과 같이 쓰이는 접두사 '개-'의 용법과 사전과는 분명 차이가 있다.

(1) ㄱ. 이것 좀 봐줘 진짜 개웃겨 죽겠음. 〈다음 카페〉

　　 ㄴ. 조별과제 개싫다, 진짜. 〈네이버 블로그〉

(2) ㄱ. 오늘 욕 개먹었어. 〈디시인사이드〉

　　 ㄴ. 오늘은 개뛰어서 지각은 면했다. 〈다음 카페〉

　　 ㄷ. 토익 열심히 했는데 개망했다. 〈해커스 토익 게시판〉

(3) ㄱ. 이것저것 사느라 돈 개많이 썼음 ㅠㅠ 〈네이버블로그〉

　　 ㄴ. 개씨발 인터넷 개존나 빡치네. 〈네이버 블로그〉

　　 ㄷ. 진짜 진짜 개진짜 잘 잔다. 〈디시인사이드〉

위 (1), (2), (3)은 인터넷에서 접두사 '개-'를 활용한 문장들을 찾아 나타낸 것이다. 이를 보면 접두사 '개-'는 '먹다', '뛰다'와 같은 동사와 '웃기다', '싫다' 등의 형용사, '많이', '존나', '진짜' 같은 부사에는 물론이고 심지어는 감탄사인 욕설에도 붙어 쓰이는 것을 알 수 있다. 이와 같은 용법들은 사전에는 수록되어 있지 않은 신조어로서, '정도가 심한'이라는 의미를 강조하고 부각시키기 위해 새로운 파생어들을 만들어내고 있는 것이다.

사전과 다른 용법으로 쓰이는 부분은 또 있다. 본래의 접두사 '개-'는 부정적 뜻을 가지는 표현 앞에만 붙어 쓰일 수 있다. 하지만 위의 사례와 같이 현재의 접두사 '개-'는 부정적인 의미뿐만 아니라 긍정적인 표현에 붙어 쓰이고 있다.

접두사 '개-'의 어원에 대해 생각해볼 수 있는 것이 하나 더 있다. 동물 '개'와 연관되어 있다는 것이다. 사실 '개'라는 말을 들으면 접두사보다는 동물 개의 모습이 먼저 떠오르는 사람이 많을 것이다. 그만큼 개라는 동물이 인간에게 가장 가까운 동물이며, 생활에 밀접하게 관련되어 있다는 것을 다시금 느낄 수 있다. 개에 대한 긍정적인 반응이 있는 반면, 언어생활에 등장하는 개에는 부정적인 용례도 무척 많다. '개자식', '개새끼'와 같은 욕설 표현 외에도 '개만도 못하다.', '개(짖는) 소리 하네.', '술만 먹으면 개가 된다.' 등의 많은 표현이 속된 표현으로 오가는 편이다. 이들은 모두 사람을 개에 비유하며 그 사람에 대한 부정적 감정을 드러내는 표현들이라 하겠는데, 이게 꼭 한국어만 그런 것이 아니어서 영어의 'son of bitch'와 같은 구(句) 단위 욕설 표현도 암캐를 비하하여 가리키는 'bitch'에 연결되어 있음을 볼 수 있다.

그렇다면 개는 언제부터 부정적인 표현에 연관되어 쓰였을까. '개'의 초기 형태는 '가히'로, 15세기경부터 쓰이기 시작하였다. 이후 17세기부터는 현재와 같은 '개'로 쓰였다. 개가 부정적 의미로 쓰이기 시작한 것은 19세기부터인 것으로 보인다.

내가 죽으면 죽엇지 엇지 개갓흔 도젹을 위하여 편지할 리치가 잇셧
갯느랴. 〈19세기 후반 추정, 정수정전(여장군전), 59〉

무도하고 개갓튼 오랑캐게 내 엇지 무릅을 꿀니요 〈19세기 후반 추정,
　　정수정전(여장군전), 59〉

위 문장에서는 '개갓튼 오랑캐', '개갓흔 도적'이라는 표현을 사용하였다. 현
재에도 쓰이는 '개같다(개같은)'이라는 표현을 통해 도적을 비하하고 낮잡아 부르
고 있는 것을 볼 수 있다. 15세기만 해도 〈구급방〉과 같은 문헌을 보면 '개'는 비
교적 객관적으로 쓰였다. 그리고 개가 인간 생활에 가까운 동물이 되면서 다음과
같이 친근하고 긍정적인 이미지로 표현되기도 했다.

집 사룸이 발셔 갓시니 가히 나올지라 흔디 그 기 즉시 쇼리롤 치고
　　나오니 〈1852태상해,3,8a〉

그런 동시에 비슷한 시기인 19세기 무렵부터 '개'에는 부정적인 의미, 비하하
는 의미도 나타나는 것으로 보인다. 이것이 언제부터였는지 정확한 유래는 나와
있지 않고, 어원 또한 알려진 바가 없으나 '금수보다 못하다', '짐승 같은 놈' 등과
같이 인간에게 짐승보다 못하다는 말을 붙여 부정적 의견을 표현한 것처럼, 인간
에게 가장 가까운 짐승인 '개'에 인간을 비유하여 비하하는 표현으로 사용한 것으
로 보인다. 사전에 쓰인 접두사 '개-'의 어원은 그러한 점에서 부정적인 의미,
혹은 비하의 의미에서 출발했을 수도 있다.

언중의 창의적인 어휘 의미 확장 과정에서 '개-'가 선택된 인지적 과정을 논
리적으로 기술하기는 어렵겠지만, 대략 용례나 특성으로 보았을 때 대체로 부정
적인 차원의 접두사로 확장적으로 쓰이기 시작하다가('개싫다, 개나쁘다, 개더럽다'
등) 차차 이것이 '진짜/정말, 아주/너무, 대단히'를 뜻하는 쪽으로 옮겨갔을 가능
성이 크다.

접두사 '개-'는 국어 문법을 파괴하는 표현으로 사용을 지양해야 하는 것일
까? 인터넷에 접두사 '개-'의 사용에 대한 글을 읽어보면, 대부분의 저자가 접두
사 '개-'의 사용 실태를 보며 언짢음, 불편함을 느끼고 있는 것을 알 수 있다. '개'

라는 말을 들으면 부정적인 느낌이 들 뿐만 아니라 사전에 나와 있는 용법으로 사용하고 있지 않다는 이유에서 말이다. 하지만 현재의 접두사 '개-'는 다른 단어와 같이 일정한 규칙을 가지고 쓰인다. '개-'의 뜻보다 더욱 의미를 강조하는 뜻을 가진 접두사들이 등장하기도 하는 것이 그 예이다. '개-'에 거센소리를 더한 '캐-'나, '핵처럼 강하게/세게'라는 의미를 가진 '핵-'이 그것이다. '개-'가 '캐-'로 변형되어 쓰이는 것은 거센소리 'ㅋ'을 사용함으로써 표현적 효과를 강화하려는 시도이며, '핵-' 또한 '개-'보다 강하고 효과적으로 표현하기 위해 쓰인다. '진짜'는 본래 명사로만 쓰였으나, 언중들이 '진짜 좋아해', '진짜 배고파'와 같이 부사로 쓰면서 부사로도 쓰일 수 있게 되었다. 국어 사용자에 의해 사전의 용법이 바뀌게 된 것이다. 즉 본디 부정적인 서술어와 반드시 짝이 되어 쓰였던 '너무'가('너무 힘들다, 너무 못됐다, 너무 속상하다' 등) 오늘날 자연스럽게 긍정적 문장과 표현에서도 사용하고('너무 맛있다, 너무 예쁘다, 너무 행복하다' 등) 이를 표준 어법에도 받아들이고 있는 것처럼 접두사 '개-' 역시 '너무'처럼 긍정적 의미를 감정적으로 강하게 강조하기 위해 쓰이게 되었다는 추정을 해볼 수 있겠다.

이처럼 어휘는 언중들의 사용에 따라 새로 생겨나기도, 변화하기도 하며 다른 어휘와의 경쟁을 거치며 사라지기도 한다. 한때 유행했던 '캡(쑝)', '짱', '킹왕짱' 따위가 지금의 '개-'에 밀려 더이상 쓰이지 않는 것처럼 말이다. 지금 인터넷에서 '캡-' 등의 접두사를 사용한다면, "도대체 몇 년대 사람이냐."라는 반응이 돌아올 것이다. 언젠가 '개-'도 또 다른 표현에 밀려 사라질 수도 있고, 반대로 무사히 살아 남아 생산적인 조어력을 갖춘 접두어로 사용될 수도 있을 것이다.

이러한 어휘의 생성, 변화, 소멸은 언어의 자연스러운 속성이다. 오늘날과 같은 인터넷과 개인 사회소통망(SNS) 시대에 새 어휘들은 언중들의 사용 빈도에 따라 그 주기가 매우 빨라진 듯하다. 기술의 발달로 소통의 방법이 다양해져서 매일같이 생겨나고 사라지고 있는 만큼, 어휘 사용의 다양성이 증가하는 것 또한 인정해야 한다. '개좋아' 등의 표현이 비속어이고 자리에 맞지 않게 쓰게 되면 듣는 이 입장에서는 거북한 것이 당연하겠지만, 새말의 탄생에 대해서 지나치게 예민하게 생각할 필요는 없다고 본다.

'자동차'의 형태소는
과연 몇 개일까요?

문법에서 형태소는 '뜻(의미)를 지닌 최소 단위'로 정의한다. 이 형태소 개념은 중학교 교육과정 정도에서 접하게 되는데 아마 대다수의 독자들은 헷갈리고 혼란스러웠던 기억을 가지고 있으리라 생각한다.

형태소는 '소(素)'에 주목하여 이해하면 도움이 된다. '소(素)'는 바탕이고 본질을 가리키는 말이다. 그렇기 때문에 화학에서 물질을 이루는 기본적이자 최소한의 요소를 '원소(元素)'로 명명하였다. 예컨대 산소 원소는 깨트리면 산소로서의 고유의 성질을 잃게 된다. 형태소 역시 마찬가지여서, 예컨대 '바다, 하늘, 산'과 같은 것은 더 이상 쪼갤 수 없으므로 하나의 형태소로 이루어진 단일어라고 하고, '돌다리, 봄비, 산나물'과 같은 것은 '돌+다리, 봄+비, 산+나물'과 같이 더 쪼개어질 수 있으므로 둘 이상의 형태소가 결합한 복합어라 한다.

덧붙이자면 이 '형태소' 개념과 관련하여 '의미소(義味素)'라는 개념이 있다. 의미소는 그 대상의 관념이 유지되는 최소한의 의미 단위이다. 위에서 든 '산나물'은 '산'과 '나물'로 떼는 순간 그 대상의 관념이 더 이상 유지되지 않으므로 하나의 의미소이다. 이는 명사뿐만 아니라 '돌아서다'와 같은 용언(동사)도 형태소로는 네 개로 뗄 수 있지만 관념상으로는 하나의 의미소를 이루며, 이때 '돌아서다'라는 관념 하나가 별도의 개념을 가진 어휘를 이룬다는 뜻에서 '어휘소(語彙素)'라는 용어를 쓰기도 한다.

오래전에 학생 한 명이 수업 중에 '자동차'의 형태소는 어떻게 분석하는지, 몇 개인지를 질문하여 형태소를 분석하면서 재미있는 시간을 나눈 기억이 있다. 그때 나는 질문한 학생들에게 '자동차'의 형태소가 몇 개라고 생각하는지 물어보았다. 세 개라는 학생이 제일 적었고, 그 나머지 반반 정도가 각각 두 개, 한 개로 답했다.

나는 세 개라고 답한 학생들에게 왜 세 개로 분석했냐고 물어보았다. 한 학생이 나서서 대답하기를, '스스로 자(自), 움직일 동(動), 수레 차(車)' 이렇게 한자 세 개로 이루어져 있고, 그 한자 하나하나가 각각의 최소한의 의미를 가지고 있으니 형태소로 보면 세 개 아니겠느냐고 했다.

다음으로 두 개라고 대답한 학생들에게 두 개인 이유를 설명해 달라고 했다. 한 학생이, '자동+차' 이렇게 두 개가 된다고 하면서 영어로도 자동차는 'auto(자동)+mobile(이동 수단)'이라고 어원을 알고 있다고 하면서, '자동문'과 비교해 봐도 '자동'과 그 나머지 '차'와 '문'이 분리되어 보이니까 그렇게 해서 두 개가 아니겠냐고 했다.

마지막으로 한 개라고 대답한 학생들에게 왜 한 개로 분석했는지를 물어보았다. 누가 선뜻 손들어 얘기하지는 않았지만, 언뜻 누가 "자동차면 그대로 자동차지 뭘 나눠요! 그걸 나눠서 보는 게 이상한 사람들이에요." 한다.

언어학에서 이루어지는 공부들이 대부분 그렇듯이 형태소를 분석하는 것은 결과만을 가지고 맞고 틀리다 견주기보다는 생각해 온 과정을 나누고 그 근거를 얘기하고 합리적인 것이 무엇인지 함께 토의하는 것이 훨씬 유익하다. 한자어의 형태소를 분석하는 것은 정확한 답이 나지 않는다는 이유로 일종의 기피 사항처럼 되어 있는데, 이처럼 재미있게 얘기해 볼 수도 있다.

원칙적으로 한자어는 뜻글자이기 때문에 한 글자 한 글자를 하나의 형태소로 본다. 그렇지만 한자어를 구성하는 각각의 음절이 무조건 독립된 형태소라고 볼 수는 없다. 현재 중국어에서 이들 각각의 한자를 하나의 독립된 형태소로 보거나 그렇지 않거나의 여부를 떠나, 이 문제는 한국어의 한자어로서 독립적인 의미를 갖고 있는지, 아니면 두 개 이상의 의미로 분리될 수 있는지의 문제에 집중하여야 한다.

예컨대 '공부(工夫)'라면 이것의 연원이 당(唐) 이전 불교 용어로 거슬러 올라가 '공부(功扶)'가 어원이 되며 '공'과 '부'가 각각 철학적 의미가 있다는 식의 심각한 고찰을 할 필요까지는 없고, 다만 오늘날 우리가 한국어로 '공부'라 하면 그 자체로 분리할 수 없는 하나의 의미가 된다는 것을 기준으로 하여 하나의 형태소로 판정하면 된다(참고로 현대 중국어에서 '공부'는 '여유나 짬', 혹은 '재주나 기술'의 뜻으로, 일본에서는 '묘수나 전략을 꾀하는 것'으로, 한국에서는 '학업을 닦는 것'으로 뜻이 바뀌었으니 이 자체를 비교하는 것도 재미있는 일이다). 이 밖에도 '포도(葡萄)'나 '산호(珊瑚)', '과실(果實)'이나 '도로(道路)'처럼 무언가 각각의 한자가 다른 종(種)이나 사물을 가리키는 것 같으나 현재로서는 하나의 의미에 한정되어 있다면 이 역시 굳이 개별 글자를 각각의 형태소로 나누지 않아도 된다.

여기에 '물론(勿論)', '어차피(於此彼)', '별안간(瞥眼間)'처럼 이제는 한자어인 줄도 모르고 쓰이는 한국어의 부사어들도 굳이 한자를 각각 밝혀 형태소로 나눌 이유가 없고, '김유신(金庾信)', '이순신(李舜臣)'과 같은 고유명사와 인명도 개별 한자어로 접근하여 형태소를 분리할 필요가 없다.

'자동차'의 형태소 분석을 주고받은 날, 나는 학생들에게 다시 생각해볼 만한 추가 질문을 했다.

먼저 '자동차'가 형태소 세 개라고 대답한 학생에게는, '그럼 '자전거'는 형태소가 몇 개로 보이냐'고 물어보았다. 대뜸, "어…… 그건 한 개 아녜요?" 한다. 자전거를 이루는 세 개의 한자 '自轉車(자전거)'를 정확히 모르니, 앞서 자동차의 형태소가 한 개라고 한 학생처럼 '자전거가 자전거지 뭘 어떻게 나눠요!' 하는 차원이 된 것이다.

다음으로 '자동차'가 '자동+차'라고 하여 형태소 두 개라고 말한 학생에게는 그럼 문법에서 배우는 '자동사(自動詞)'는 형태소가 몇 개로 보이냐고 했다. 조금 생각하더니 그래도 두 개 같다고 한다. 나름대로 분석해 보니 '타동사와 자동사'는 '자동차와 자동문'과 다르게 분리되는 것처럼 보인다고 했다.

그리고 'car'를 예로 들어 자동차의 형태소가 하나라고 이야기한 학생에게는 여담인데 그럼 혹시 'cars'의 형태소는 몇 개 같냐고 물어보았다. '으잉?' 하는 표정을 짓더니 '자동차가 여러 대면 형태소도 두 개 이상인가요?' 한다. 한국어에는 없지만 '(e)s'도 형태소가 될 수 있다는 것을 이야기했더니 국어 선생님인데 영어 얘기를 한다고 재미있어 했다. 형태소 개념은 국어 시간에 배우지만 한국어에만 있는 게 아니라는 것을 알아내는 것도 학생들에게 의미 있는 학습 경험이 된다.

'좋아요'는 'good'일까요, 'like'일까요?

　　최근 감소 추세이기는 하나, 전 세계에서 접속하는 월간 사용자 수가 대략 20억 명을 넘나드는 세계 최대 사회소통망(SNS) 중 하나인 '페이스북(facebook)'에서는 자신이 올린 메시지나 인용에 대해 친구들이 공감을 표시할 수 있게끔 되어 있다. 이를 가리켜서 '공감 버튼'이라고도 하는데, 공감 버튼에 있는 엄지손가락 아이콘은 페이스북이라는 이름을 들었을 때 바로 떠오르는 대표 상징이기도 하다. 읽어본 횟수(조회수)와 함께, 감정 이모티콘을 얼마만큼 받았는지를 보는 것도 어떻게 보면 '인싸(인사이더)'를 확인하는 기준처럼 되어 있어서 누군가의 글을 읽을 때마다 몇 개를 받았는지, 누가 무슨 표시를 했는지 살펴보게 된다.

　　사용 중에 언뜻 알아챘는지는 모르겠지만, 여기에 한 가지 재미있는 사실이 있다. 기본 설정값이라고 할 수 있는 미국 영어판 페이스북에는 'like'라고 되어 있는 공감 표시가 한국어판 페이스북에는 '좋아요'로 번역되어 있다는 점이다. 한 사이트에서는 세계 여러 나라 버전의 페이스북 'like' 표시를 소개하고 있는데, 구경해 보는 재미가 있다. 몇 가지 소개를 하면, 일본어는 'いいね', 중국어(번자체 기준)는 '讚好/讚'를 쓰고 있고, 포르투갈어는 'Gosto(포르투갈)'과 'Curtir(브라질)'로 국가에 따라 다르게 쓰고 있다. 여러 나라 말들 중 특히 자바어판 공감 버튼은 'seneng'으로 되어 있는데, 이 단어는 '(기분)좋다, 기쁘다' 등의 뜻을 가지고 있어 한국어 '좋아요'와 가장 비슷하다.

　　학생들과 문법론 강의를 하면서 종종 이 페이스북의 자료를 보여주면서 한국어의 '좋다'와 '좋아하다'의 문제를 탐구해 보기도 한다. 먼저 이렇게 탐구 문제를 제시해 본다.

204

- 사전을 보면 'like'는 동사이고 '좋다'는 형용사다. 동사와 형용사의 정의는 무엇인가?
- 표준국어대사전에서 '좋아하다'와 '좋다'를 찾아 뜻을 확인해 보자. '어떤 게시물을 좋아하는 것'과 '어떤 게시물이 좋은 것'에는 의미상 어떤 차이가 있는지 이야기해 보자.
- '좋아요'는 단순히 'like'의 번역어로 쓰인 걸까? 페이스북은 왜 한국어판 공감 버튼을 '좋아요'라고 설정했을까? 가정을 세워보자. (예: 페이스북 한국어 담당자의 번역 오류? 한국인의 일반적인 언어 사용 반영? 별생각 없이 그냥?)

이렇게 한번씩 스스로, 또 동료 그룹과 함께 탐구하고 토의해 보면서 품사의 문제에 대해, 특히 이 주제에서는 한국어의 용언의 분류가 가진 어려움에 대해 직접 느끼도록 한다.

세계 어느 나라 말이든 단어는 문장이나 글을 이루는 가장 핵심적인 재료가 된다. 예컨대 단어는 레고(LEGO) 블록 조각과 같다. 그 조각들 몇 개를 붙여 작은 단위의 한 부분을 만들기도 하고(문장), 그리고 제품 포장면 사진에 있는 것처럼 근사한 전체 세트(담화/텍스트)를 완성하기도 한다. 블록은 때로 한 조각만으로도 충분히 제 역할을 할 수도 있고, 또 개중에는 반드시 어떤 조각에만 어울려야 하는 조각도 있다. 인간은 창의적이기 때문에 꼭 하나의 결과물만을 만들지 않고 같은 집을 만드는 블록이라도 다른 디자인으로, 다른 색을 넣거나 패턴을 넣어 만들 수 있다. 언어도 마찬가지여서 약속된 체계, 규격, 제약이 있지만 주어진 재료를 활용하여 각자 창의성을 가미해서 원하는 표현을 만들어낸다.

레고 조각에 해당하는 '단어'는 가짓수와 개수가 너무나도 많기 때문에 이를 체계적으로 분류할 필요가 있다. 마치 마트나 슈퍼마켓에서 물품별로 공간과 선반을 달리해서 진열하는 것, 또는 휴대전화와 컴퓨터에 저장된 수많은 사진들을 폴더 이름을 붙여 옮겨 넣는 것과 같은 이유이다. 이렇게 분류를 한 결과가 바로

'품사(品詞)'이다.

외국어 교육을 포함하여 언어 교육의 방향이 많이 달라지기는 했지만, 꽤 오랜 기간 동안 품사에 대한 교육은 분류에 대한 과정에 주목하지 않고 그 결과를 외우고 평가하는 데에 강조를 두어 왔다. 그러나 교육의 본질은 요컨대 휴대전화에 저장된 사진을 옮겨 담은 폴더 이름만을 외우는 데에 있지 않고 자기주도적으로 자신의 사진을 분류하여 옮겨 넣을 수 있는, 혹은 일반적인 분류 명칭이 무엇인지 이해할 수 있고 적용하는 데 있다고 하겠다. 품사와 관련한 지식 역시 마찬가지로, 결과보다는 과정에 주목하고 과정을 논리적으로 이해하고 궁금한 것을 추려내 질문할 수 있는 능력에 있지 않을까 한다.

한국어의 품사 분류 문제를 모두 다루면 이야기의 줄거리가 너무 넓어질 듯하여, 처음 화제를 꺼낸 [가변어-용언-동사/형용사]의 문제로 돌아가서 이야기를 이어가도록 하겠다. 이 책의 독자라면 이미 익숙하게 알고 있는 사실이겠지만 한국어의 동사와 형용사는 형태를 바꾼다는 차원에서도 동일하고, 문장 안에서 활용을 하여 서술의 기능을 하고 있다는 점에서도 동일하며, 다만 의미에서 차이를 보이기 때문에 다른 품사로 분류가 된다. 이 말은 곧, 의미에 혼동이 있거나 큰 차이가 없을 때 쉽사리 넘나들 수 있는 가능성이 있다는 것으로도 해석할 수 있다. 더군다나 '좋다'와 '좋아하다'와 같이 어간이 유사하고, 같은 어원에서 비롯된 것으로 추정이 되는 경우는 사람들 사이에서 그 사용이 넘나드는 일이 잦고, 때에 따라서는 맥락에 따라서 형용사 'good'의 뜻인지, 동사 'like'의 뜻인지 판단해야 한다.

(1) ㄱ. 네가 참 좋아.
　　 ㄴ. 널 참 좋아해.
(2) ㄱ. 더 좋은 걸 고르세요.
　　 ㄴ. 더 좋아하는 걸 고르세요.

이 문장의 전후 맥락을 어떻게 설정하느냐에 따라 차이가 분명 생길 수는 있지만, 대체로 한국인이라면 (1)은 ㄱ, ㄴ 둘 다 'I like you.'의 상황이라는 것을, (2)는 ㄱ은 품질이 더 좋은 것을 고르라는 의미이지만(형용사) ㄴ은 상대방이 더 선호하는 것을 고르라는 의미(동사)로 파악할 것이다.

한국어 사전에서는 (1)의 ㄱ도 형용사로 설명한다. 형용사 '좋다'가 드러나는 문장의 형식을 「…이」 좋다'로 설정하고 'Ⅱ. 1. 어떤 일이나 대상이 마음에 들 만큼 흡족하다.(《표준국어대사전》)', 또는 '2. (사람이 어떤 대상이) 마음에 드는 상태에 있다.(《고려대 한국어대사전》)' 등으로 설명하고 있고, '흡족하다'라든지 '마음에 드는 상태에 있다'는 상태성을 받아들인다면 학술적으로 형용사로 받아들이고 여기에 맞추는 것이 합당해 보인다. 그러나 한국어를 외국어로 익힌 학습자들에게는 이러한 상황을 놓고 문법성 판단이나 형용사에 대한 깊이 있는 이해를 도모하거나 지도하기는 간단치 않다. 그래서 상황에 따라서는 한국어의 '좋다'는 페이스북에 있는 공감 버튼에서처럼 'like'와 같은 동사로 받아들여지는 경우가 있다고 설명하는 편이 어떤 면에서는 더 설득력이 있어 보인다.

한국어를 가르치다 보면 이런 상황들은 자주 일어난다.

(3) 나는 그 책을 있어요.*
     (=I have the book. cf. 나한테 그 책이 있어요.)

(4) ㄱ. 건강하시고 행복하세요.? (건강하다 / 행복하다)

     ㄴ. 두 분 사랑 영원하세요.* (영원하다)

     ㄷ. 좀 침착해라.* (침착하다)

(3)은 외국인 학습자들이 종종 일으키는 오류 문장이다. '있다'는 '소유한 상태이다'를 가리키는 것으로 이해하지 못하고 '소유하다'와 같은 동사성을 가진 단어로 여기고 사용할 때 생기는 문제로 파악할 수 있다.

(4)는 외국인 학습자들이 문법적으로 이해하기에 혼동을 주는 문장이다. (4)ㄱ은 어법에는 맞지 않지만 통상적으로 인사로 사용한다. 건강과 행복을 빌어주는 '건강하세요, 행복하세요.'는 여러 사람이 실생활에서는 자주 사용하지만 문법과 어법으로 보면 올바르지 않은 문장이다. 학교에서 동사나 형용사를 구분하는 방법으로 '현재 진행형 양태(-고 있다)로 해 보거나 명령형이나 청유형으로 해 봤을 때 자연스러우면 동사, 어색하면 형용사' 이런 식으로 지도하고 있지만, 한국어 모국어 직관이 없는 외국인 학습자 입장에서는 '자연스럽다', '어색하다'라는 판단을 내리기 어렵고, 더군다나 (4)ㄴ, (4)ㄷ과 같이 형용사인데 명령형처럼 쓰는 경우도 있어 어려움이 많다.

그래서 어떤 면에서는, '건강하다', '행복하다', '침착하다' 등등을 어떤 상태에 있다고만 해석할 수 없고, 한국어 사용자들 중 상당수가 '건강히 지내다', '행복하게 살다', '침착하게 대처하다'와 같은 의미를 전달하는 동사로 받아들이고 있다는 점을 앞으로는 수용해야 하는 것 아닌가 하는 생각이 들기도 한다.

'안'과 '않' 어떻게 구별하나요?

사람은 살아가는 동안 끊임없이 선택의 기로에 선다. 쇼펜하우어는 이성의 한계 밖에 존재하는 의지를 극복하는 것이 인생이라고 했다. '이것을 택할 것인가, 저것을 택할 것인가.' 선택은 삶의 질을 결정하는 중요한 시작이며 그 결정은 오롯이 개인의 의지에 달려 있다. 그래서 선택해야 하는 순간만큼은 진지해야 한다. 진지하게 고민하고 자신의 의지로 선택하지 않으면 결과가 나쁠 때 '후회'하게 마련이다.

고민에 고민을 더하여 신중하게 선택했다고 해서 언제나 좋은 결과만 생기는 것은 아니다. 때로는 좋지 않은 결과를 맞을 수도 있다. 그런데 자신의 선택이 안 좋은 결과를 가져왔다고 해서 너무 실망하거나 좌절할 필요는 없다. 어떤 결과이든 다음 삶을 위한 자양분이 될 것기 때문이다.

무엇인가를 선택해야 하는 상황에서 우리는 '그것을 해야지'라고 표현하면서 결정하기도 하지만 '그것을 안 해야지', 또는 '그 일을 하지 말아야지', '그 일을 하지 않고 다른 것을 할 수 있는 방법이 뭘까?'처럼, 하기 싫은 것, 하지 말아야 할 것을 변명처럼 이야기하면서 그 이유를 찾기도 한다. 그런데 필자의 경험에 비추어 보면 긍정적 생각을 표현하는 것보다 부정적인 생각을 표현하고 전달하는 게 더 어렵다. '하기 싫다, 하고 싶지 않다'라는 말을 상대방에게 전하는 것은 쉬운 일이 아니다.

무엇인가를 하고 싶지 않고, 하기 싫은 경우를 표현하는 한국어의 부정은 세 가지로 크게 구분된다. 자신이 할 수 없는 것을 말할 때에는 그 행위를 할 수 없다거나 상태를 만들지 못한다는 부정의 뜻을 나타내는 부사 '못'과 '-지 못하다'

를 쓴다. 이것을 능력 부정이라고 한다. 이와는 다르게 할 수는 있지만 지금 하고 싶지 않은 것을 이야기할 때에는 '안'과 '-지 않다'를 쓴다. 이것을 의도 부정이라고 말한다. 이 두 개의 부정은 모두 짧은 형태와 긴 형태를 가진다. 앞의 것은 짧은 것이어서 짧은 부정(단형 부정)이라고 하고 뒤의 것은 긴 부정(장형 부정)이라고도 부른다.

그런데 우리는 여기에서 능력 부정을 나타내는 '못'과 '-지 못하다'에 쓰인 부정 표현은 '못'으로 동일한 형태인데 왜 의도 부정을 나타내는 '안'과 '-지 않다', 단형 부정과 장형 부정에 쓰인 부정 표현은 '안'과 '않'으로 다르게 쓸까?

'안'의 원래 형태는 '아니'이다. 그래서 '않다'는 '아니하다'가 줄어서 된 것이다.

안 '아니'의 준말. 부사

아니 (용언 앞에 쓰여) 부정이나 반대의 뜻을 나타내는 말. 부사

아니 먹다	=	안 먹다
아니 슬프다	=	안 슬프다
아니 춥다	=	안 춥다
비가 아니 온다	=	비가 안 온다

않다 '아니하다'의 준말 형태. 어떤 행동을 안 하다. 동사
(보조용언), '-지 않다'의 구성으로 쓰여, 앞말이 뜻하는 행동이나 상태를 부정하는 뜻을 나타내는 말.

가지 아니하다	=	가지 않다	=	안 가다
책을 보지 아니하다	=	책을 보지 않다	=	책을 안 보다
예쁘지 아니하다	=	예쁘지 않다	=	안 예쁘다

정리하자면 '안'은 '아니'의 준말이고, '않'은 '아니하'의 준말이다. '안'은 부사이니 서술어를 꾸미는 표현(안 먹다, 안 하다)으로 쓰인다. 그리고 '않'은 '않다'의 경우 동사이고 '-지 않다'의 경우 보조 용언(앞말의 성격에 따라 보조동사 또는 보조형용사로 쓰임)이니까 동사나 형용사가 활용하는 것(그는 말도 않고 떠났다, 가지 않다, 예쁘지 않다)처럼 쓰인다. 아주 쉽게 이 둘을 구분하려면 '아니'와 '-지 아니하'로 문장을 만들어 보면 쉽다.

안 먹다　　= 아니 먹다(O)
　　　　　　= 아니하 먹다(X)
먹지 않다　= 먹지 아니다(X)
　　　　　　= 먹지 아니하다(O)

자, 위의 기준을 가지고 이제 우리는 '안'과 '않'을 구분해서 쓸 수 있게 되었다. 다음 표현들을 비교해 가면서 이 둘의 구분 기준을 좀 더 분명하게 정리해 보자.

	안	-지 않
하다 *동사	안 했어요.	하지 않았어요.
	안 할래요.	하지 않을래요.
	안 했군요.	하지 않았군요.
	안 해요?	하지 않아요?
	안 했다고 했잖아요.	하지 않았다고 했잖아요.

좋아하다 *동사	안 좋아했어요.	좋아하지 않았어요.
	안 좋아할래요.	좋아하지 않을래요.
	안 좋아했군요.	좋아하지 않았군요.
	안 좋아해요?	좋아하지 않아요?
	안 좋아했다고 했잖아요.	좋아하지 않았다고 했잖아요.
사랑하다 *동사	[?]안 사랑했어요.	사랑하지 않았어요.
	[?]안 사랑할래요.	사랑하지 않을래요.
	안 사랑했군요.	사랑하지 않았군요.
	안 사랑해요?	사랑하지 않아요?
	안 사랑했다고 했잖아요.	사랑하지 않았다고 했잖아요.
건강하다 *형용사	안 건강했어요.	건강하지 않았어요.
	*안 건강할래요.	건강하자 않을래요.
	안 건강했군요.	건강하지 않았군요.
	안 건강해요?	건강하지 않아요?
	안 건강했다고 했잖아요.	건강하지 않았다고 했잖아요.
예쁘다 *형용사	안 예뻤어요.	예쁘지 않았어요.
	*안 예쁠래요.	예쁘자 않을래요.
	안 예뻤군요.	예쁘지 않았군요.
	안 예뻐요?	예쁘지 않아요?
	안 예뻤다고 했잖아요.	예쁘지 않았다고 했잖아요.

두 개의 형태가 다른 것은 물론 안 하고, 하지 않는 것을 이야기할 때 그 결합형에 따라서 어떤 것은 옳고 어떤 것은 틀린 것처럼 보인다. 이유가 뭘까?

어미 '-을래'는 '앞으로 어떤 일을 하려고 하는 스스로의 의사를 나타내거나 상대편의 의사를 묻는 데 쓰는 종결 어미'로서 동사와 결합하는 표현이다. 그러니 형용사인 '안 건강할래요, 건강하지 않을래요, 안 예쁠래요, 예쁘지 않을래요'는 모두 틀린 표현이 된다.

그런데 동사인 '사랑하다'는 조금 특이하다. 그냥 '사랑할래요.'는 틀린 표현이 아닌데 '안 사랑할래요.'는 아무래도 어색하고, '사랑 안 할래요.'라고 해야 한다. '더 이상 당신을 안 사랑할래요/사랑 안 할래요.'가 문법적으로 틀렸다고 보기는 어렵지만 '더 이상 당신을 사랑하지 않을래요.'처럼 써야 더 자연스럽게 느껴진다. 이처럼 일부 단어들은 '안'보다 '-지 않다.'의 긴 부정형을 쓰는 것이 더 자연스럽다.

'안 해요?'와 대응되는 표현처럼 보이는 '하지 않아요?'의 경우는 조금 다른 측면에서 접근해야 한다. '하지 않아요?' 부정 형태로 말하는 경우, 강세의 위치와 맥락에 따라 그것이 의미하는 것이 부정 질문이 되기도 하지만, 긍정 확인 질문이 되기도 한다. '사랑하지 않아요?'는 '안 사랑해요?'와 같은 부정 질문의 의미를 갖기도 하지만, '사랑하지요. 그렇지요?'라고 긍정 사실을 확인하는 부가 의문으로 해석되기도 한다. '그 일을 지금 해야 하지 않아요?'와 같은 문장은 하지 않아야 하는지 묻는 것이 아니라, 해야 한다는 것을 강조하는 의미로 주로 쓰인다. 이는 단순히 '안/-지 않다'의 부정 문제가 아니라 '-아/어야 한다.'와 '-지 않아도 된다'의 관계를 가지고 따져보아야 할 다른 문제이기도 하다.

'할는지'가 맞아요,
'할른지'가 맞아요?

우리는 지금 자막의 시대에 살고 있다. 텔레비전으로 총칭되던 비디오 영상의 시대를 벗어나 각종 기기로 전송되는 여러 형식의 영상 범람의 시대를 맞고 있다. 세상이 급속도로 변화하면서 영상 속 대사와 노래 가사가 소리 즉, 오디오만으로는 잘 들리지 않는 시대가 되어버렸다. 한국 사회가 2000년대 초반부터 인터넷 소통이 일반화하고, 여러 종합편성 방송이 설립되면서 경쟁이 치열해졌다. 방송 언어 사용에서 규범적이고, 신중하고, 보수적이던 방송들이 프로그램 제작과 운용에서 크게 달라지기 시작했다. 미리 짜여진 대본에 따라 조용한 스튜디오에서 녹화하던 드라마, 예능 프로그램들은 실제성을 강조하며 동시 녹음으로 스튜디오 밖에서 녹화되기 시작했고, 이 때문에 일상의 소음들이 함께 담기게 되었다. 그리고 이를 보정하고 현장성을 높이기 위해서 대사와 노래 가사를 자막으로 내보내는 경우가 많아졌다.

일상 소음이 포함된 다양한 콘텐츠와 소리가 아닌 영상이 중점이 되어버린 음악 프로그램에서 자막은 잘 들리지 않는 소리들을 글씨로 보여주는 기능뿐만 아니라 또 다른 출연진처럼 프로그램 제작자의 생각을 담아내는 부차적 역할을 하게 되면서 점점 그 위상이 올라가게 되었다.

자막의 홍수라고 할 수 있는 이런 영상 시대에 눈에 거슬리는 것은 표준어 규정에 어긋나고, 어법에 맞지 않는 잘못된 표현들이 자막에 그대로 올라오는 것이다. 띄어쓰기 정도야 애교로 봐 줄 수 있지만 조금만 신경 써도 틀리지 않을 수 있는 것들을 틀리게 쓰는 것은 일종의 태만이자 무능이라고 할 수 있다. 개인적으로 송출하는 유*브까지는 약간의 면죄부를 줄 수 있겠으나 공중파나 유료 방송 채널에서 제공하는 다양한 장르 전반에 걸쳐 아주 기본적인 표현들이 맞춤법이나 한국어 어법에 틀리게 것은 문제가 심각하다.

선택의 표현인 '-든지'를 '-던지'로 잘못 적거나 '내로라하다'를 '내노라하다'로 적는 것, '들르다'를 써야 할 자리에 '들리다'를 쓰는 경우들은 자주 출현한다. 이 중에 매우 심하게 자주 나타나는 잘못은 '-할른지, -할는지'의 구분 오류이다. 실현 가능성에 대한 의문을 나타내며 일종의 행동의 선택을 뜻하는 이 표현은 '-ㄹ는지'이다. 이 표현은 '-ㄹ지'와 바꾸어 쓸 수도 있다.

오늘 그가 무슨 이야기를 할른지 궁금하다.
→ 오늘 그가 무슨 이야기를 할는지 궁금하다.
→ 오늘 그가 무슨 이야기를 할지 궁금하다.

어떻게 이번 목표를 달성할 수 있을른지…
→ 어떻게 이번 목표를 달성할 수 있을는지…
→ 어떻게 이번 목표를 달성할 수 있을지…

써 놓고 보면 어색해 보이기까지 하는 '-ㄹ는지'를, 이제부터라도 제대로 쓰면 좋겠다. 이들 예처럼 '-ㄹ는지'가 정 어색하면 '-ㄹ지'를 쓰면 된다. 이처럼 한국어 표현 중 사람들이 정말 헷갈리는 것들을 한글맞춤법 규정에서는 다음과 같이 정리해 두었다.

하노라고	하노라고 한 것이 이 모양이다.
하느라고	공부하느라고 밤을 새웠다.
-느니보다(어미)	나를 찾아오느니보다 집에 있거라.

-는 이보다(의존 명사)	오는 이가 가는 이보다 많다.
-(으)리만큼(어미)	나를 미워하리만큼 그에게 잘못한 일이 없다.
-(으)ㄹ 이만큼(의존 명사)	찬성할 이도 반대할 이만큼이나 많을 것이다.
-(으)러(목적)	공부하러 간다.
-(으)려(의도)	서울 가려 한다.
(으)로서(자격)	사람으로서 그럴 수는 없다.
(으)로써(수단)	닭으로써 꿩을 대신했다.

이들을 간단히 정리하면, '-노라고'는 노력했음, '-느라고'는 앞뒤 내용을 목적이나 원인으로 연결함. '-느니보다'는 동사의 선택, '-는 이보다'는 사람의 행동. '-(으)리만큼'은 정도, '-(으)ㄹ 이만큼'은 사람. '-(으)러' 달성하기 위한 것, '-(으)려(고)'는 그냥 하고픈 의도. '-(으)로서'는 그것의 자격, '-(으)로써'는 그것의 수단이나 도구 또는 기준 시간, 이렇게 정리해 볼 수 있다.

이들은 '-는지/런지'처럼 '맞는 것/틀린 것' 쌍이 아닌 비슷하되 다른 의미로 기능하는 것들이기는 하다. 어쨌든 문법적 관계를 나타내는 이런 표현들은 그때그때 접할 때마다 표준국어대사전을 찾아보는 것이 좋다.

일시적으로 존재하다 사라지는 말과 달리 방송 영상은 한번 제작된 것이 영원히 남을 수도 있기 때문에, 영상을 만들어 방송으로 내보내는 경우 한국어 표준어 규정과 맞춤법, 어법에 맞게 제작하고 송출하는 것이 매우 중요하다고 본다.

'알맞은 것'과 '알맞는 것'은
어떻게 달라요?

'알맞은 것'을 고르는 것과 '알맞는 것'을 고르는 것, 둘 중 뭐가 문법에 맞을까? 하나는 맞고 하나는 틀렸다. 이들 두 개는 상황에 따라 다르게 쓰이는 것이 아니다. 이들 활용 형태의 기본형은 '알맞다'이고 이것의 품사는 형용사이다. 형용사의 현재 관형형은 '-는'이 아니라 '-(으)ㄴ'이 맞다.

동작을 나타내는 표현을 동사라고 하고 상태를 나타내는 표현을 형용사라고 한다. 동사의 동(動)은 움직임을 뜻하고 형용사의 형용(形容)은 사물의 생긴 모양을 뜻하니까 이들 표현은 그 이름에서 이미 그것들의 의미와 기능을 드러내고 있다고 할 수 있다. 한국어의 품사는 이들을 용언으로 묶어서 설명하는데, 용언(用言)이란 서술어의 기능을 하는 단어의 성격 즉, 활용(活用)을 부각시킨 표현이다. 활용이란 동사와 형용사의 기본적 의미가 담긴 부분(어간)에 문법적 역할을 하는 부분(어미)이 붙어서 문장 속에서 적절히 변화하는 성질을 나타낸 것이다. 그래서 동사와 형용사는 '활용을 하며 서술어의 기능을 하는 용언'이라고 정의한다.

'가다'라는 동사의 활용형이 드러나는 문장 형태를 보자.

어제 거기에 갔어요.	← -았+어요
지금 거기에 가요.	← -(아)요
내일 거기에 갈 거예요.	← -ㄹ 거예요
그가 가면 좋을 텐데.	← -면

빨리 가서 친구를 도와주세요.　　　← -(아)서

그가 가고 회사 분위기가 나빠졌어요.　← -고

그때 간 곳이 참 좋았어요.　　　　← -ㄴ N

동사 '가다'의 어간 '가-'와 결합한 형태들은 각각 종결 '-았+어요, -(아)요, -ㄹ 거예요', 연결 '-면, (아)서, -고', 수식 '-ㄴ N'처럼 구분할 수 있다. 이들 어미와 결합하는 용언의 특성은 동사와 형용사 대부분이 통용되지만 일부 서로 다른 제약이 따른다. 움직임과 성상(성질과 상태)이라는 의미 차이도 있지만 이런 문법적 제약 차이로 동사와 형용사를 구분한다.

현대 한국어의 어휘는 그 의미와 기능에 따라 9개의 품사로 나눈다.

체언	명사, 대명사, 수사
용언	동사, 형용사, (서술격조사)
수식언	관형사, 부사
관계언	조사
독립언	감탄사

앞서 설명한 것처럼 용언(用言)이란 문장에서 동작, 성질, 상태 등을 나타내며 주로 수식어 또는 서술어로 기능한다. 동사와 형용사가 있다. 말 그대로 동사(動詞)는 동작이나 작용성을 나타내고 형용사는 성질이나 상태를 나타낸다. 이들은 모두 어미와 결합하여 문장 속에서 자신의 자릿값을 갖게 되는데 이를 '활용(活用, conjugation)'이라고 한다.

일반적으로 '가다, 오다, 예쁘다, 작다' 등의 용언과 '사랑하다, 좋아하다, 건강하다, 편안하다' 등의 용언은 현재형 어미 /-는/과 /-(으)ㄴ/을 결합시켜서 그것이 동사인지 형용사인지 쉽게 판별할 수 있다.

결합형 단어	현재형을 나타내는 어미 형태		비고
	-는	-(으)ㄴ	
가다	가는	간	'간, 온, 사랑한, 좋아한'의 형태는 수식어, 과거시제일 경우에는 타당한 표현이다.
오다	오는	온	
사랑하다	사랑하는	사랑한	
좋아하다	좋아하는	좋아한	
예쁘다	예쁘는	예쁜	''예쁘는, *작는, *건강하는, *편안하는'은 어떤 경우에도 불가한 표현.
작다	작는	작은	
건강하다	건강하는	건강한	
편안하다	편안하는	편안한	

이와 함께 동사와 형용사를 구분하는 방법으로는 청유/명령이나 의문으로 쓰이는 어미 '-(으)세요'를 붙여보는 방식이 있다.

결합형 단어	청유/명령이나 의문의 형태		비고
	-세요!	-세요?	
가다	가세요!	가세요?	동사는 청유나 의문 모두 사용 가능
오다	오세요!	오세요?	
사랑하다	사랑하세요!	사랑하세요?	
좋아하다	좋아하세요!	좋아하세요?	

예쁘다	예쁘세요!	예쁘세요?	형용사는 의문만 사용 가능하나 일부 기원을 나타내는 단어에서 사용하고 있음.
작다	작으세요!	작으세요?	
건강하다	?건강하세요!	건강하세요?	
편안하다	?편안하세요!	편안하세요?	

그런데 이에서 보이듯 동사와 형용사의 의문형에서 차이가 나지 않고, 현대 한국어의 사용자들은 상대방의 건강과 편안을 기원하는 표현으로 '건강하세요, 편안하세요, 행복하세요' 등의 표현을 거부감 없이 쓰기도 한다.[1] 따라서 동사와 형용사를 구분하는 가장 쉽고 정확한 방법은 현재형 어미 /-는/과 /-(으)ㄴ/을 결합시켜 보는 것이다. 하지만 형용사였던 몇 개 단어가 2017년에 동사로 바뀌면서 이 원칙은 예외를 지니게 되었다.

2017년 이전까지 '잘생기다, 못생기다, 낡다, 잘나다, 못나다' 이들 다섯 단어의 품사는 형용사였다. 이들 단어의 /-는/, /-(으)ㄴ/, /-세요/ 활용형을 만들어 보자.

```
잘생긴 사람      잘생기는 사람      잘생기세요!
못생긴 사과      못생기는 사과      못생기세요!
낡은 제도        낡는 제도          낡으세요!
잘난 얼굴        잘나는 얼굴        잘나세요!
못난 탓에        못나는 탓에        못나세요!
```

---

1   이들의 올바른 문법적 표현은 '건강하시기 바랍니다. 편안하시기 바랍니다. 행복하시기 바랍니다' 정도가 된다.

우리가 앞서 이야기하고 합의한 바에 따르면 이들 다섯 단어는 형용사가 맞다. 이들 단어의 현재형의 활용이 /-(으)ㄴ/과 결합해야 하기 때문이다. 게다가 형용사의 정의 즉, 상태나 모양을 나타내며 수식과 서술의 기능을 한다는 조건에도 명확하게 부합한다. 하지만 이들 단어는 2017년 국립국어원 표준어 규정 일부 개정 시점 이후부터 동사가 되었다. 국립국어원에서는 이들이 동사가 된 이유를 다음처럼 설명하고 있다.

> 활용 형태가 제한적이다. - 잘생긴다, 잘생기는구나, 잘생기다. 잘생기구나
>   *활용불가
> '생기다, 나다'의 품사가 동사다.
> 과거시제를 나타내는 어미 -었-과 결합하여 현재의 상태를 나타낸다.
>   *늙다, 닮다와 동일
> 형용사는 '-는 중이다'와 결합 불가하지만, 일부 동사 역시 -는 중이다와 결합 불가하다.

이들 이유에 대한 여러 반박이 가능하지만, 고민에 고민을 더하여 품사를 바꾼 만큼, 동사와 형용사의 활용형 구분이 어미에 의해서 100% 구분되는 것은 아니라는 것을 우선 받아들이기로 하자. 다만, 이들 몇몇 단어의 의미와 기능이 비록 제한적 상황에 쓰이며, 그 문법적 기준점들이 동사와 형용사를 가르기에 모호한 부분들이 있는 것은 사실이지만, 기존에 고수하던 품사 즉, 형용사를 동사로 바꾸어서 얻는 실익이 그 불이익보다 그리 크지 않다고 생각한다면, 품사를 바꾼 이런 노력은 당연히 도로(徒勞:헛수고)라고 할 수도 있을 것이다. 어쨌든 이들 몇 단어 때문에 동사와 형용사를 구분하는 가장 좋은 원칙 하나에 예외가 생겼고, 동사와 형용사를 구분하는 문법적 기준이 모호해지는 부작용(?)이 생기게 되었다.

'친구를 사겼어요'라는 오류는
어떻게 이해할 수 있을까요?

한국어 능력이 중급쯤 되는 한국어 학습자들에게 빈번하게 나타나는 철자 오류 중에 낱말의 '기저형(基底形)' 설정을 헷갈리거나 잘못해서 일어나는 경우가 많다. 다양한 소리로 발음되는 단어의 기저형이 무엇인지 이야기하는 것은 잠시 미루기로 하고, 학습자들에게 자주 나타나는 오류 사례부터 먼저 살펴보자.

(1) 제가 전에 사긴 남자 친구를 한국에서 우연히 만났어요.

(2) 그 친구가 가스? 방귀? 끼고 우리는 모두 크게 웃었어요.

(3) 선물 주면서 왜 '오다가 줏었다'고 얘기하는지 모르겠어요.

한국어 학습자들의 철자 오류는 대체로 제대로 못 외어서 일어나는 경우(성샌님(←선생님)), 가까운 모음으로 바꾸는 경우(보모님/부무님(←부모님)), 예사소리(평음)와 거센소리(격음)이 혼동되는 경우(철대(←절대))가 제일 흔한데, 중급 이상이 되면 특히 용언(동사나 형용사)의 활용에서 철자에 혼동을 느껴 주저하는 경우를 자주 보게 된다.

이 활용형은 특히나, 사전을 찾아보아도 제대로 해결이 되지 않기 때문에 인터넷 검색을 하기 마련인데, 모국어가 한국어라도 이 오류가 적지 않게 나타나기 때문에 자연스럽게 오류, 오철자를 받아들이고 쓰는 경우도 많다. 예컨대 위 (1)과 (2)에서 '친구를 사귀다', '방귀를 뀌다'와 같이 기본형을 쓸 때는 큰 문제가 없다가, '친구를 사겼어요.{←사귀었어요}', '방귀를 꼈어요.{←뀌었어요}'에서는 대학 이상의 학력을 가진 한국인 성인들도 쉽게 틀린다. 오죽하면 구글 번역기와 같은 인터넷 번역기도 '친구를 사겼어요'와 '방귀를 꼈어요'를 입력하면 찰떡같이 알아듣고 제대로 번역할 지경이다. 그만큼 오철자로 수집된 용례가 많기 때문에 이를 학습하여 제대로 번역을 하는 것이다.

여기에서 설정이 필요한 개념이 '기저형'이다. 기저형은 머릿속에 가지고 있다고 추정되는 형태소의 음운 정보로 정의되고, 이 기저형의 짝이 되게끔 실제의 발화에서 실현된 형태를 가리켜서 '표면형'이라고 한다. 위 (3)의 예로 설명하자면, '줍다'가 기저형이 될 경우, '고기를 굽다'가 '고기를 구웠다'가 되는 것처럼 '주워/주웠다'로 표기가 될 가능성이 높지만, 머릿속의 기저형이 '줏다'가 될 경우 활용형으로 '줏어/줏었다'로 표기될 가능성이 높아진다.

기저형을 설명할 때 겹받침이 있는 명사 등을 예로 많이 든다. 예를 들어 '값이 비싸다'를 말할 때 '값이'를 [갑씨]로 발음했다면 머릿속에 있는 기저형이 [값]으로 들어 있고, '값하는', '값진'을 발음할 때는 나타나지 않다가, /ㅅ/ 소리가 살아날 때 기저형이 반영이 된다고 설명할 수 있다. 이 기저형이 어떠하냐에 따라 표현형이 달라질 수 있다. 재미있는 예로 가수 임창정의 꽤 오래전 노래인 "날 닮은 너(2000)"를 들어보면, 가사 중 '두려워 겁이나'를 [두려워 겁시나]라고 발음하는 것을 확인할 수 있는데(실제로 이 가수도 한 인터뷰에서 이 발음이 표준 발음이 아니라는 것을 인지하고 있는데 맛을 살리기 위해 그대로 부르고 있다는 발언을 한 적이 있다), 언어학적으로 표현하자면 이 가수의 '겁'의 기저형이 '겂'이기 때문에 생길 수 있는 발음(표현형)으로 설명할 수 있다. 실제로 '겂'은 일부 방언에서 두루 쓰이고 있기 때문이다.

'줍다'의 경우도 흥미롭다. 표기는 '주워 왔다'라고 하고 소리내어 읽을 때에는 '줏어 왔다'라고 하는 경우가 왕왕 있기 때문이다. 즉 머릿속 기저형과 학습된 표현형이 불일치하는 상황이 된다. 짐작하겠지만, '줍-'는 중세국어에서는 '줏/줏-'으로 썼고, 18세기 들어서야 '줍-'이 나타나 지금의 표준어의 자리를 차지하게 되었다. 이로 인해 거의 전국 권역에서 방언형으로 '줏다'가 나타나고 있고, 많은 이들의 머릿속에 '줏-'이 기저형인 경우가 많다. 실제로 중국의 동북3성에서 발간한 조선어사전에서는 '줏다'를 올림말로 제시하기도 했다. 비근한 예로 일부 방언 사용자들이 '씻어 와라'를 '씻거 와라'라고 발음할 때가 있는데, 이때 이 화자의 머릿속에 있는 '씻다' 기저형은 [씻-]이 아니라 [씼-]이라 볼 수 있다.

다시 '사귀다'와 '뀌다'로 돌아와 이야기를 이어가 보자. '쟤네 둘이 사겨?'를 원칙대로 '쟤네 둘이 사귀어?'라고 발음하지 않고 표기하지 않는 데에는 여러 이유가 있겠지만 이중모음이면서 단모음일 수 있는 'ㅟ' 발음이 단모음 'ㅣ'로 혼용되기 때문이다. 실제로 사례들을 찾아보면 '기저귀'와 같은 단어들은 '기저기, 귀저귀, 귀저기' 등의 표기가 혼동되는 경우가 많다. 즉 '사귀다→사기다'가 되고, [사기-]가 머릿속 기저형이 되어 표현형이 '사기어?→사겨?'로 나타나는 것이다. '뀌다'의 경우도 마찬가지다.

이러한 기저형의 개념을 불규칙 용언에 적용해 보는 학술적 논의도 많다. 이 부분에 대해서는 문법학자들 사이에서 주장이 구구하게 나뉘기 때문에 어떤 확고한 주장을 펴기에는 어려우니 더 복잡한 언급은 이 정도로 하고, 다만 외국어로서 한국어를 배우는 학습자들을 이해하는 시각을 좀더 입체적으로 해야 할 필요가 있다는 점을 재차 짚어두고자 한다. 한국어는 특히나 용언이 활용한다는 특징 때문에 단순히 사전을 참조하면서 활용형을 익힐 수 없고, 불규칙 용언과 같은 경우에는 학습자 입장에서 상당히 곤혹스러울 때도 많고 이해하기 어려운 것도 많다는 점을 충분히 감안해야 할 것이다.

왜 할 줄 아는데
지금은 할 수 없어요?

"저는 한국어를 가르치는 앤드류입니다. 영어를 모국어로 하면서 한국어를 배우는 게 쉽지는 않았지만, 한국 문화와 한국사람, 한국 음식을 너무 좋아해서 한국어 교사가 되기로 결심하고 열심히 공부해서 결국 제 꿈을 이룰 수 있었습니다. 요즈음 저는 한국어 수업 시간이 제일 행복합니다." 외국인 한국어 선생님인 앤드류 씨가 내일 수업을 앞두고 고민이 생겼다고 한다. 앤드류 선생님의 고민을 한번 같이 들어보자.

한국어 공부를 열심히 해서 표준한국어능력시험(TOPIK) 6급자격도 취득하고 한국의 대학원 석사과정을 마치고 한국어 교원 자격을 땄지만 외국인으로서 한국어 문법은 여전히 쉽지 않습니다. 동료 한국인 선생님이 자기에게도 한국어 문법은 여전히 어렵다고 위로해 주기는 하지만 가르치면 가르칠수록 까다로운 것들이 나옵니다.

앤드류 선생님은 다음 수업 시간에 '-(으)ㄹ 수 있다'와 '-(으)ㄹ 줄 알다'를 비교해서 가르쳐야 합니다. 그래서 한국어 교육 문법서를 찾아서 다음처럼 그 내용을 우선 정리했습니다. 한국어 교사로서 교육 문법 노트를 만드는 건 아주 좋은 교육 자료 구성 방식이라고 생각했기 때문입니다. 앤드류 선생님은 학생들에게 할 줄 알지만 지금 상황 때문에 할 수 없는 일들을 이해시켜야 합니다.

여러분! 제가 만든 문법 정리 내용을 함께 봐 주시겠어요? 우선 '-(으)ㄹ 수 있다'를 다음처럼 정리해 봤어요.

['-(으)ㄹ 수 있다' 핵심 정리]

/(으)ㄹ 수 있다/는 가능함과 가능성의 표현이다.

-가능함: 저는 수영을 할 수 있어요.

-가능성이 있음: 내일은 영국에 갈 수 있어요.

[활용 문장]

나/저는, 그/그녀는 수영을 할 수 있다/있어요. + *있는다

너는/당신은 영국에 갈 수 있다/있어요.

(오늘) 그는 그녀와 저녁을 먹을 수 있(게 되었)다/어요.

이렇게 우선 문법을 정리하고 예문을 만들어 봤어요. 그리고 문법적인 제약들을 정리해 봤습니다.

[인칭 결합 제약]

1인칭(나), 3인칭(그/그녀), 그리고 2인칭(너)을 주어로 하는 문장 생산이 가능하다.

- 나는 수영을 할 수 있다.

- 그/그녀는 수영을 할 수 있다/있어요.

- 너는 수영을 할 수 있어. ← 격려 또는 다짐

이렇게 정리를 하고 나니 문형 구성 표현은 다음처럼 도식화할 수 있었습니다.

[문형 구성 표현 분석]

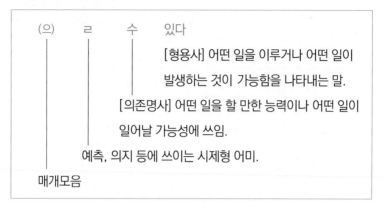

| (으) | ㄹ | 수 | 있다 |

[형용사] 어떤 일을 이루거나 어떤 일이
발생하는 것이 가능함을 나타내는 말.

[의존명사] 어떤 일을 할 만한 능력이나 어떤 일이
일어날 가능성에 쓰임.

예측, 의지 등에 쓰이는 시제형 어미.

매개모음

그래서 저는 이 표현을 다음처럼 정리했습니다. 이게 맞겠죠?

☞ 어떤 일을 할 수 있다는 것에는 정말 잘할 수 있다는 것과, 지금부터 열심
히 잘해 낼 수 있다는 의지가 담길 수 있다. 그러니 이 표현은 가능과 예측
이 포함된 의지의 표현이다.

그리고 이제 '-(으)ㄹ 줄 알다'를 다음처럼 정리해 봤어요.

['-(으)ㄹ 줄 알다' 핵심 정리]
 /(으)ㄹ 줄 알다/는 가능함의 표현이다.

-가능함: 저는 수영을 할 줄 알아요.

-가능성은 없음: *내일은 영국에 갈 줄 알아요.

[활용 문장]
나/저는, 그/그녀는 수영을 할 줄 안다/알아요. + *알다
너는/당신은 영국에 갈 줄 안다/알아요.
(오늘) 그는 그녀와 저녁을 먹을 줄 안다/알아요.

[인칭 결합 제약]

1인칭(나), 3인칭(그/그녀), 그리고 2인칭(너)을 주어로 하는 문장 생산이 가능하다.

- 나는 수영을 할 줄 안다.

- 그/그녀는 수영을 할 줄 알아요.

- 너는 수영을 할 줄 알아? ← 질문

[문형 구성 표현 분석]

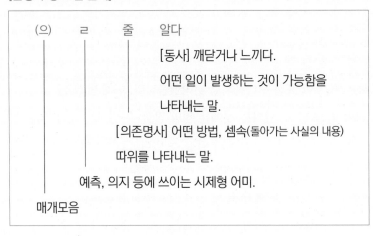

그래서 저는 '-ㄹ 줄 알다.' 표현을 다음처럼 정리했습니다.

☞ 그것을 안다는 것은 그것의 속성을 아는 것을 포함해서 그것의 용법, 기능을 잘 알고 있다는 것을 뜻한다. 그리고 잘 아니까 잘할 수 있는 것과 통용해서 쓸 수 있다.

이렇게 유사한 문법 표현(한국어 교육의 단위인 문형)을 분석하고 비교하여 그 용법적 차이를 명확하게 이해하는 것은 아주 중요하다. 한국어를 모국어로 하지 않는 학습자에게 한국어를 가르치는 교사들은 이러한 작업을 통해 교육 내용과 방법을 정하게 된다. 앤드류 선생님을 위해서 이 두 개의 유사 문형을 다음처럼 비교 정리해 볼 수 있다.

[유사 문형 비교 정리]
• 자신의 능력과 가능함을 나타내는 평이한 문장에서는 서로 통용이 가능하다고 할 수 있다.
• 현재형 종결에서 '~ 할 수 있는다'처럼 쓰지 않는다. 이 문형에 쓰인 '있다'는 형용사이다.
• 현재형 종결에서 '~ 할 줄 알다'처럼 쓰지 않는다. 이 문형에 쓰인 '알다'는 동사이다.
• 2인칭을 주어로 하는 문장(발화)에서 '-(으)ㄹ 수 있다'는 너(또는 당신)에게 격려나 다짐을 할 때 쓰이고, '-(으)ㄹ 줄 알다'는 상대방에게 질문할 때 쓰인다.

[교수 학습 시 주의점]
• 문장에서 /(으)ㄹ 수 있다/가 다른 요소들에 의해서 강조되는 경우에는 통용이 불가한 경우가 대부분이다.
  – 저는 / 그는 운전을 잘할 수 있어요. ??저는 / 그는 운전을 잘할 줄 알아요.
  – 저는 / 그는 운전을 당신보다 잘할 수 있어요. ≠ ???저는 / 그는 운전을 당신보다 잘할 줄 알아요.
• '할 수는 있지만 할 수 없는 상황'처럼 한 문장에서 여러 가지 조건이 주어지면 이들 관계는 조금 더 넓게 통용되기도 한다.
  – 저는 운전을 할 수 있어요. 하지만 지금은 + 할 수 없어요. 하기 싫어요.
                                        *할 줄 몰라요.
  – 저는 운전을 할 줄 알아요. 하지만 지금은 + 할 수 없어요. 하기 싫어요.
                                        *할 줄 몰라요.
  ☞ 가능하지만 지금 상황에서 하기 싫거나 할 수 없을 때에는 /(으)ㄹ 줄 모르다/와 호응할 수 없다.

- 그는 운전을 할 수 없어요. 하지만 그녀는 운전을 + 할 수 있어요.
                                          할 줄 알아요.
- 그는 운전을 할 줄 몰라요. 하지만 그녀는 운전을 + 할 줄 알아요.
                                          할 수 있어요.
☞ 둘 이상의 주체가 대조적으로 비교되는 상황에서는 모두 대체가 가능하다.

흔히 이 두 개의 문형을 '능력'과 '가능'으로만 구분하여 설명하기도 한다. 그런데 사실 그것에 더하여 이들 앞과 뒤에 쓰이는 구절들이 어떻게 조건화되고 있는지 잘 살펴봐야 한다. 조건화되었다는 것은 무엇인가를 강조하였다는 것이다. 이때 강조된 것과 호응하는 요소들은 다른 것으로 쉽게 대체 되지는 않는 경우가 많다. 그러니 이들 문형 구조와 결합하는 요소들을 최대한 통제할 필요가 있다. 물론, 이런 문법적 구분과 분석과 함께 화법의 상황, 문화적 요소 이해까지 한국어 교사가 한국어를 잘 가르치기 위해 이해하고 준비해야 할 것은 참으로 많다.

'칠칠치 못하다'가 맞나요, '칠칠맞다'가 맞나요?

일 처리를 깔끔하게 하지 못하거나 실수를 저지르는 사람에게 '칠칠찮다, 칠칠치 못하다' 등의 표현을 쓴다. 그런데 같은 의미로 '칠칠맞다'라고 쓰는 사람도 의외로 많다. 어느 표현이 맞는 표현일까?

『표준국어대사전』에 찾아보면, '칠칠찮다'는 '깨끗하고 단정하지 아니하고 주접이 들다.'로 의미 설명이 나온다. 용례로 '칠칠찮은 사람, 옷매무새가 칠칠찮다.' 등이 나온다. 좀 다른 의미로 '성질이나 일 처리가 반듯하고 야무지지 아니하다.'라고 정의하고, 용례로 '칠칠찮게 그 중요한 문서를 아무 데나 흘리고 다니느냐?'라는 문장이 나온다. '칠칠하다'는 원래 '나무, 풀, 머리털 따위가 잘 자라서 알차고 길다.'라는 의미다. '검고 칠칠한 머리, 숲은 세월이 흐를수록 칠칠하고 무성해졌다.' 등의 예문이 나온다. 그런데 '칠칠하다'는 요즘 홀로 쓰이기 보다는 주로 '못하다', '않다'와 함께 어울려 '주접이 들지 아니하고 깨끗하고 단정하(다)지 못하다/않다.'라고 쓰는 것이 일반적이다. '성질이나 일 처리가 반듯하고 야무지지 못하다/않다.'라는 의미로도 쓰인다.

사전 설명을 고려해 보면, '칠칠찮다', '칠칠치 못하다'가 맞는 표현이고, 같은 의미로 '칠칠맞다'라고 쓰는 것은 잘못이다. 그런데 왜 반대로 쓰여야 할 표현이 대화 상황에서 같은 의미 기능을 하는 것일까?

이런 현상을 보이는 것은 비단 '칠칠치 못하다/칠칠맞다' 뿐이 아니다. '우연히/우연찮게', '주책없다/주책이다' 등의 경우에도 의미상 반대로 쓰여야 할 표현들이 같은 의미로 쓰인다. '주책없다/주책이다'는 요즘 '주책 바가지다'라고까지 쓰기도 한다. 본디 '주책'은 한자어 '주착(主着)'에서 온 말이다. '주착하다'는 '무엇에 마음을 두다'는 것이 기본 의미이고, 명사로 '주착'은 '무엇에 두는 마음, 무엇을 중히 여기는 마음'을 가리킨다. 여기서 '마음을 두고, 중히 여기고, 변하지 않고 하는 마음'의 뜻이 파생되어, '주책'이라는 단어가 생겼다. '주책'은 사전에 '일정하게 자리 잡힌 주장이나 판단력'이라고 나온다. 용례로 "나이가 들면서 주책이 없어져 쉽게 다른 사람의 말에 귀를 기울이게 됐다.", "매리는 주책이 없는 여자처럼 자꾸 키들거리고 웃었다.≪이호철, 소시민≫", "생각할수록 운명의 장난이란 주책이 없는 것 같다.≪심훈, 영원의 미소≫" 등이 나온다. 이런 긍정 의미가 부정 의미까지 확대되어 '일정한 줏대가 없이 되는대로 하는 짓'이라는 의미를 갖게 되고 '주책을 떨다, 주책을 부리다, 주책이 심하다' 등으로 쓰인다.

그럼 왜 이런 관용구들이 반대 의미로 확장이 가능하게 되었을까? 기본적으로는 대화 상황에서는 언어 형태나 문장 구조의 의미가 전달되지만, 실제 작용하는 의미는 상황의 도움을 받게 되고, 심하면 단어나 문장의 형식적 의미와는 반대로 해석되기도 한다. 그런데 '칠칠하다, 주책하다' 등의 단어는 부정어 '못하다, 아니하다'와 주로 어울리면서 부정적 의미로 해석되는 경우가 많고 결국은 부정 의미로 '칠칠하다', '주책이다/주책맞다'가 쓰인 것으로 본다.

비슷한 원리로 "우연히 서울역에서 초등학교 동창 친구를 만났어."라고 말할 것을 "우연찮게 서울역에서 초등학교 동창 친구를 만났어."라고 해도 같은 의미로 해석하게 된다. 긍정과 부정 표현 가운데 어느 쪽이 거의 쓰이지 않게 되면, 대화 상황에서 한 쪽으로만 기능하게 되면 결국은 부정어가 결합되든 아니든 같은 의미로 해석하는 경향이 생겨 결국은 '칠칠하다/칠칠치 못하다', '주책없다/주책이다', '우연히/우연찮게'가 같은 의미를 갖는 것처럼 언중은 받아들이게 되는 것이다.

이런 언어 사용의 원리는 인간의 삶의 모습을 그대로 닮아 있다. 외국 여행을 할 때 삼등석 비행기표를 끊었지만 좌우의 옆자리가 승객이 없어 다 비어 있다면, 장거리 비행 시간 동안 피곤한 몸을 기울여 내가 값을 지불하지 않은 옆자리 공간에도 내 물건을 두거나 몸을 편하게 뻗어 공간을 사용하기도 하는 것과 같은 이치다. 언어는 인간이 만들어 의사소통에 사용하는 것이지만, 언어의 형태와 의미, 사용은 인간의 삶의 생각과 행동, 사람들의 습관과 사회문화를 언어형식과 사용에 반영하게 되는 것이다.

한국어는 왜 말할 때
주어를 안 써요?

전 세계 언어는 몇 개나 될까? UN에서 인용하는 언어학 연구소 웹 출판물인 에스놀로그(Ethnologue: Languages of the World)에 따르면 2022년 현재 7,151개의 언어가 현재 쓰이고 있다고 한다.

(출처: https://www.ethnologue.com/)

이들이 수집·분류했던 2009년 기준으로 16번째 판에서 7,358개로 조사됐던 것과 비교하면 지난 13년여 사이 207개 언어가 사라진 셈이다. 아시아 언어는 2,314개이고 그중 동아시아는 296개의 언어가 존재한다. 한국은 4개의 언어가 존재하며 이 중 1개는 이미 사멸된 것으로 보고 있다.

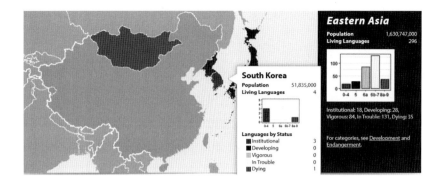

언어를 최대한 단순하게 몇몇 기준에 따라 분류하는 언어유형론(言語類型論, linguistic typology)에 따르면 한국어는 형태론적으로 교착어(첨가어)에 속한다. 교착어는 의미를 나타내는 어근에, 의미 또는 기능적 역할을 하는 접사를 붙여 단어를 만드는 언어 형태로서 고립어와 굴절어의 중간적 성격을 띠는 언어라고 할 수 있다. 튀르크어족, 퉁구스어족, 몽골어족, 한국어족, 일본어족, 말레이어, 우랄어족의 언어들이 교착어에 속한다.

언어를 유형에 따라서 나누는 것은 사실 그리 명확하지는 않다. 교착어에 굴절어 특징이, 고립어에 교착어 특징이 있는 등 각 유형별 특징을 서로 공유하는 경우가 많기 때문이다.

교착어의 가장 큰 특징 중 하나는 조사(助詞, particle)가 있다는 것이다. 조사는 문장에서 문법적 기능을 나타내며 문장성분을 드러내는 아주 중요한 문법 표지이다.

철수는 삼겹살을 좋아해

→ 철수는 좋아해 삼겹살을

→ 삼겹살을 철수는 좋아해

→ 삼겹살을 좋아해 철수는

→ 좋아해 철수는 삼겹살을

→ 좋아해 삼겹살을 철수는

흔히 교착어인 한국어의 성격을 이야기할 때 이처럼 문장 하나를 만들고 이들의 자릿값을 어떻게 두든 이들 문장이 지시하는 의미가 변하지 않는다는 것을 예로 든다. 그런데 사실 이와 같은 문장의 문법적 특성은 구어 상황에서 완전히 달라진다. 말을 할 때 강조하는 지점에 방점을 찍어보았다.

철수 삼겹살 좋아해
→ 철수 좋아해 **삼겹살**
→ 삼겹살 철수 **좋아해**
→ 삼겹살 **좋아해** 철수
→ **좋아해** 철수 삼겹살
→ **좋아해 삼겹살** 철수

게다가 대화를 하는 사람 중 철수가 있다면 자신 혹은 상대방을 지칭하는 표현마저 생략된다.

나 삼겹살 좋아해
→ 좋아해 **삼겹살**
→ 삼겹살 **좋아해**

조사와 발화 주체뿐만이 아니다. 다음을 보자

| 밥 먹었어? 뭐? | ← | 너는 오늘/지금 점심으로 무엇을 먹었어? |
| 날씨 어때? 좋아? | ← | 지금 여기/밖 날씨가 어때? |

한국어는 이처럼 대화 시 조사의 생략은 물론 발화 주체(화자와 청자)를 지칭하는 표현, 시간 표현, 장소 표현 등이 비교적 자유롭게 생략되는 언어이다. 그래서 문법적으로 완성된 지식이 구어 상황에서 여지없이 무시되는 지점을 만나게 된다. 바꾸어 말하면 일상 대화를 잘한다고 해서 글을 제대로 쓰는 능력을 다 갖추었다고 보기는 어렵다는 얘기가 된다.

아무튼 말을 할 때 문장의 여러 성분이 생략되어도 의사소통이 가능한 언어 문화 때문에 사람들 사이 때로는 오해가 생기고, 오해로 상처받게 되거나 의도하지 않은 결과에 부닥치게 될 수도 있다. 그렇다고 대화에서 문장의 모든 성분을 모두 갖추어 말할 수는 없다. 지금 옆 사람과 대화를 나눠 보자. 우선 하고 싶은 말을, 모든 문장성분을 갖추어 이야기해 보고 이후 아주 편하게 보통 때의 습관처럼 이야기를 나눠 보자. 마치 모래주머니를 벗고 뛰는 기분이 들 것이다.

요컨대 한국어는 주어가 없는 문장이라기보다 대화 상황이나 문장 앞뒤의 맥락에서 당연하거나 예측이 가능한 성분을 굳이 말하지 않는 언어라고 할 수 있다.

한국인의 독특한 시간 인식: 활용어미 '더'는 언제 쓰나요?

'시간'은 '때' 또는 '때의 흐름'이라고 한다. '어떤 시각에서 어떤 시각까지 사이'를 의미하기도 한다. 사람들은 한 공간에서 어떤 일이 일어나고 또 다른 일이 일어날 때 같은 때에 일어나지 않고 먼저와 나중이 있을 경우, 그 두 사건의 간격을 인지하게 된다. 이렇게 사건의 앞뒤, 선후 관계, 흐름의 속도와 방향 등에 대한 생각을 '시간개념(時間槪念)'이라고 한다.

대체로 인간은 시간이 과거로부터 현재, 그리고 미래로 흐른다고 인지한다. 그런데 언어 표현에 드러난 시간 개념은 시간이 항상 그런 방향으로 흐르는 것이 아니라 역방향으로 흐른다고 인식하기도 한다. "한국 민족은 5천 년 전부터 한반도에서 살아왔다."라고 하면 시간은 과거, 현재, 미래의 방향으로 흘러가는 것으로 인식하고 있는 표현이다. 반면, "곧 막내 생일이 다가온다."라고 하면 시간은 미래로부터 와서 현재, 과거 방향으로 흘러가는 것으로 인식하고 있는 것이다.

유럽 언어에서는 예스페르센(O. Jespersen)이 시간의 앞뒤, 선후 관계가 언어에 체계적으로 나타나는 범주를 '시제(tense)'라고 정의한 후에 시간은 과거, 현재, 미래 3 체계로 되어 있고, 동작이 일어나는 양상을 진행과 완료로 나누어 설명했다. 우리가 한국에서 영어를 배울 때 영어 문법의 시제 체계를 12시제 체계로 배운 것은 이런 시제 체계를 바탕으로 한 것이다. 즉, 현재, 현재진행, 현재완료, 현재완료진행, 과거, 과거 진행, 과거 완료, 과거완료진행, 미래, 미래진행, 미래완료, 미래완료진행의 복합체계가 영어의 시제 체계다.

그런데 한국어 시제 체계는 영어의 그것과 다르다. 한국어는 형식상 현재와 현재진행, 과거와 현재완료 등의 구분이 명확하지 않고, 과거완료진행, 현재완료

진행 등의 개념이 명시적 언어형식으로 드러나지 않는다. 서구 사람들이 시간이 일정한 한 방향으로 흐르는 것으로 인지하는 경향이 강한 데 비해, 한국 사람은 시간이 일정한 방향으로 흐르기도 하지만 때로는 돌아가는 것으로 인식하기도 한다. 그래서 사람이 죽을 때, '돌아가셨다.'고 하고, '그날이 다시 오면,'이라고 말하는 이유도 시간이 돌아오는 것으로 인식하기 때문이다.

인간의 시간 인식에서 가장 기본은 말하는 사람이 말하는 발화시 '지금, 여기'이다. '지금, 여기'에 해당하면 우리는 그것을 현재로 본다. 언어학적으로는 '지금, 여기'를 절대시점이라고 한다. 인류의 모든 언어는 '지금, 여기'의 절대시점에서 보는 현재형이 기본이 되고 그 형식도 가장 간단하다. 왜냐하면, 가장 많이, 자주 사용하는 것이 가장 간단해야 효율적이기 때문이다. 절대시점보다 먼저 일어났으면 과거가 되고, 절대시점보다 나중에 일어나게 되면 미래가 되는데 이 경우 절대시제가 아니라는 표지를 붙이게 된다.

영어의 경우로 보면 절대시점에서 존재하거나 일어나는 것은 현재, 먼저 일어났으면 과거, 아직 일어나지 않고 장차 일어날 것이면 미래로 표현하고, 그것이 시간적 지속성이 있으면 진행, 지속하다가 끝났으면 완료로 표현한다. 한국어는 무슨 연유인지 과거와 현재완료를 문법형태소로 명확히 구분하지 않는다. "우리는 같은 회사 동료로 일했다."라고 하면 함께 일한 것이 과거에 끝난 것인지(과거완료), 현재 끝난 것인지(현재완료), 현재도 함께 일하고 있는지(현재진행) 이 문장만으로 알 수가 없다. 미래 시제도 확실하지 않다. '내일 비가 오겠다/올 것이다.' 문장의 시제를 미래라고 보고 가르치고, '-겠-', '-ㄹ/을 것', '-리-' 등을 미래시제 문법형태로 보지만 사실은 이들은 온전한 미래시제 형식으로 보기는 어렵다. '철수가 지금쯤 부산에 도착했겠다.'라고 하면 과거시제 형태소 '-았/었-'과 미래시제 형태소 '-겠-'이 동시에 나타나는 셈이어서 합리적 설명이 안 된다. 한국어의 '-겠-'은 미래를 나타내는 형태소이기도 하지만 화자의 추정, 불확실성을 드러내는 형태소로 보는 것이 더 타당하다. 미래는 대부분 불확실하고, 추정할 수밖에 없는 경우가 대부분이어서 미래와 불확실성을 같은 형태소로 드러낸다고 해도 할 말이 없기는 하다. 어떻게 보면 한국어는 시간적 선후 객관적 관계보다

'지금, 여기' 절대 시점에 현실성 여부(존재하는가, 아닌가), 결정성 여부(끝났는가, 안 끝났는가)를 바라보는 화자의 판단을 기준으로 하는 언어라는 생각도 든다.

이른바 회상어미 '-더-'는 과거, 또는 완료를 드러내는 '-았/었'과 교체하거나 결합하는 형태로 나타나는데 한국어를 가르칠 때 그 용법을 설명하기가 쉽지 않다. 역사적으로 보면 '-더-'가 먼저 존재했고, 나중에 '-았/었-'이 나타나면서 두 형태소의 의미와 기능이 겹치는 부분이 발생하고 현대 한국어까지 내려온 것으로 보인다. 현재 한국어에서 '-더-'는 다양한 어미와 결합을 이루고 있다. 종결어미로는 '-더군(요), -더라, -더라고(요), -던가(요)?' 등으로 쓰이고, 연결어미로는 '-더니, -았더니, -던데, -더라도, -더라면' 등으로 나타나고, 관형사형어미로는 '-던, -았던' 등으로 나타난다. '-았/었-', '-겠-' 등과 자유롭게 결합해서 '-았겠더-'로 쓰이기도 한다. '이 문제는 학생들에게 어려웠겠더군요.'라고 할 수 있다.

많은 한국어 문법서에서 '-더-'를 화자의 과거 경험을 회상하는 기능을 갖는 형태소로 설명하고 있다. 하지만 이것만으로는 선어말어미 '-더-'를 자신 있게 쓸 수 있도록 학생에게 설명해 주기는 쉽지 않다. 시제와 관련한 선어말어미의 역사적 변천을 다 설명해 주기도 어렵고, 다양한 결합형의 의미와 용법을 설명하기란 더 어렵다. 그런데 한 가지 중요한 기준을 제시해 줄 수는 있다. 앞에서 말한 말하는이(화자)의 절대시점 '지금, 여기'를 기준으로 하는 절대시제 체계와 달리 '-더-'는 화자의 기준 시점을 화자가 과거 어느 시점으로 돌아가서 말하고 있다는 것을 드러내는 과거 시점 진술 표지라고 설명하면 쉽게 이해시킬 수 있다. "지난 주말에 이승철 콘서트에 갔는데, 이승철 정말 노래 잘했어."라고 말하는 것은 절대시점으로 말하는 것이고, "지난 주말에 이승철 콘서트에 갔는데, 이승철 정말 노래 잘하더라."라고 하는 것은 타임머신을 타고 화자가 과거 시점으로 돌아가서 그 시각, 그 장소에서 보고, 듣고, 말하는 것처럼 더 실감 나게 생생하게 표현한 것이다. 단지, 절대 시점으로 말하는 것이 아니고 과거 시점 기준이어서 그 표지로 '-더-'를 붙이는 것이다. 어떤 문법서에 보면, "문장의 주어가 일인칭인 경우 '-더-'를 사용할 수 없다."라고 '-더-'의 용법상 제약을 덧붙이고, "어제 내가 냉면을 맛있게 먹더라."처럼 말할 수 없다고 하고 있는데 이런 설명은 적절치 못하다. 주어가 일인칭이어도, 화자가 과거 시점에서 인지할 수 있는 것이면 '-더-'를 사용하는 것이 가능하다. "내가 노래를 못한다고 생각했는데, 노래방에서 나온 점수를 보니 나도 노래를 잘하더라."처럼 말할 수 있다. "못할 거라고 겁을 먹고 있었는데, 해 보니까 나도 되더라."라고 말할 수 있다.

한국어에 과거완료가 없는 것은 과거 특정 시점으로 돌아가서 말하는 장치 '-더-'가 있어서가 아닐까 생각한다. 역사적으로 '-았/었-'보다 '-더-'가 먼저 있었다는 것을 고려하면 한국 사람들은 타임머신을 타고 옮겨가면서 상황을 생생하게 표현하는 묘출화법을 더 선호하는 사람들이었다는 생각이 든다.

한국어에도
문장 5형식이 있나요?

"영어는 기본 문장이 5개의 기본 형식으로 되어 있는데 한국어는 기본 문형이 뭐예요?"라고 질문하는 한국어 전공 외국학생에게 그 자리에서 바로 대답해 주기 어려웠던 경험이 있다. 한국어 문법을 전공하고 한국어로 학생들을 가르치고 있는데 한국어 기본 문형이 몇 가지로 되어 있는지, 한국어학계에서 공통으로 인정하는 기본 문형이 분명하게 설명해 주기가 어려웠다. 영어 배울 때처럼 한국어 문법 시간에 한국어 문장의 1형식(주어+서술어), 2형식(주어+서술어+보어), 3형식(주어+서술어+목적어), 4형식(주어+서술어+간접목적어+직접목적어), 5형식(주어+서술어+목적어+목적보어) 이런 문장 형식을 배운 듯한데 학자들마다 주장하는 바가 달라 학생에게 간명하게 가르쳐 주기가 어려웠다.

한국어 문법의 기본 문형은 일찍이 최현배『우리말본(1937)』에서 서술어의 종류와 그 서술어가 요구하는 주성분(필수성분)에 따라 세 가지로 나누었다. 즉, '무엇이 어찌하다', '무엇이 어떠하다', '무엇이 무엇이다' 세 가지이다. 그 후 학자들에 따라서 서술어와 문장의 주성분 관계만을 가지고 문형을 분류하는 방식과 부속성분까지 고려하면서 문형을 분류하는 방식으로 나눠진다. 고영근(1969), 정인승(1974), 김민수(1989), 조항규(1989), 남기심·고영근(1985) 등에서 전자의 방식으로 문형을 나누었고, 이 방식은 현재의 한국어 표준문법의 문형 분류 방식이 되었다. 이와는 달리 이숭녕(1967), 강윤호(1968), 조항근(1975)에서는 부속성분까지 고려하여 문형을 나누는 방식을 취하였다. 그러나 문형의 유형을 부속성분이나 필수성분이 아닌 요소까지 고려하여 분류하는 것은 문법의 효율성, 경제성 면에서 볼 때 바람직한 분류라고 보기 어렵다.

그런데, 한국어 기본 문형을 서술어와 주성분의 관계만을 고려하여 문장의 유형을 분류할 때도 여전히 쟁점이 되는 부분이 있다. 이른바 '보어(補語)'를 어디까지 인정할 것인지, 이른바 '필수부사어'라고 하는 '그는 친구 동생을 아내로 삼았다.'에서 부사어이지만 생략하면 온전한 문장이 되지 못하는 '아내로' 경우 어떻게 할 것인지 등이 분류상의 문제가 된다.

외국어를 가르치거나 배울 때 그 언어의 기본 문형을 아는 것은 매우 중요하다. 기본 문형을 서술문, 의문문, 명령문, 청유문으로 자유자재로 바꿀 수 있다면 그 언어의 기초는 익혔다고 볼 수 있기 때문이다. 개인적으로 외국인에게 한국어를 가르칠 때 기본 문형을 먼저 가르치거나 중요한 교육 내용으로 가르치지 않았다. 모국어로 한국어를 사용하는 학생을 대상으로 하는 '국어문법'에서도 국어의 문장 유형을 그리 중요한 영역으로 다루지 않고 있다. 1945년 해방 후에 외국어로 한국어를 외국어로 대학 등 중요기관에서 가르치기 시작한 지 오랜 기간이 지났지만 기본 문형을 중요 내용으로 다룬 한국어 문법책이 없었고, 다루었더라도 책마다 기본 문형이 다르게 설명이 되어 있어 가르치기가 혼란스러웠다. 학자들마다 문형을 분류하는 기준이 다르고, 같은 기준이라도 그 성분을 보어로 볼 것인지, 부사어로 볼 것인지 등 여러 부분에서 의견 일치를 보지 못하였기 때문이다.

외국어로서 한국어를 교육할 때, 한국어의 기본 문형을 가르치는 것은 매우 중요하다. 서술어가 문장의 중심이라는 것을 인정하면 서술어가 문장을 구성할 때 필수적으로 요구하는 성분을 가지고 문장 유형을 설정하고, 각 문장을 서술문, 의문문, 명령문, 청유문으로 변환하는 방법을 가르치는 것은 매우 중요하고도 기본 교육 내용의 바탕이 된다. 한국어의 기본 문형을 분석해서 가르치는 방안은 『우리말본』의 서술어 종류에 따라 먼저 동사문, 형용사문, 지정사(서술격조사)문으로 나누는 것이 필요하다. 다음, 형용사문을 1자리 형용사문과 2자리 형용사문으로 나누고, 동사문을 1자리 동사문, 2자리 동사문, 3자리 동사문으로 나누어 한국어 기본 문형도 6형식으로 설정하는 방식이 합리적이라고 본다. 지금 한국어 표준문법에서 지정사는 서술격조사로 다루어지고 있어 문제가 될 수 있다. '이다'는 서술격조사로 처리하려면 '-이다'로 끝나는 문장은 명사문이라고 이름 붙여야 한다. 한편, 여러 언어에서 '계사(繫辭), 지정사(잡음씨), copula(be동사)'가 존재하는 것으로 봐서 별도의 '이다/아니다(아니+이다)'는 조사가 아니라 온전한 하나의 서술어로 인정해 주는 것이 합리적이다.

결론적으로, 한국어 기본 문형 설정에 여러 논란이 있지만, 필자는 한국어의 기본 문형은 다음과 같이 정리하고 가르치는 것이 좋다고 본다. 이 방식으로 기본 문형을 설정하면 보어, 필수부사어 등의 논란에서 '되다, 아니다' 앞에 '-이/가'가 붙은 성분만 보어로 인정하는 불합리를 해결할 수 있다. 서술어의 성격과 서술어가 필수적으로 요구하는 성분의 숫자를 기준으로 기본 문형을 나누는 것이 기억하기도 간편하고 가르치기도 효율적이라고 본다.

제1유형(명사문/지정사문): 주어+서술어(지정사)

　　　나는 한국사람이다 / 아니다(아니+이다).

제2유형(형용사문):

1) 1자리형용사문: 주어+서술어(형용사) 장미는 붉다.

2) 2자리형용사문: 주어+보어+서술어(형용사)

　　　이것은 저것과 다르다.

제3유형(동사문):

1) 1자리동사문: 주어+서술어(1자리 동사) 해가 떴다.

2) 2자리동사문: 주어+목적어 / 보어+서술어(2자리 동사)

　　　철수가 토끼를 쫓는다.

　　　물이 얼음이 되었다.

3) 3자리동사문: 주어+목적어+보어 / 필수부사어+서술어

　　　그가 나를 친구로 삼았다.

　　　철수가 꽃을 영희에게 주었다.

서술격조사 등 서술어 구성이 복잡하고, 보어와 필수부사어 등 문장 구성의 필수 성분 여부를 확정하기도 어려워 한국어 교육에서 한국어 기본 문형은 가르

치기 어렵다. 근본적으로 이런 문제는 문장 구성에서 단어의 어순을 중요시하는 영어 등 인구어와 달리 한국어는 조사와 어미를 활용하고 어순이 비교적 자유로운 교착어적 성격이 강하기 때문에 생기는 현상일 수 있다. 지금까지 외국어 교육으로서 한국어를 가르칠 때, 기본 문형에 관한 교육 내용을 중요 부분으로 다룬 책이 별로 없었다. 한국어의 기본 문법서라고 할 수 있는 외솔 최현배『우리말본(1937)』이 출판된 지 50년도 더 지난 1995년 존 구(John H. Koo)가 지은 『한국어 기본문형(Basic Sentence Patterns in Korean)』(삼지사)이라는 책이 출판되었지만 한국어 학습자들을 가르치는 교재로 널리 쓰이지는 못했다. 이제부터라도 한국어의 기본 문형은 동사문, 형용사문, 명사문(지정사문, 서술격조사문)으로 3가지 기본 문형으로 나누고, 동사문 하위 범주로 3개, 형용사문 하위범주로 2개를 설정해 6형식으로 가르치는 것이 합리적이고 효율적 문형 교육 방법이라고 본다.

※ 한국어 기본 문형 연구의 학자별 기준과 유형에 대해서는 다음의 논문을 참조할 것.

김혜숙(1998), 한국어 기본 문형 설정에 대하여 -효과적인 국어교육을 위하여-. 국어국문학 122:13-47. 국어국문학회.

한국어 문장 종결법은
몇 가지인가요?

　　대화 상황에서 상대가 얼굴을 붉히면서 "내가 바보냐?"라고 말하면 그 말은 질문일까? 문장 형식으로는 분명 의문문을 사용한 질문으로 보이지만 그 말에 "선생님은 바보 아닙니다."라고 답을 해서는 안 된다. 만약 이런 대답을 한다면, 상대방을 놀리거나 농담하는 것으로 이해되기 때문이다.

　　한국어는 문장의 마지막에 오는 서술어의 종결어미를 변화시켜 말하는이가 듣는이에게 화자 자신의 의도와 생각을 나타낼 수 있다. 표준 한국어문법에는 문장의 종결부에 이런 화자의 의도를 드러내는 문법범주라고 해서 '문장종결법'이라고 이름 붙이고, 문장 종결 유형을 '평서문, 의문문, 명령문, 청유문, 감탄문'으로 나눠 설명하고 있다. 문법서에 따라 문장종결법을 '문체법(文體法)', 또는 '마침법의 의향법' 등으로 설명하고 있다. 그런데 한국어의 문장 마지막에 오는 문장 종결어미는 이런 화자의 청자에 대한 의도뿐만 아니라 청자에 대한 높임 정도에 따라 다양한 형태가 있어 그 체계가 매우 복잡하다.

> 날씨가 매우 덥다 / 덥습니다.(평서문)
> 보통 몇 시에 일어나느냐 / 일어납니까?(의문문)
> 추우니 문 먼저 닫아라 / 닫으십시오.(명령문)
> 겨울 동안 여기서 함께 지내자 / 지냅시다.(청유문)
> 오, 꽃이 피었구나 / 피었군요!(감탄문)

그런데 한국어에 나타나는 문장종결어미는 그 수가 매우 많고, 그 의미와 기능을 분석해 보면, 단순히 '서술, 질문, 명령, 청유, 감탄'을 분류하기 어려운 것도 있다. 학자들에 따라서 이러한 다섯 가지 문장 외에도 약속문(내가 너를 도와주마.), 염려문(뛰다가 넘어질라.), 확인문(네 죄를 네가 알렷다.), 허락문(네 마음대로 하렴.) 등 다양한 문장 유형을 설정하기도 했다.

화자와 청자가 얼굴을 마주 대하고 대화하는 상황에서는 화자는 상대에 대한 높임(존대)의 등급도 고려해야 하고, 또 상대를 향한 화자의 의도도 드러내야 해서 복잡하고 다양한 종결어미를 사용하지만 신문이나 소설 등 필자가 객관적으로 정보를 드러내는 경우는 상대높임 등급이 드러나지 않아 (단독 장면 중화된 등급으로) 간결해진다. 대화 장면(상관적 장면)에서 이루어진 발화도 시간과 장소, 대화 상대가 바뀌어 인용형식을 취하게 되면 피인용문의 문장종결형은 아주 간단해진다.

> 날씨가 매우 덥다고 (진술)했어요.(평서문 인용)
>
> 보통 몇 시에 일어나느냐고 (질문)했어요.(의문문 인용)
>
> 추우니 문 먼저 닫으라고 (명령/부탁)했어요.(명령문 인용)
>
> 겨울 동안 여기서 함께 지내자고 (요청/제안)했어요.(청유문 인용)
>
> 오, 꽃이 피었다고 (감탄)했어요. (감탄문 인용)

감탄문, 약속문, 염려문은 모두 평서문 인용과 같은 종결어미로 인용이 되어서 한국어 문법에서 문장 종결형은 평서(진술/서술)문, 의문(질문)문, 명령(지시/부탁)문, 청유(제안)문 4가지로 설명하는 것이 합리적이라고 본다.

그런데, "'내가 좀 도와줄까?'를 간접인용으로 바꾸면 어떻게 되나요?"라는 질문을 받고는 이 문장은 의문문 형식이지만 실제 전달되는 의미 기능은 도움 제안이어서 간접 인용할 때, '그가 나에게 도와주겠다고 제안했다.'라고 해야 하지 않을까 생각했다.

5부
규범과 지식

"글은 말을 담는 그릇이니,
이지러짐이 없고 자리를 반듯하게 잡아 굳게 선 뒤에야 그 말을 잘 지키느니라.
글은 또한 말을 닦는 기계니, 기계를 먼저 닦은 뒤에야 말이 잘 닦아지느니라."
-주시경 『한나라말(1910)』 '머리말'에서

한국어의 이름이
한글인가요?

한국어를 가르치고 연구하면서 종종 마주치게 되는 것 중 하나가 '한국어'가 들어갈 자리에 '한글'을 대신 쓰는 현상이다. '한글'은 엄격히 말하면 '한국어의 철자/글자'를 의미하는데, 한국 사람은 '한국어'가 들어갈 자리에 '한글'을 넣어 '한국어'의 의미로 사용하는 경우가 많다. 방송에서도 외국인에게 "한글 배운 지 얼마나 되었어요?" 하고 묻거나, "한글 제대로 배웠네." 등의 표현도 자주 나온다. 한국어 말과 글을 한국어 문자 '한글'로 표현하는 사람이 많고 한국 사람들 대부분 그것을 이상하다고 생각하지 않는다. 해외에 파견할 한국어 교사를 선발하는 자리에서 접했던 한 면접자의 지원서에 적혀 있던 지원동기에 적힌 포부를 읽었던 기억은 지금도 뚜렷이 남아 있다.

> "영어보다 훨씬 뛰어나고 전 세계를 통틀어 가장 위대하고 우수한 한
> 글을 전 세계에 널리 알려서 한글이 세계 공통어가 되는 그날을 위해 이
> 한 몸 다 바쳐 한국어를 가리키려 합니다."

이 글귀 하나로도 여러 가지 이야기를 풀어보고 싶은 마음이 든다. 한국어에 대한 자기중심적 인식이라든지 언어에 대한 고정관념이나 차별 의식, 언어 다양성에 대한 오해, 한국어 교사로서의 태도나 소양, 그리고 왜 우리가 자주 '가르치다'와 '가리키다'를 헷갈려 하는지(이에 대해서는 같은 [3부] '가리키는 것'도 '가르치는 것'에서 왔다고?에서 따로 다루었다) 등등, 해야 할 이야기와 하고 싶은 이야기가 많지만 여기서는 명칭으로서의 '한글'에 대해서면 좁혀서 다루어보도록 하겠다.

한글은 문자 이름이다. 그러니까 영어로 번역한다면 '한글'은 'Korean language'가 아니라 'Korean alphabet'이 된다. 유사한 단어인 'character', 'letter', 'type' 등은 모두 엄밀하게 보면 어원도 다르거니와 언어학적으로 조금씩 다르게 정의되어서 조심스럽다. 그리고 좀 더 보편적인 뜻에서도 'alphabet'이 번역어로 적당할 것이다. 'alphabet'이라는 단어 자체가 alpha(α) + beta(β)에서 비롯된 것이니 대략 '기역니은'이라든지 '가나다' 쯤에 마주 닿는다.

'한글'은 문자 이름이고 '한국어(한국말)'는 언어 이름이니 이 둘을 정확하게 구별해서 써야 한다는 말은 주변에서 꽤 들어보았을 것이다. 그럼에도 불구하고 글머리에서 말한 것처럼 '한글'은 여전히 우리 주변에서 '한국어'를 대표하는 낱말로 두루 쓰이고, 유명인들도 자주 쓰고 있으며, 교사를 포함한 교육자들도 이에 대해서 크게 예민하지 않은 것 같다. 한편 국외에서 한인 동포들에게 한국어를 가르치는 기관의 명칭 또한 '한글학교'인 만큼, 어떤 부분에서는 엄밀히 지적하고 올바르게 쓰자고 주장하기도 주저하게 되는 측면조차 있다. 언어는 판단의 근거를 가지고 '이렇다, 저렇다'고 말할 수는 있지만 긴 흐름에 초점을 맞추면 그 모습과 그 속뜻을 때로는 쉬 납득이 안 될 정도로 바꾸어 나가기 때문에 그 누구도 섣불리 '맞다, 틀리다'를 말할 수는 없다. 한국어를 포함하여 언어에는 그러한 예들이 수없이 많다.

'한글'이라는 명칭을 각종 국어사전에서 찾아보면 '우리나라 글자(의 이름)'로만 있을 뿐, 그 뜻이나 유래에 대해 설명해 놓은 자료는 거의 없다. 아마 일반적으로는 '한-'이 뜻하는 것이 '한길'처럼 '큰'의 뜻, '한중간'처럼 '정확한'의 뜻, '한달'처럼 '하나의(유일한)'의 뜻, '한민족'처럼 예부터 전해진 역사 속 '삼한(三韓)의 땅'의 뜻을 살려서 지어진, 자부심 가득한 의미로 기억하고 있을 듯도 하다. 그런데 여기에는 유래가 다른 '한'과 '훈'이 혼동되어 있어 오해가 있을 수 있다. '한'은 '큰'이라는 뜻을 가지지만 '하나'라는 의미는 없고, '훈'은 '하나'라는 뜻이 있지만 '큰'이란 의미는 원래 없었기 때문이다. 그래서 정확하게 따져보면 '한글'이 '하나의 글'이자 '곧바르고 큰 글'이라는 설명은 아래 아(ㆍ)가 사라진 이후 소릿값만 헤아려 일어난, 파생된 해석이자 확대된 설명이다. 그래서 워드프로세서 제품명인 '흔글'은 일종의 혼동의 소산이다. 당초에 처음부터 '한글'이었고, '한'과 '흔'은 옛 국어에서는 어원과 철자가 달랐기 때문이다.

'한글'의 본래 뜻이 무엇인지를 판단하려면 '한글'이라는 말을 누가 어떻게 만들었는지를 찾아보면 되겠지만, '누가', '어떻게' 두 가지 모두 명확하지는 않다. 다만 이 명칭의 시원(始元)으로서 찾아볼 수 있는 표현은 1910년에 주시경 선생이 쓴 '한나라말·한나라글'로 소급되고, 1913년 3월 창립된 '배달말글몯음(조선언문회)' 창립 총회에 남은 기록에서 모임 명칭을 '한글모'라고 한 것이 있어 '한글'이라는 용어가 나타난 공식적인 첫 기록으로 친다. 이후 '한글'이라는 명칭은 대략 1927년 이후를 지나 보편화되어 '언문'과 같은 기존 용어를 대체하게 된다. 오늘날 '한글'을 해석하는 여러 견해가 일치를 이룬 것은 아니지만 1910년 주시경 선생이 '한나라말·한나라글'을 처음 언급한 내용과 표기를 중심으로 일단 살펴보면, '한글'은 '큰'이라든지 '하나의'라는 뜻은 담고 있지 않고 '한(韓) 나라의 글(문자)'이라는 의미로 사용한 것으로 보인다. 즉 여기에 '크다, 위대하다', '바르다' 등의 민족주의적인 의미를 덧붙인 것은 이후 세대로 여겨진다.

그런데 한글은 한국어의 철자를 의미한다는 내용을 강의하면 자주 받는 질문이 있다. "그럼 왜, 언제부터 한국어의 철자인 '한글'을 '한국어'를 대신하는 낱말로 쓰게 된 겁니까?" 공식적으로는 조선어연구회(이후 한글학회)에서 학자들이 연구하여 제정한 '한글마춤법통일안(1933)'이 인쇄, 발행하면서 '한글'은 당시까지 쓰였던 '국문'을 대체하는 개념으로 인식하게 된 것으로 보아야 할 것이다. 한글이 글자만을 의미하는지, 한국어 전체를 의미하는지 구분한 공식 문서는 없다. 한국어 철자와 한국어 전체를 가리키는 개념으로 '한글'을 두루 사용하는 것은 언중들이고 시대 흐름이 그랬으니 누가 먼저랄 것도 없고 딱히 분명한 이유를 가지고 있다고 말하기 어렵다. 다만 한국어는 한글이라는 고유한 문자를 독자적으로 독점하고 있다는 점이 이러한 인식을 낳게 된 중요한 이유가 될 것으로 짐작한다. 서구 여러 나라의 언어들을 보면 대부분의 문자는 로마자로 소급하고 이 모양을 조금씩 변형한 문자를 쓰고 있어서 한 언어에 한 문자가 일치되는 고유성은 없다. 한편으로 일제 강점기 시기 공교육 안에서 '국어'를 일본어로, '조선어'

를 한국어로 접해야만 했던 암울한 시기를 지나고, 또 해방 이후 꽤 오랜 기간, 우리에게 문맹을 깨치기 위한 첫 단계로서 한글을 배우고 익히는 것이 곧 우리말을 배우는 것과 동질적인 의미를 띠었고, 그만큼의 무게와 대표성을 지녔기에 자연스럽게 '글(문자)'인 '한글'이 '말(언어)'인 '한국어'를 대체해온 것으로 추론해 볼 수 있다.

여기에 덧붙여 이와 동시에 우리 사회에서 '한글'이라는 문화유산이 갖게 되는 가치가 워낙 크고, 압도적인 존숭(尊崇)의 차원에서 우리가 배워온 데다가 끊임없이 민족주의적 신화를 재생산해왔던 까닭에 '한글'이 곧 '한국어'라 확신하는 문화 현상을 갖게 된 측면도 생각해 볼 수 있다. 드물지만 인터넷을 살펴보면 일반인 중에는 세종이 한글을 창제한 것이 아니라 한국어를 창조한 것으로 착각하는 경우도 왕왕 있는 듯하고, 위에서 언급한 어느 한국어 교사 지원자의 글과 같은 표현도 접하게 된다. 한글날은 문자의 탄생을 기념하는 말이지만 이 시기마다 언론이니 방송에서 한국어 사용의 실태를 '개탄'하며 "세종대왕이 지하에서 슬퍼하실 일이니 '바르고 고운' 우리말을 쓰자."고 다짐하는 일이 반복되는 것도 어찌 보면 문자 한글을 한국 언어문화 전반으로 이해하는 현상의 연장선으로 해석이 되기도 한다. 물론 문자의 날에 그 문자로 표기되는 언어를 더불어 되새겨 보는 것은 마땅히 그럴 수 있고, 충분히 의미가 있다고 이해가 되기는 한다.

'훈민정음'을 언제부터 '한글'이라고 했나요?

세종대왕이 한글을 창제하고 나서 붙인 글자의 이름은 잘 알려진 바와 같이 '훈민정음(訓民正音)'이었다. 세종의 노력에도 불구하고 훈민정음이 일반 백성들의 문자 생활 중심이 되지 못하고 그 후 수백 년 동안 '언문(諺文)', '반절(反切)'이라고 불리거나, 홀대를 받아 아녀자들의 글자라는 뜻으로 '암글/암클' 등으로 불리기도 하였다. 조선 사회의 중심 문자는 한자였고, 문서는 대부분 한문으로 기록되었다. 그러다가 고종이 국호를 '대한제국'으로 바꾸고 1894년 11월 21일 대한제국 황제 칙령 제1호로 국가 공문서에 관한 규정 『공문식(公文式)』을 공포하였는데, 1895년 5월 8일 공포한 칙령 제86호에서 "법률명령은 다 국문(國文)으로써 본을 삼고 한역(漢譯)을 부(附)하며 혹 국한문을 혼용함."이라고 하였다. 그럼에도 불구하고 공문서와 신문이나 잡지 등 대중매체의 문장들은 여전히 한자가 가득한 한문투였다.

그러다가 1896년 4월 7일 독립신문이 창간(당시 국배판(菊倍版) 4면으로 구성되었고 3면은 한글, 1면은 영어로 표기)되면서 한글이 공식 문서로 널리 쓰이는 계기가 되었다. 독립신문은 순한글 세로쓰기로 되어 있었다. 신문의 내용은 논설, 광고, 국내외 소식 면으로 편집, 구성되었다. 한글판은 서재필과 주시경이 편집을 하였고, 영문판은 헐버트가 중심 편집자였다.

"만일 백성이 정부 일을 자세히 알고, 정부에서 백성의 일을 자세히 아시면 피차에 유익한 일이 많이 있을 터이요. 우리가 이 신문 출판하기는 취리하려는 게 아닌고로, 값을 헐하도록 하였고, 모두 언문으로 쓰기는 남녀 상하 귀천이 모두 보게 함이요. 또 구절을 떼여 쓰기는 알아보기 쉽도록 함이라."

- 독립신문 창간호 사설

독립신문 발간과 편집에 관여한 주시경 선생은 1897년 〈국문론〉을 시작으로 표의문자인 한자의 문제점을 지적하고, 우리말을 그대로 표기할 수 있는 소리글자(표음문자)로서 한글의 우수성을 주장하고 한글의 장점과 가치를 널리 선전하고 제자들을 가르치기 시작하였다. 『대한국어문법(1906)』에 "우리글의 모음의 원소(原素)는 'ㅏ, ㅓ, ㅗ, ㅜ, ㅡ, ㅣ' 이 여섯 자뿐이라. 이 글이 간략하나 모든 모음을 돌려씀이 무궁하여 기록치 못할 것이 없으니, 우리나라 무등(無等)한 보배뿐 아니라 실로 세계에 큰 보배요, 천하 음학(音學)을 배우는 자의 큰 선생이니라." 라고 하여 한글의 음소문자로서 우수함을 강조하고 있다. 「국문론(1897)」에서는 어려운 한자, 한문 배우는 데 시간을 허비하지 말고, 배우기 쉬운 우리글을 빨리 익혀, 실상 사업(실용적 업무)에 유익한 학문을 익혀 우리나라 독립의 기초를 만들고 우리 나라 부강한 위엄과 문명한 명예가 세계에 빛나게 하는 것이 마땅하다고 강조했다. 「한나라말(1910)」에서는 올바른 표기법의 중요성을 강조하면서 "글은 말을 담는 그릇이니, 이지러짐이 없고 자리를 반듯하게 잡아 굳게 선 뒤에야 그 말을 잘 지키느니라. 글은 또한 말을 닦는 기계니, 기계를 먼저 닦은 뒤에야 말이 잘 닦아지느니라."라고 하여 말을 제대로 지키려면 표기법을 제대로 세워야 함을 강조했다.

주시경 선생은 우리말글을 연구하는 학회를 만들고 '배달말글몯음(후에 '한글모')'라 이름하였고, 교육기관을 만들어 '한글배곧(후에 '한말익힘곳')'이라 이름 지어 '한말', '한글'이 우리말 우리글의 이름으로 정착되는 데 바탕을 다졌다.

기역, 니은, 한글 자모 이름과 순서는 언제 누가 정했나요?

현재 한국어에서 사용하는 자음(닿소리)의 이름 '기역, 니은, 디귿, 리을, 미음, 비읍, 시옷, 이응, 지읒, 치읓, 키읔, 티읕, 피읖, 히읗' 등은 언제부터 이런 순서로 되고, 각 글자의 이름을 누가 붙였을까? 한글을 배우는 학생이 이런 질문하면 정확하게 역사적 근거를 대면서 대답해 줄 수 있는 사람이 많지 않다. 세종대왕이 '훈민정음(訓民正音)'을 창제하고 반포할 당시에는 각 글자의 배열순서도 현재와 다르고, 각 글자의 이름도 '훈민정음 해례본'에도 구체적으로 드러나 있지 않기 때문이다.

현대 한국어 사전에 쓰이는 한글 자모의 순서와 이름은 기본적으로 1527년 (조선 중종 22년)에 학자 최세진이 지은 『훈몽자회(訓蒙字會)』 '언문자모(諺文子母)' 편을 따른 것이다. 『훈몽자회(訓蒙字會)』 '언문자모' 편에 초성(자음), 중성(모음) 각 글자의 발음과 쓰임을 예를 들어 설명하고, 자음과 모음을 결합하여 글자를 만드는 방법을 자세하게 예를 들어 보이고 있다. 사실 최세진은 각 자음과 모음의 이름이라고 하지 않았지만 초성과 종성에 각 자음의 용례를 보인 두 글자가 나중에 각 자음의 이름처럼 되었다.

최세진이 『훈몽자회(訓蒙字會)』를 지은 본디 목적은 처음으로 한자, 한문 공부를 하는 학생이 체계적으로 한자와 한자 단어를 익히도록 하려는 것이었다. 처음 공부에 입문하는 학습자가 한자와 한자 단어를 정확하게 발음하고 익히게 하기 위해서 먼저 한글(당시에는 '언문(諺文)'이라고 함) 자모의 음가와 용법을 익히게 한 것이 '언문자모' 편을 쓴 목적이었다. 최세진은 학습자들이 한글과 한문의 문자 특성을 이해하고 단어의 의미를 정확하게 이해하도록 여러 가지 주석(註釋)을 붙여 당시 한자 교육이 갖는 한계를 극복하고자 하였다. 기초 어휘에 해당하는 한자 3,360자에 대한 의미를 한글로 훈을 달아 한글과 고유어 단어를 읽고 쓰는 바탕이 되게 하였다. 『훈몽자회』의 저술은 기초 한자, 한자어 교육을 위한 것이었지만 결과적으로는 한글과 우리말 보급에 기여하고, 당시 조선의 한자음과 중국의 구어와 문어 등에 대해서도 학습자들이 지식을 얻을 수 있도록 하는 데 기여하였다.

한글 자음의 이름은 현재 '기역, 니은, 디귿, 리을, 미음, 비읍, 시옷, 이응, 지읒, 치읓, 키읔, 티읕, 피읖, 히읗'으로 되어 있다. 모두 '□+ㅣ 으+□' 형식으로 초성과 종성을 붙여 이름이 되어있지만 '기역, 디귿, 시옷'만 이 규칙에서 벗어나 있다. 그 이유는 한자에 '윽, 은, 읏'으로 발음되는 한자가 없어 최세진이 '기역(其役), 디귿(池末), 시옷(時衣)'라고 용례를 보여주어 그렇게 된 것이다. 남한에서는 'ㄱ(기역), ㄷ(디귿), ㅅ(시옷)'을 북한에서는 이런 불규칙을 규칙으로 바꾸어 '기윽, 디은, 시읏'이라고 부른다. 북한에서는 자모의 순서도 자음과 모음을 분리해서 'ㅇ(이응)'이 'ㅎ(히읗)' 다음에 오도록 사전을 편성하고 그렇게 가르치고 있다. 또한 남한에서 '쌍기역'과 같이 '쌍'을 붙이는 이름을, 북한에서는 '된기윽'과 같이 '된'을 붙이는 점이 다르다.

남북한 맞춤법의 기본 원칙과
사전의 자모 순서는 어떻게 다른가요?

1937년부터 1945년까지 일제 강점기에는 한반도에서 공식적으로 한글을 사용할 수 없다가 1945년 해방이 된 후 남북한은 조선어학회 '한글마춤법통일안 (1933)' 규정을 지켜 같은 철자법을 사용했다. 그러다가 남북한 분립 정부가 수립되고 나서부터 어문규정이 달라지기 시작했다. 먼저 북한에서는 1948년 '조선어신철자법'을 발표하고, 1954년, 1956년 부분 개정하고, 이후 사회과학원 소속 '국어사정위원회'의 주도로 1966년, 1987년, 2010년까지 다섯 차례 어문규정을 개정하여 시행하고 있다. 남한에서는 1970년, 1979년 부분 개정, 1984년 부분 개정, 1987년 전면 개정을 거쳐, 국가 차원에서 '국어심의위원회'를 거쳐 문교부(현재 교육부) 고시로 확정한 '개정한 한글 맞춤법 통일안(1988)'을 따라 1989년부터 시행하고 있다.

맞춤법은 기본적으로 표기법 관련 규정이어서, 음운론과 자소론, 나아가서는 형태론(구체적으로는 형태소의 여러 변이형태와 관련한 형태음소론)과 관련이 깊다. 음운론은 뜻을 구분하는 음성체계의 기본 단위(음소와 운소)와 결합에 관한 규칙을 다루고, 자소론은 문자 체계의 기본 단위와 그 결합에 대한 규칙을 다룬다는 점에서 차이가 있다. 남북한의 맞춤법은 좁게는 단어 표기에 관한 것이고, 넓게는 문장 표기 전반에 관한 규정이라는 점에서 음운론, 형태론(형태음소론), 자소론의 원리와 기본 기준을 어떻게 세우는가에 따라 달라진다.

현재 남북한 어문 규정에서 가장 두드러진 차이를 보이는 영역은, 맞춤법의 총칙, 자모의 이름과 순서, '-ㄹ까/ㄹ가, -ㄹ꼬/-ㄹ고, -ㄹ쏘냐/-ㄹ소냐'와 같은 일부 어미의 된소리 표기, '가까워/가까와, 고마워/고마와'와 같은 모음조화 유지 여부와 '개어/개여, 베어/베여, 쥐어/쥐여, 희어/희여' 같이 모음동화 반영 여부, '잇몸/이몸, 콧병/코병, 숫자/수자' 같은 사이시옷 표기, '역사/력사, 여자/녀자' 같은 한자어 두음 /ㄴ, ㄹ/표기, 한자어의 '몌/메, 폐/페' 표기와 인용표지 등 몇 가지에서 차이가 있다.

남한의 맞춤법의 첫머리 제1장 총칙은 제1항("한글맞춤법은 표준어를 소리대로 적되, 어법에 맞도록 함을 원칙으로 한다."), 제2항("문장의 각 단어는 띄어 씀을 원칙으로 한다."), 제3항("외래어는 '외래어 표기법'에 따라 적는다.")으로 구성되어 있다. 남한의 총칙은 "표준어를 소리나는 대로 적되, 어법에 맞게 적는다."로 규정하고 있다. '어법(語法)'이 언어의 조직이나 운용에 관한 법칙'이라는 점에서, 그 적용 범위가 매우 넓다. 좁게 해석하면, 맞춤법이 '단어별로 굳어진 표기 관습'에 관한 규칙이라는 점에서 '단어 형태소의 기본 형태를 밝혀 적는다.'는 의미로 해석할 수 있다. 북한의 『조선말규범집』 총칙은 "조선말맞춤법은 단어에서 뜻을 가지는 매개 부분을 언제나 같게 적는 원칙을 기본으로 하면서 일부 경우 소리나는대로 적거나 습관을 따르는 것을 허용한다."라고 되어 있다. "뜻을 가지는 매개 부분을 언제나 같게 적는다."는 형태소 표기 일관성을 추구하는 북한 총칙의 표기 원칙과 남한의 "표준어를 소리나는 대로 적되, 어법에 맞도록 한다."는 원칙은 크게 다르지 않다. 말할 때 발음을 중시하는 표음주의보다는 형태소를 기준으로 삼는 형태주의를 취하고 있다는 점에서 맞춤법 총칙의 표기 원칙은 남북한 모두 형태주의를 지키고 있는 것이다.

남한에서는 음성언어(입말)을 '한국말(한국어)'이라고 하고, 한국말 적는 글자(글말)를 '한글'이라고 하는데, 북한에서는 '조선말(조선어)'이라고 하고, '한글'이라는 용어 대신에 '조선글자(조선글, 조선문)'라고 한다. 앞으로 통일이 된다면 통일된 국가의 명칭이 무엇으로 정해지는가에 따라 한반도에서 사용하는 말과 글의 이름이 달라질 것으로 본다.

'자모(子母)'와 관련해서 보면, 남한에서는 공식적으로 자모의 수를 24자(자음 14, 모음 10)로 규정하는데, 북한에서는 자음의 된소리 계열과 모음의 복모음을 별도의 자모로 인정하여 40자로 규정하고 있다. 기본 글자를 몇 글자로 할 것인가는 겹글자, 복모음 등을 기본 글자와 다른 개별 자모로 분리할 것인지 여부에 달린 문제여서 이에 대한 논의와 통일 방안은 그리 어렵지 않게 해결할 수 있을 것으로 본다.

북한에서는 제1장에 자모의 이름을 순서에 따라 제시하고 있는데, 남한과는 다소 차이가 있다. 남한의 제2장 자모 제4항의 자모의 이름과 순서와 북한의 제1항의 자모 이름과 순서는 다소 차이가 있다.

	ㄱ	ㄷ	ㅅ	ㄲ	ㄸ	ㅃ	ㅆ	ㅉ
남한	기역	디귿	시옷	쌍기역	쌍디귿	쌍비읍	쌍시옷	쌍지읒
북한	기윽	디읃	시읏	된기윽	된디읃	된비읍	된시읏	된지읒

사전에 올리는 자모의 순서도 차이가 있다. 남한에서는 된소리를 기본소리 다음에 배치하는 방식을 취하는 데 반해, 북한에서는 된소리를 기본글자 맨 뒤로 배치한 점이 다르다.

자음	남한	ㄱㄲㄴㄷㄸㄹㅁㅂㅃㅅㅆㅇㅈㅉㅊㅋㅌㅍㅎ
	북한	ㄱㄴㄷㄹㅁㅂㅅㅇㅈㅊㅋㅌㅍㅎㄲㄸㅃㅆㅉ
모음	남한	ㅏㅐㅑㅒㅓㅔㅕㅖㅗㅘㅙㅚㅛㅜㅝㅞㅟㅠㅡㅢㅣ
	북한	ㅏㅑㅓㅕㅗㅛㅜㅠㅡㅣㅐㅒㅔㅖㅚㅟㅢㅘㅝㅙㅞ
받침	남한	ㄱㄲㄳㄴㄵㄶㄷㄹㄺㄻㄼㄽㄾㄿㅀㅁㅂㅄㅅㅆㅇㅈㅊㅋㅌㅍㅎ
	북한	ㄱㄳㄴㄵㄶㄷㄹㄺㄻㄼㄽㄾㄿㅀㅁㅂㅄㅅㅇㅈㅊㅋㅌㅍㅎㄲㅆ

모음에서는 복모음의 순서를 남한에서는 '한글마춤법통일안(1933)'의 순서를

따르고 있는데, 북한에서는 복모음의 순서를 기본 모음 뒤에 배치하면서 덧붙인 모음 'ㅣ(ㅐ, ㅒ, ㅔ, ㅖ, ㅚ, ㅟ, ㅢ), ㅏ(ㅘ), ㅓ(ㅝ), ㅔ(ㅞ)'의 순서로 바꾸었다. 받침의 겹자는 남한에서는 조선어학회 '한글맞춤법통일안' 순서를 따르고 있지만, 북한에서는 'ㄳ, ㄵ, ㄺ, ㄻ, ㅄ' 등은 앞 자음 뒤에 배치하고, 하나의 음소로 다루고 있는 된소리 계열의 'ㄲ, ㅆ'은 맨 뒤에 배치하고 있다.

남한과 북한의 어문규정은
언제부터 달라졌나요?

'맞춤법'은 '어떤 문자로써 한 언어를 표기하는 규칙, 또는 단어별로 굳어진 표기 관습'을 말한다. 비슷한 개념으로 '정서법(正書法)'과 '철자법(綴字法)'이 쓰이고 있다. 해방 후 남북한이 1933년 조선어학회의 '한글마춤법통일안'을 바탕으로 맞춤법을 사용하다가 남북한이 수차례 맞춤법 규정을 개정하면서 남북한 차이는 상당히 커졌다.

2006년 1월에 남북한의 언어 규범 차이를 해소하기 위해 '겨레말큰사전 남북공동편찬위원회'를 결성해, 겨레말의 통합과 통일을 위해 『겨레말큰사전』 편찬 작업을 해왔다. 이 사전은 달라진 남북한의 말과 글을 통일하기 위해서 기존의 남북한 국어사전에 실리지 않은 지역 방언이나 문헌에 새로 나타난 낱말 10만여(최종 7만 7천) 개를 더해 대략 30만 7천여 개의 표제어를 수록하고, 표기와 낱말 풀이를 통일하는 것을 목표로 20여 회 공동편찬회의를 열어 사전 편찬 일을 계속해 왔다. 그러나 2010년부터 남북 협력 사업이 중단되어 공동편찬회의를 열지 못하고 있다. 2013년에 마무리하기로 한 『겨레말큰사전』 편찬 작업이 중단되고, 맞춤법을 비롯한 남북 어문규정 통일을 논의하는 것도 어려워졌다.

먼저, 총칙과 자모의 이름과 순서 차이를 살펴보면, 남한(한국)에서 국가 차원에서 조선어학회 '한글마춤법통일안'을 전면 개정하여 고시한 '한글 맞춤법(1988, 문교부 교시안)'은 모두 6개의 장과 [부록]으로 되어있다. 북한(조선)의 『조선말규범집』(1988)의 맞춤법은 총칙과 7개 장으로 되어 있고, 띄어쓰기, 문장부호법, 문화어발음법이 맞춤법과 별도로 구성되어 있다.

(남한) 한글 맞춤법 (1988-현재)	(북한) 조선말규범집(1988-2010-현재)
	맞춤법
	총칙
	제1장 조선어자모의 차례와 그 이름
	제2장 형태부의 적기
한글 맞춤법	제3장 말줄기와 토의 적기
	제4장 합친말의 적기
제1장 총칙	제5장 앞붙이와 말뿌리의 적기
	제6장 말뿌리와 뒤붙이(또는 일부 토)의 적기
제2장 자모	제7장 한자말의 적기

제3장 소리에 관한 것	**띄여쓰기**
제1절 된소리	총칙
제2절 구개음화	제1장 명사와 관련한 띄여쓰기
제3절 'ㄷ' 소리 받침	제2장 수사, 대명사와 관련한 띄여쓰기
제4절 모음	제3장 동사, 형용사와 관련한 띄여쓰기
제5절 두음법칙	제4장 관형사, 부사, 감동사와 관련한 띄여쓰기
제6절 겹쳐 나는 소리	제5장 특수한 말, 특수한 어울림에서의 띄여쓰기

제4장 형태에 관한 것	**문장부호법**
제1절 체언과 조사	총칙(제1항~제20항)
제2절 어간과 어미	------------
제3절 접미사가 붙어서 된 말	**문화어발음법**
제4절 합성어 및 접두사가	총칙
붙은 말	제1장 모음의 발음
제5절 준말	제2장 첫 소리 자음의 발음
	제3장 받침자모와 관련한 발음
제5장 띄어쓰기	제4장 받침의 어어내기현상과 관련한 발음
	제5장 받침의 끊어내기현상과 관련한 발음
제6장 그 밖의 것	제6장 된소리현상과 관련한 발음
	제7장 《ㅎ》과 어울린 거센소리되기현상과 관련한 발음
[부록] 문장 부호	제8장 닮기현상이 일어날 때의 발음
	제9장 사이소리현상과 관련한 발음
	제10장 약화 또는 빠지기현상과 관련한 발음

	내려쓰기

남한에서는 '표준어를 소리나는 대로 적되'라고 해서 '표준어'와 '표준발음'을 강조하고 있다. 표준어의 개념을 "한 나라 안에서 지역적, 사회적(계층적, 집단적) 차이를 초월하여, 가장 바람직한 의사 전달의 수단으로서 통일되고 규범화(規範化)된 말을 표준어(標準語)라고 한다."로 규정하고 있다. "규범화되었다는 것은, 인위적으로 정리된 지시(指示))의 체계를 말한다."로 하여 자연 형성 언어로 의사소통에 통용하고 있는 말이란 뜻의 '공통어(共通語)'와는 개념상 차이가 있음을 강조하고 있다. 표준어는 국가를 배경으로 정부가 정한다는 뜻이다. 현재 『한국어문 규정집』에는 '표준어'를, "교양 있는 사람들이 두루 쓰는 현대 서울말로 정함을 원칙으로 한다."고 명시하고 있다.

북한에서는 "조선말맞춤법은 단어에서 뜻을 가지는 매개 부분을 언제나 같게 적는 원칙을 기본으로 하면서 일부 소리나는대로 적거나 관습을 따르는 것을 허용한다."고 총칙에서 밝히고 있다. '표준어'가 서울 지역을 중심으로 한다는 점에서 이런 표준어 개념을 버리고, 평양말을 바탕으로 근로 인민 대중의 생활 감정에 맞게 가꾸어진 언어를 규범화해서 '평양말'과 '근로 인민 대중의 생활 감정'을 강조한 '문화어(文化語)' 개념을 강조하고 있다.

남한에서는 음성언어(입말)을 '한국말(한국어)'이라고 하고, 한국말 적는 글자(글말)를 '한글'이라고 하는데, 북한에서는 '조선말(조선어)'이라고 하고, '한글'이라는 용어 대신에 '조선글자(조선글, 조선문)'라고 한다. 앞으로 통일이 된다면 통일된 국가의 명칭이 무엇으로 정해지는가에 따라 한반도에서 사용하는 말과 글의 이름이 달라질 것으로 본다.

'자모(子母)'와 관련해서 보면, 남한에서는 공식적으로 자모의 수를 24자(자음 14, 모음 10)로 규정하는데, 북한에서는 자음의 된소리 계열과 모음의 복모음을 별도의 자모로 인정하여 40자로 규정하고 있다. 기본 글자를 몇 글자로 할 것인가는 겹글자, 복모음 등을 기본 글자와 다른 개별 자모로 분리할 것인지 여부에 달린 문제여서 이에 대한 논의와 통일 방안은 그리 어렵지 않게 해결할 수 있을 것으로 본다.

※ 남북한 철자법 변천에 관한 것과 남한의 맞춤법 통일안의 부분 개정 경위와 내용에 관한 것은
다음을 참조할 것.

- 기세관, 최호철(1994), 남북한 통일 맞춤법을 위하여, 언어학 16, 한국언어학회, pp.231-250.

- 이은정(1989), 남북한 맞춤법 비교 검토, 한글 205, 한글학회, pp.165-192.

※ 표기법에서 음운론, 자소론, 정서법 차이에 대해서는 다음을 참조할 것.

- 크리스타 뒤르샤이트 지음, 김종수 옮김(2007), 문자언어학, 4장(자소론), 5장(정서법) 참조.

한국어 띄어쓰기,
왜 이렇게 어렵나요?

아라비아 숫자로 '1,234,567,890원'은 어떻게 읽고 문장으로 옮겨 쓸 때 어떻게 써야 할까? 이 숫자는 '십이조 삼천 사백 오십 육만 칠천 팔백 구십 원'이라고 읽는데, 띄어쓰기는 어떻게 해야 한글맞춤법 띄어쓰기 규정에 맞을까?

조선어학회에서 정한 '한글마춤법통일안(1933)'에서는 숫자를 한글로 표기할 경우 십진법 단위로 띄어쓰도록 했었다. 그러다가 십 단위로 띄어쓰는 것은 띄어쓰기가 지나치게 많다는 지적이 있어 현행 한글맞춤법에서는 "제44항: 수를 적을 적에는 '만(萬)' 단위로 띄어쓴다."라고 규정하고 있다. 서구식 숫자는 천 단위(3자리)마다 반점을 찍고 읽지만 한국어에서는 숫자를 만 단위(4자리)마다 끊어 읽으므로 띄어쓰기도 그렇게 바꾼 것이다.

국립국어원에서 발행한 『한국어 어문 규범(2017)』 본문 제5장 제41조부터 제46조까지가 띄어쓰기에 관한 규정이다. "제41항 조사는 그 앞말에 붙여쓴다." 이 규정은 "제2항 문장의 각 단어는 띄어 씀을 원칙으로 한다. 조사는 단어이지만 독립성이 없어 앞말에 붙여쓰도록 한 것이다. 그런데, 조사 중에는 조사인지 아닌지 구별이 어려운 것까지 있어 띄어쓰기가 어렵다. 예를 들어, '나무라기는커녕, 내게만이라도' 등 조사가 겹치는 경우 띄어쓰기는 헷갈리기 쉽다. 또 조사는 명사뿐 아니라 동사나 형용사의 어미 뒤에도 결합하는 경우가 있는데 이때도 조사는 붙여 써야 한다. '잠자면서까지도, 기다릴게요, 존경하기보다는, 맛있기는요' 등은 붙여 쓰는 것이 원칙이다.

띄어쓰기에서 자주 헷갈리게 하는 것이 의존명사(불완전명사)이다. "제42항 의존명사는 띄어 쓴다." 의존명사는 명사와 같은 자격이 있으므로 띄어쓴다고 생각하면 되는데, 문제는 몇몇 의존명사는 그것이 조사인지, 의존명사인지 헷갈리게 해서 문제가 된다. '먹을 만큼 먹었다./나도 너만큼 먹었어.'에서 앞의 '만큼'은 의존명사이고, 뒤의 '만큼'은 조사이다. '집을 떠나온 지 십 년이 지났다./그가 여기 오는지 모르겠다.'에서 앞의 '지'는 '어떤 일이 있었던 때로부터 지금까지의 동안'의 의미를 갖는 불완전명사이고, 뒤의 '지'는 동사의 어간 뒤에 오는 연결어미 '-는지'의 일부이다.

"제43항 단위를 나타내는 명사는 띄어 쓴다."는 단위 명사는 띄어쓰는 것이 원칙이나 순서나 숫자를 나타낼 때는 붙여 쓸 수 있게 해서 헷갈린다. '차 한 대, 옷 두 벌, 집 한 채' 등과 같이 단위 명사는 띄어쓰는 것이 원칙이다. 하지만 '헌법 제10조, 9층 5호, 2025년 9월 1일, 9,000원' 등과 같이 숫자나 수관형사 뒤에 단위 명사가 붙어 차례를 나타낼 경우 붙여 쓰는 것을 허용하고 있다. 제44항은 숫자는 만 단위로 띄어쓴다는 규정이다.

"제45항 두 말을 이어 주거나 열거할 적에 쓰이는 다음의 말들은 띄어 쓴다." 고 규정하여, '회장 겸 총무, 열 내지 스물, 중국 대 한국'에서 '겸, 내지, 대, 및' 등의 단어들은 띄어쓰도록 하고 있다.

띄어쓰기 마지막 조항인 제46조에서는 "단음절로 된 단어가 연이어 나타날 적에는 붙여쓸 수 있다."라고 하여 '좀더, 이말 저말, 한잎 두잎, 내것 네것, 물 한 병' 등을 붙여 쓰도록 허용하고 있다. 과거 조선 시대에는 띄어쓰기 개념이 없었는데, 현대에 와서 띄어쓰기를 하도록 한 것은 읽기 쉽고, 이해하기 쉽도록 하기 위한 것인데, 지나치게 띄어쓰기를 고집하기보다는 오해가 없는 한에서 붙여 쓰는 것을 허용하는 융통성을 두면 어떨까 하는 생각이 든다.

외국어로서 한국어교육은
언제부터 시작했을까요?

역사 이야기에 나오는 '도래인, 표류인, 귀화인'들이 한국 땅에 들어왔을 때, 한국어는 누가 가르쳐 주었을까? 고려 고종 때에 황해도 땅으로 표류 후 망명했다고 전해지는 베트남 왕손 이용상과 그 후손인 화산 이씨, 조선 인조 때에 제주도에 표착해서 평생을 한국에서 살며 원산 박씨의 시조가 되었다는 일화를 남긴 박연(벨테브레이) 등 역사 속에는 한반도에 성인이 된 이후 도래한 사람들이 있는데 이들은 어떻게 낯선 한국의 언어와 생활에 적응했을까?

우리에게도 잘 알려진 〈하멜표류기〉(정식 서적명은 '스페르베르 호의 불운한 항해일지'라고 한다. 수기라기보다는 자신이 장시간 조선에 억류당한 것을 세세히 적어 산재 보상을 받기 위한 보고서 성격이 있는 책이다.)에는 한양에 압송된 자신을 처음 취조하기 위해 조선 무관 옷을 입고 들어온 박연과의 만남이 기술되어 있다. 이 책에는, 박연은 하얀 피부와 붉은 머리, 푸른 눈을 가진 자신과 같은 키 큰 사람이 취조를 하러 들어와 "서툰 네덜란드 말로 말을 건넸으나, 나는 그의 말을 정확히 이해할 수 없었다."라고 적혀 있다. 대략 20년 사이에 박연은 모국어인 네덜란드어를 잊어버린 것이다. 그에게 처음 한국어를 가르쳐 준 사람은 누구이고, 어떤 사연들이 숨어 있었을지 생각해 보면 궁금한 것이 한두 가지가 아니다.

역사서를 보면 문득문득 서로의 말을 배웠다는 얘기는 자주 찾아볼 수 있다. 예컨대 『속일본기(續日本紀)』에는 대략 760년 무렵 일본 조정에서 '미노와 무사시 지역 젊은이들을 20여 명 뽑아 신라어를 학습하게 했다.' 등의 기록이 있고, 『동국통감(東國通鑑)』이나 같은 역사서에서도 '언어가 통하지 않아서', '이를 통역하여 익히게 하고' 등의 기사(記事)가 나오는 것을 들어서 어떤 이유에든 서로의 언어를 배우게 했다는 것을 발견할 수 있다.

여기서 우리가 한번 짚어봐야 할 개념은 '습득(習; acquisition)'과 '학습(學; learning)'이다. 이 부분을 명확하게 하지 못하면 언어 계승(heritage)과 교육(education)을 분간하지 못하게 된다. 언어가 다른 집단이 교류하게 되면 자연히 서로 다른 언어를 자각하게 될 것이고, 그 언어를 익히거나(습득) 배우는(학습) 행위는 필연적으로 일어나게 될 텐데, 자연스럽게 터득하는 습득은 교육의 행위와는 다르다. 외국어를 배우고자 하여 절차나 순서를 두어 교수·학습하게 되면 이는 외국어 '교육'으로서 그 자릿값을 매길 수 있을 것이며, 여기에서 이 순서나 절차를 효율적으로 하고자 혹은 최소한의 교육 내용을 열거하고자 하여 서지나 문헌의 형태로 구성하게 된다면 이것은 곧 교재 개발의 행위로서 인정할 수 있을 것이다.

흥미로운 책 중에 고려 시대 송나라 사신 손목(孫穆)이 고려 어휘 350여 개를 수집하여 사물의 유형에 따라 범주별로 기술한 『계림유사(鷄林類事, 1103년경)』라는 책이 있다. 이 책은 기본적으로 '○曰●(○=송나라 한자, ●=고려 발음)'로 이루어져 있다. 예컨대, '一曰河屯(일왈하둔(하나))', '鬼曰幾心(귀왈기심(귀신))' 등과 같은 식이다. 이런 종류의 서적은 한국어를 배운 흔적으로서 고려어 개인 학습장(學習帳)임에는 분명하나 한국어 교재라고 성격을 규정하기는 어렵다.

오늘날의 관점에서 '외국인이', '한국어를 배우기 위해', '실재한 교육 기관에서', '교수·학습 절차와 행위'를 고려한 자료가 언제부터인지를 까다롭게 본다면 그 결론은 1727년 한국어 통역자 양성을 위해 대마도(쓰시마) 후추번(対馬 府中藩; 혹은 이즈하라번(嚴原藩))에 세워진 "한어사(韓語司)"를 본격적인 의미의 교육 기관으로, 여기에서 아메노모리 호슈(雨森芳洲)가 1705년 전후로 집필한 『교린수지(交隣須知)』를 한국어 학습을 위한 목적의 교재 개발로 추정할 수 있다. 이를 전신으로 하여 훗날 1872년(고종 9년) 대마도의 외무성 이즈하라 한어학소(韓語學所)로, 1873년 부산의 외무성 초량 한어학소로, 1880년 도쿄의 동경외국어학교(현 동경외국어대학교) 조선어과로 이어지며 대학 전공 교육과정으로 이어진다.

19세기 말엽부터 한국어 교재의 개발은 일종의 전기(轉機)를 마련하게 된다.

이 시기는 조선이 외국 여러 나라에 개항을 하여 서양 문물과 문화가 들어오기 시작하고 국외에서 '한국(조선)'이라는 나라의 문화와 언어를 새롭게 인지하고 접근하기 시작한 때이다. 외국인들이 본격적으로 외국어로서 한국어를 받아들이고 학습하기 시작하면서 이전과는 확연히 다른 모습으로 여러 권역의 저자들이 다양한 목적(선교, 외교, 무역, 군사 등)으로 교재를 개발하게 된다. 한국의 접경지를 중심으로 여러 나라에서 온 서양인들과 인접국의 연구자들이 한국어 교재를 만들었고, 그 수량이 많은 것은 아니었지만 회화서, 문법서, 독본에 이르기까지 그 종류도 다양해졌다. 또한 1880년 동경외국어학교, 1897년 러시아 상트페테르부르크대학교의 한국어과 전공이 개설되는 등 대학 수준의 한국어 교육이 이루어지기 시작했다.

이 흐름 속에서 일어났던 여러 가지 에피소드, 책과 인물에 얽힌 이야기 등 여러 가지 소개하고 싶은 것이 많지만, 그중 단 하나만 소개하자면 단연 존 로스(J. Ross)와 그가 지은 한국어 교재 『Corean Primer』를 빼놓을 수 없다. 영국 스코틀랜드 연합 장로교회 선교사로 중국에 파송된 로스는 조선 땅에서 선교하고자 거처를 선양(瀋陽)으로 옮기고 지금의 단둥(丹東)에 가까운, 의주 건너편 지역인 고려문(高麗門)을 수시로 다니며 한국어 선생님을 찾았다. 그러다가 의주 출신의 행상인이자 중인 계층인 이응찬(李應贊)을 처음 만나 당시의 조선어를 배우고, 그 내용을 다음에 올 사람들을 위해 교재로 만든다. 이 『Corean Primer』 제1과의 첫 내용이 바로 한국어 선생님을 처음 만나 선생님으로 모시는 장면이다.

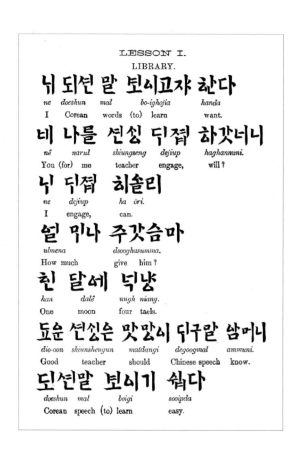

로스: "나 조선 말 배우고자 한다."

이응찬: "네 나를 선생 대접 하겠는가?"

로스: "내 대접 하오리다." (몇 번의 대화가 오간 후)

이응찬: "조선말 배우기 쉽다."

사실 누가 말한다고 지정되어 있지는 않지만, 로스와 이응찬의 대화가 그야 말로 생생하게 상상 속에서 살아난다.

한국어를 가르치고자 하는 예비 선생님, 그리고 지금 한국어를 가르치고 있 는 선생님 모두 오늘날의 이응찬과 같은 사람들이다. 이응찬은 로스가 느낀 한국어에 대한 목마름과 간절함을 헤아려 "한국어는 배우기 쉽다."고 격려한다. 학습 자인 로스에게 동기를 부여해 주는 한국어 선생님의 모습은 예나 지금이나 다를 바 없다. 간혹 한국어교육이 21세기가 다 되어서야 갑자기 부흥한 영역인 것처럼 생각하는 이들이 있다면, 다시 한번 우리의 선배들이 한국어를 가르쳐 온 면면한 역사를 되새겨 보고 그 모습을 상상해 보는 것도 좋은 기분전환이자 자극이 될 것 같다.

※ 존 로스의 『Corean Primer』는 국어학사에서도 띄어쓰기가 나타난 최초의 문헌으로서 가치가 있다. 이 책은 훗날 5년 뒤에 『Korean Speech』라는 이름으로 개정판이 나오는데, 이 모두 한국 어 교재 역사에서 매우 의미 있는 자료이기도 하다. 『Corean Primer』는 '인터넷 아카이브'를 통 해 전체 내용이 공개되어 있으니 한번 살펴보기를 바란다.

• Ross, John(1841-1915), 〈Corean Primer: Being Lessons in Corean on All Ordinary Subjects, transliterated on the principles of the "Mandarin primer", by the same author〉 https://archive.org/details/ coreanprimerbein00rossrich/mode/2up

'한국어교육'에 큰 영향을 준 정책은 무엇이 있었나요?

한 학회로부터 '한국어 교재의 변화 방향'을 주제로 장기적이고 거시적인 전망을 나누어 달라는 요청을 받았다. 발표를 위해 찬찬히 한국어 교재와 정책들을 둘러싼 연구들과 정책 결과들을 정리해 보니 오늘날의 한국어교육이 있기까지 정말 크고작은 결정들이 있었다. 이 결정들은 마치 운명처럼 한국어교육에 적지 않은 영향을 끼치고 한국어교육 발전의 '역사'가 되었다는 것을 확인할 수 있다.

시간을 되짚어보면 2002년 1월에 한국연구재단(당시 한국학술재단)에서는 '한국어교육학'을 "학술연구분야 분류표"의 사회과학 분야 중 독립 학문 영역으로 설정한 사건부터 보인다. 물론 한국어교육을 다루는 연구 학문 활동은 이 시기 훨씬 전부터 이루어졌고 장기간 그 틀을 모색하고 구성해 왔지만, 이 2002년 1월의 공표는 분명 한국어교육학이 (최소한 한국 학계에서) 하나의 분과 학문으로서 공식적인 독립을 인정받은 상징적인 사건이라고 할 만하다. 이렇듯 한국어교육은 2000년을 전후하여 신생 분과 학문으로서 학계를 떠나 일반 대중들에게도 대단히 많은 주목을 받은 영역이다. 이른바 'K-콘텐츠'라고 불리는 한국 영화, 드라마, 대중음악이 어마어마한 인기를 누리고 예전에는 '그들만의 축제'로만 보였던 한류 문화 축제에서 한국어교육이 큰 상을 거머쥐게 되면서 한국어교육은 주목을 받게 되고, 각종 미디어의 화려한 조명을 받고 있다. 그래서 그런지 매년 '한국어의 보급과 확산'을 목적으로 한 정부와 단체들의 정책 사업은 확대일로에 있고, 적지 않은 예산과 인력이 투입되고 있다.

이러한 한국어교육의 아찔한 속도의 확산과 발전 속에서 과연 한국어교육은 바르게 방향을 잡고 나아가고 있을까? 한국어교육과 한국어 교재의 역사적 흐름을 따져 보는, 요컨대 '한국어교육사'를 다루는 몇몇 학술 연구에서 대체로 동의하듯이, 한국어교육은 2000년을 전후하여 "발전기" 혹은 "중흥기"라고 불릴 만한 단계로 들어서게 되는데, 이참에 이때를 기준으로 그간 한 20년 사이에 정책적으로 한국어교육에 무슨 결정들이 있었는지, 또 이를 회고해 보면서 어떤 교훈들이 있었는지 살펴봐도 좋을 것 같다. 앞서 발표를 요청받은 학술대회에서 필자는 총 아홉 가지를 언급했다. 자세한 얘기는 논문으로 미루고 우리가 잊고 있었던 사실 세 가지만 짚어보려고 한다.

첫째, 2000년 '한국어세계화추진위원회'의 결성이다. 당시 문화관광부(현재 문화체육관광부)는 '한국어 세계화 추진을 위한 기반 구축 사업'이라는 98년부터 시작된 프로젝트를 적극적으로 키워서 장관 직속의 '한국어세계화추진위원회'라는 것을 조직한다. 여기서 우리가 주목해야 할 것은 '세계화'라는 키워드이다. 지금은 정말로 상황이 바뀌어서 뜻밖이라는 생각이 들지만, 한국어교육에 국가 정책차원에서 한국 정부가 주목한 것은 '세계화'라는 구호를 내걸면서 시작되었다. 이미 오랜 시간이 흘러 잊혔지만, 98년 외환 위기와 IMF 구제금융 신청은 그간 대한민국이 쌓은 모든 탑이 다 무너질 수 있다는 위기감 속에 폐쇄적으로 성장해 온 한국이라는 나라가 신자유주의라는 개방적 흐름 속으로 취약하게 뛰어들수밖에 없는 시점이기도 했다. '세계화'라는 구호는 그 시기에 대단히 한국적으로 해석이 되어 우리 사회를 휩쓸던 논리였다. '글로벌 표준'에 국민의 피로감이 극도로 높아진 때, 우리 언어를 외국인들도 배우고 있고 배울 수 있다는 것은 일종의 신선한 전환이기도 했고, 어찌 보면 '세계화'라는 구호 속에서 자연스럽게 움튼 민족주의적 반대급부 같은 논리이기도 했다. 박찬호와 박세리가 세계 표준에서 '국위 선양'을 하는 차원에서 외국인들이 한국 각지를 돌며 산낙지와 홍어를 먹고, '한국 사람 다 됐네' 칭찬을 들으며 한국인들과 한국 음식을 예찬하도록(SBS "부르노와 보쳉의 한국이 보인다(2000)" 등) 미디어를 통해 끌어내고 보여주는 것이 일종의 자존심 같은 차원에서 이루어졌다. 실제로 이 당시 정책 문서나 학술서를 보면 '한국어 세계화를 통해 한국어를 전 세계에 보급함으로써 국위를 선양하고 민족 문화의 우수함을 알린다'와 같은 문구가 보인다. 현실은 그간 크게 바

꿰어서 이러한 표현들은 몹시도 어색하게 보이지만, 정책의 관성에는 이러한 모습이 여전히 보인다.

둘째, 2005년 '국어기본법'의 제정과 공포이다. 현재의 한국어교육 정책과 교재 개발 과정에서 국어기본법은 그 이전과 이후의 모든 것이 확연히 다를 정도로 큰 영향을 주었다. 19조의 조항에 따라 "국가는 (중략) 교육과정과 교재를 개발하고 전문가를 양성하는 등 국어의 보급에 필요한 사업을 시행하여야 한다."고 하였고 "문화체육관광부장관은 재외동포나 외국인을 대상으로 국어를 가르치려는 사람에게 자격을 부여하고, 자격증을 발급할 수 있다."고 하였기 때문이다. 이 법률에 따른 부칙을 통해 이전 '교원 인증제'의 체계가 '한국어교원 자격제'로 법제화되었고 외국인, 재외동포를 대상으로 한 한국어 교재 개발 또한 법률 근거에 따른 공적인 책무로서 해석할 수 있게 되었다. 법안 입안부터 공청회를 지나며 제정이 되는 과정, 이후 시행령이 이루어진 단계까지 다시 복기해서 살펴보면 오늘날의 한국어교육과 교원 양성 체계는 현재와는 상당히 다른 모습이 되어 있을 수도 있겠다는 생각도 든다. "한국 국적 학생 대상 학교 교육" 대 "비한국 국적 학습자 대상 성인/비교과 교육"으로, 즉 '국어교육'과 '한국어교육'으로 본격적으로 금을 긋는 일, 그리고 여기에 "재외동포 대상 비정규교육"으로 자리를 갖는 민족어 계승로서 (한)국어교육과 외국어로서 한국어교육을 구분할 수밖에 없는 영역 나눔도 이 시기에 이르러 분명해졌다. 어찌 보면 분명한 아(我)와 비아(非我)를 찾아내는 것이 지상 과제였던 때기는 하였으나 가면 갈수록 서로를 알지 못하면 스스로의 정체성을 확인할 수 없는 세 영역의 관계가 다시 두세 개의 정부 부처로 나뉜 것은 불가피하고 긍정적인 측면도, 또 필연적으로 부정적인 난점도 존재하게 되었다. 이와 관련해서는 2016년 문화부, 교육부, 외교부가 공동으로 발표한 '해외 한국어교육 지원체계 개선 세부 실행방안'에서 말 그대로 조마조마한 합의로 이어지게 되었다. 그런데 이 합의 방안도 6~7년 사이 다시 흐트러지는 상황으로 가는 것을 보면 법과 제도의 설정은 그 이후의 많은 것에 대해 큰 영향을 미칠 수밖에 없다는 것을 새삼 깨닫게 된다.

셋째, 2012년 세종학당재단이 출범한 것이다. 엄밀하게 말하면 1호 세종학당은 세종학당재단이 출범하기 전에 한국어세계화재단과 국립국어원의 주관하에 2007년 몽골 울란바타르에 문을 열었다. 다시 말하면 교육기관으로서 세종학당은 운영기관으로서 세종학당재단보다 먼저 존재한 셈이다. 당시 세종학당재단을 설립할 만한 법적 지위를 확보하기 위해 국어기본법을 2012년 8월에 따로 개정하였고, 이에 근거해서 10월에 세종학당재단이 출범을 하였다. 비슷한 상황으로 중국이 세계 제1호 공자학원을 서울에 2004년에 연 바 있는데, 이를 주관하는 교육부 기구인 '국가한반(国家汉办)'이 1987년 출범한 후 15년이 넘는 꾸준한 준비 끝에 '한어교 공정(汉语桥 工程)' 정책(2003)을 수립한 끝에 공자학원이 문을 연 것과는 상당히 대조적이다. 기민하고 신속하기로는 사실 그 어떤 나라도 한국을 따라올 수 없을 듯하다. 여하튼 세종학당재단은 공공 차원의 해외 한국어교육의 방향을 상당히 크게 바꾸어 놓았다. 설립 10주년을 넘는 시점에서 세종학당재단이 다시 어떤 방향에서 한국어교육에 의미 있는 기치를 제안하고 어떠한 영향을 미칠지 주목할 필요가 있다.

정부 차원의 한국어교육의 정책 변화와 다른 측면으로 한국어 교원의 신분의 안정성과 처우는 지난 20여 년의 시간 동안 거의 개선되지 못하거나 오히려 퇴보한 것이 사실이다. 겉으로 보기에는 한국어교육이 화려하고 크게 성장하는 것으로 보이지만, 한국어교육의 중추인 교원들이 자신들의 직업적 자존감을 높이고 유지하지 못하는 상황에 머물고 있는 것을 생각할 때 이 분야의 연구자이자 교육자로서 무척이나 안타깝다. 한국어교육 정책이 좀더 외형적인 결과물보다는 내적인 과정, 그리고 그 안에서 헌신하는 사람을 돌아보고 이들을 격려하고 이들의 역량을 키워주는 쪽으로 힘이 실렸으면 한다.

※ 위에서 언급한 학술대회의 발표문은 아래의 사이트에서 받아볼 수 있으며, 동영상을 통해 발표를 시청할 수 있다.

- 강남욱(2022), "한국어 교재 개발 방향의 역동적 변화", 한글학회 625돌 세종날 기념 전국 국어학 학술대회(2022. 5. 13.) 자료집. (https://hangeul.or.kr/27/11240671)
- 한글학회, 625돌 세종날 기념 전국 국어학 학술대회 실황 녹화 (https://www.youtube.com/watch?v=C_0lV3p-EDw&t=14862s)

한국어교육은 한국 사회에서
어떤 역할을 해야 할까요?

한국어가 세계의 언어 중 하나로서 지속해 온 역사 가운데 지금처럼 최고의 호황기도, 최대의 혼란기도 없었다는 말이 오간다. 국가 차원의 공공언어 지위를 제대로 얻지 못하고 홀대받았던 중세기, 식민 지배로 인해 말과 글이 동시에 핍박받았던 근현대기를 지나 한국어는 안으로 단일 언어로서 국민 교육과 행정의 확고한 기반을 마련했고, 밖으로 많은 동포와 외국인들이 배우고자 하는 언어가 되었다. 현재 한국어는 남한과 북한, 아시아와 미주의 재외 동포 등이 계승어 또는 제2언어로 사용하고 있다. 사용자 인구로는 8,170만 정도로 세계 23위권(2022, 에스놀로그(Ethnologue) 발표)의 언어로서, 전 지구적인 미디어 통신 환경이 만들어지면서 한국의 대중문화가 적극적으로 조명을 받고 있으며, 전자화된(digitalized) 문자로서 한글 역시 매우 높은 비율을 차지하고 있어 향후 발전을 기대해 볼 만하다.

한편으로 한국어 사용의 생태가 토의와 토론, 배려와 관용 등의 다양성을 포용하지 못하고 권위와 불통, 배타, 혐오 등으로 갈등의 국면이 광범위하고 심각하게 넓어지고 있다는 점은 대단히 우려할 만한 일이다. 이는 우리 사회의 갈등 수준을 짚어보는 것으로 대신해 볼 수 있을 터인데, 우리 사회 각각의 여러 요소 안에서 보이는 갈등 수준은 다른 나라에 비해 매우 심한 편임을 확인할 수 있다. 2021년에 발표된 OECD의 사회 갈등지수 글로벌 비교를 살펴보면, 우리는 조사대상 30개국 가운데 지난 2008년 갈등지수 4위에서 2016년에 3위를 차지하고 있다. 최근 상당히 입길에 오른 뉴스 중 하나인 영국 킹스칼리지의 사회 분열과 갈등에 대한 국제 조사를 보면(2021년 1월 발표), 한국은 조사한 12개의 지표 중

7개의 항목(이념, 빈부, 성별, 학력, 지지정당, 나이(세대), 종교)에서 1위를 차지하기도 했다. 짐작도 될 만한 것이, 당장에 누구나 보는 포털 사이트 뉴스 댓글에도 비아냥, 조롱, 헐뜯기, 편 가르기와 불통의 언어, 폭언과 비속어는 넘쳐난다. 각종 통계에 따르면 사회 갈등을 조정하는 데 들어가는 비용은 현재 GDP 27%～30%선이라고 하는데, 분석 모델에 따라 다르지만 대략 우리 국민 개인당 연 1,000만 원을 상회하는 금액이, 그래서 매년 최저 82조 원에서 최대 247조 원 정도를 갈등에 대처하고 갈등을 조정하기 위해 부담해야 하는 실정이다.

한국어교육이라는 관점에 서면 '소통 부재'와 '불통'은 '인권'과 '차별'의 문제로 옮겨서 접근해 볼 수 있다. 그리고 우리 사회의 문제로 돌려 보면 우리 사회의 언어 차별이 가장 예민하게 드러나는 이민자들의 정착 이슈인 '다문화', 혹은 '문화 다양성'이라는 주제로 논의가 자연스럽게 옮아가게 된다. 그리고 국내 이주자 및 소수 문화 집단에 대한 편견 및 인권 침해의 영역은 상당히 심각해지고 있다는 점, 다문화 정책의 일방적인 거부 반응을 보이며 편견을 조장하거나 확대·재생산하는 목소리도 적지 않다는 점을 함께 상기할 필요가 있다.

한국 사회가 다문화 사회로 이행해 나가는 데 있어 지금과 같은 소통의 방식을 유지하고자 할 경우, 한 세대 이내의 시간 안에 우리 공동체 안에 상당한 혼란이 일어날 것으로 예상할 수 있다. 기본적으로 우리의 언어소통의 방향과 언어정책의 방향은 양방향이기보다는 단방향이었고, 소통과 정책은 시혜적인 것이며, 질서도가 높아지는 것, 가지런하게 정비가 되는 것이 사회의 지향점이라고 보는 측면이 있다. 그러나 소통은 '정보를 나누어 주는 것'에 방점이 있는 것이 아니라 '정보를 서로 나누어 갖는 것'에 방점이 있고, 어떤 면에서는 '사람마다 각자 쉽게 익혀서 날로 씀에 편안하게 하자'는 세종의 정신이 바로 소통의 정신이다.

국립국어원의 '표준국어대사전'에서 '언어정책'을 표제어로 그 뜻을 찾으면 '국가가 그 나라에서 쓰는 말을 통일·발전시키려고 쓰는 정책'으로 정의를 내리면서 언어정책의 대표적인 것들로 '표준어의 규정, 맞춤법의 확립, 글자의 통일이나 개혁, 외국어 교육, 문맹 퇴치 따위'를 예로 들었다. 그러나 다양성을 가진 사회에서의 언어정책은 그 나라의 말을 반드시 '통일'하고 '일치'시키는 데 주목적이 있지 않다. 다문화 시대 사회 통합을 위한 언어정책은 일관된 기조 위에 우리가 합의하는 것들을 원칙으로 삼되, 무엇보다 사회 구성원 각자가 현재 서 있는 곳을 중심으로 가까운 곳부터 동심원을 그려 나가면서 그 구성원이 가까운 주변과 즐겁게 소통하고 그 소통을 통해 의견이 일치되는 경험을 확대시키기 위한 것으로서 그 의미를 새롭게 재정의해야 할 것이다. 즉 하향이 아닌 상향이며, 구심이 아닌 원심의 방향성을 갖는다. 요컨대 정책을 통한 통합은 통일이나 일치에 목적을 두어서는 안 되며, 진정한 '소통을 통한 통합'은 다원성에 기반하여 서로가 서로를 이해하고 인정하며, '말을 걸고', '말을 들을' 태도가 형성되는 것이다.

한국어교육은 이러한 시대에서 사회에 어떤 메시지를 던져줄 수 있을까? 단순히 언어로서 한국어를 가르치고 배운다는 의미가 아니라, 이 한국어교육을 한다는 행위가 사회에 주는 반향으로는 무엇이 있을까? 여기에 대해서는 네 가지의 의미를 한번 되새겨볼 필요가 있다.

첫째, 한국어교육은 '다른 한국어'를 듣고, '쉬운 한국어'로 말을 걸 줄 아는 언어문화 형성에 기여한다. 즉 외국인에게 한국어를 교육하는 주제뿐만 아니라 외국인들이 말하는 한국어란 무엇이며, 그것이 어떤 소통의 메시지인지 수용할 줄 아는 지식과 태도를 사회적으로 교육하는 역할을 수행할 수 있다. 불완전한 한국어라 하더라도 경청하고 성숙하게 들을 줄 아는 사회시민성은 한국어교육과 밀접하게 닿아 있는 문제이다.

둘째, 한국어교육은 한국어의 국제적 위상과 역할을 이해하기 위한 이론과 내용을 제공한다. 단순히 한국 사회와 한국 언어, 한국 문화를 떠받들거나 미화하는 내용이 아니라 세계 속에서 한국어가 어떤 위상이고 어떤 역할을 하고 있는지 중립적이고 냉정한 시선으로 한국 사회에 알려주고 보고해 줄 필요가 있다. 소위 '언어 전쟁'의 시대에 시장경제와 언어 권력(주목도)는 대단히 밀접하게 관련되어 있다. 즉 하나의 언어가 인기를 얻고 세력을 얻는 배경에는 철저하게 이 언어로 '경제적인 이익을 취할 수 있는가'의 문제가 내재된다. 우리 사회에서 여러 제2외국어들이 한때 각광을 받다가도 어느 순간에 인기가 식는 현상이 있듯, 한국어도 여러 요인들로 인해 인기를 얻다가도 사소한 이유로, 또 국제 관계의 여러 이해관계로 어느 날 그 인기가 급격히 식을 수도 있다. 한국어교육은 한국어를 선택하는 동기와 심리를 아울러 분석해 내는 일종의 현장지향적 영역으로서, 한국어의 국제적 위상과 역할을 이해하기 위한 단초를 제공할 수 있을 것이다.

셋째, 한국어교육은 배우는 한국어에서 익히는 한국어로의 전환에 기여한다. 우리 사회에서 언어를 배우는 것은 궁극적으로는 올바른 의사소통의 지식과 기술과 태도를 익히는 것일 텐데, 근래의 교과교육으로서 국어교육은 한국 사회의 구성원들이 가져야 할 한국어의 실천적 수행 능력이 아닌 한국어의 독서, 작문, 화법, 문법 등의 메타적 지식을 확인하는 차원에 머무르는 측면이 없잖아 있는 것도 사실이다. 한국어교육은 기본적으로 언어사용능력의 신장에 관점을 두고 있고, 철저하게 의사소통을 중심으로 하여 교육 내용을 구성한다. 교과로서 제공하는 내용적 지식은 상당히 미비하게 보일 수는 있겠지만, 학습자들이 습득해야 할 실천적이고 수행적 지식을 제공하는 것과 이를 응용하는 교수-학습의 기법에 대해서는 매우 적극적인 차원에서 언어를 다루고 있고 이에 대한 이론적인 토대를 쌓아가고 있어 국어교육학과는 대조가 된다. 이러한 대조점을 바탕으로 언어교육학이라는 상위의 범주 안에서 한국어교육이 줄 수 있는 시사점이 분명 존재할 것이다.

마지막으로 넷째, 한국어교육은 낯설게 보기와 다르게 보기를 통한 모국어 탐구의 장려를 촉진시킬 수 있다. 한국어교육은 연역 중심, 체계 중심의 문법관과 언어관을 넘어 사용 중심, 귀납 중심의 실천적이고 역동적인 언어관에 기반하고 있기에 언어에 대한 탐구 활동을 새로운 관점에서 제공해 줄 수 있다. 모국어로서, 모국어 화자에게 이루어지는 언어교육에서는 이른바 '모국어 직관'이라는 것이 제외되거나 논의되지 않는다. 한국어 학습자가 생산한 부자연스럽거나 미묘한 한국어 문장, 한국어 오류문에 대한 이해는 모국어 화자들은 미처 생각해 보지 못한 문법성과 어휘의 특질을 살펴볼 수 있는 기회를 주어 한국어를 과학적인 관점에서 탐구할 수 있는 좋은 소재가 된다. 이는 현실 언어에 대한 분석 능력과는 괴리가 생기는 연역적인 문법 학습에 의미 있는 자극을 줄 수 있다.

미래의 사회에서는 한 국가의 국민, 공동체의 일원, 제도와 행정에 귀속되는 집단주의적 관점을 극복하고 각 개인이 주체가 되어 생애주기 가운데 다양한 국가로 이주하고 옮겨가면서 능동적으로 공동체의 언어를 '선택'하는 사회적 행위자(social agent)로서 개인과 사회의 관계를 재정립하는 방향성을 갖고 있다. 이에 한국어 사용 공동체라는 것도 집단, 민족, 국가의 관점이 아닌 한국어를 선택한 주체들이 만나는 소통의 장으로서 받아들이고 이를 중심으로 한국어의 위상을 재정립할 필요가 있다. 이 지점에서 다시 한국어를 배운다는 의미, 한국어를 가르친다는 의미를 새롭게 해석하고 평생교육의 차원에서 재음미할 필요가 있다.

※ 이 글은 아래의 논문 ①을 재구성한 것이다. 한국어교육의 정체성이나 사회적인 역할이란 무엇인지에 대해 생각해 보고자 한다면 한번 참고해 볼 만하다. 또한 언어의 학습과 습득, 사용이 새로운 시대에 맞게 새로운 개념으로 정립되어야 할 필요성에 대해 언급한 연구로 다음의 논문 ②도 읽어볼 만하다.

① 강남욱(2018), "소통과 통합을 위한 한국어교육의 책무", 『교육논총』 38-1, 경인교육대학교 교육연구원. (pp.241-266)

② 박재현·김호정·남가영·김은성(2016), "한국어의 교육: 월경(越境)과 통합(統合)", 『국어국문학』 177, 국어국문학회. (pp.41-71)

※ 참고로 에스놀로그(Ethnologue)는 2020년 무렵부터 모국어와 제2언어 사용자를 모두 포함하여 언어 사용 인구를 계산하고 있다. 이전에는 면밀한 조사 없이 공용어로 지정된 국가의 인구를 더하여 산정하였는데, 그렇게 될 경우 실제 언어 사용자 수의 산정에서 오차가 생길 수 있어 제2 언어 사용자까지 포함하는 것으로 그 산정 방식을 수정하였다고 한다. 그 결과 한국어는 2014년 13위까지 보고된 적이 있으나 최근 에스놀로그 산정 방식에 따라 23위가 되었다. 실제 한국어 사용 인구 수는 큰 변화가 없다.

알아두면 쓸모있는 한국어 교육과정은 무엇이 있을까요?

'교육과정'이라는 말은 우리에게 '국가교육과정'으로 익숙하다. 대한민국에서 이 국가교육과정을 만들고 그에 따른 학업성취도나 수학능력 등 평가하는 대표기관이 한국교육과정평가원으로 매년 수능시험이 지나갈 때마다 언론을 통해 자주 접하여 낯설지는 않을 것이다. 군정기 때부터 시작한 한국의 교육과정은 번호순으로는 7차 교육과정까지 존재했고, 그 이후부터는 개정 연도를 붙여 2007 개정, 2009 개정, 2015 개정을 지나 2022 개정 교육과정 고시로 가고 있다.

한국어교육은 '국가 교육과정'이라고 할 수도 있고 아니라고 할 수도 있는 애매한 특성을 가지고 있다. 그 원인은 두 가지인데, 첫째 한국어교육은 전 세계에서 한국어를 배우는 어떤 현장이나 존재할 수 있기 때문에 이것을 '국가'라는 이름을 붙이기 어려운 동시에, 그럼에도 어느 수준에서 어느 정도의 숙달도 수준을 정하고 그에 따른 등급별 단어나 문법·표현형의 목록을 표준적으로 제시해 주어야 할 필요가 있다. 그래서 조금 더 국가 주도로 이에 대한 표준이나 참조할 만한 기준 문서를 제시해 줄 수 있을 것이다.

둘째 '국가 교육과정'은 기본적으로 학교 안에서 학령기 학생들을 대상으로 한국 안에서 이루어지는 교육에 효력을 갖는 것이다. 그런 점에서는 우리가 초중고등학교에서 배우는 '국어' 과목의 교육과정이 무엇인지는 명확하게 인지할 수 있다. 그런데 한편으로 한국 땅 안에서 학교 교육(공교육)의 대상 중 한국어가 모국어가 아닌 아동과 청소년이 있을 수 있다. 그 학생들에게는 우리에게 익숙한 '국어' 교과목의 수업을 받는 것과는 다른 취지의 교육이 제공되어야 할 필요가 있다. 그래서 또 '국가 교육과정'에서 학령기 학생들을 위한 공교육용 한국어교육 교육과정이 별도로 필요하다는 것을 감지할 수 있다.

근현대 교육학 이론에서 '교육과정(curriculum)'이라는 개념은 대학에서 교직 수업을 들은 독자들이라면 익숙하겠지만, 반드시 '계획과 준비 — 실행 — 환류와 평가'를 전반적으로 관장하는 체계적이며 모든 과정을 파악할 수 있는 문서로 정의된다. 그렇기 때문에 교육과정이라는 문서에는 '① 교육의 성격 및 목표, ② 교육의 내용, ③ 교육의(교수-학습의) 방법, ④ 교육의 평가'라는 네 가지 요소를 빠짐없이 포함하여 명확하게 기술해 주어야 한다. 그런 면에서 전체적으로 일목요연하게 배울 내용을 정리해 둔, 혹은 일정을 기술해 둔 계획 문서인 '교수요목(syllabus)'과 분명히 구분된다. 그렇다면 한국어교육에서 이런 구체적인 4요소를 구비한 문서를 제시할 수 있을까? 여기에 비교적 최근에 고시되고 공표된 네 가지 한국어교육과 관련된 '문서'를 소개한다.

(1) 국립국어원 발표, "국제통용 한국어 표준 교육과정" (최종판: 2017년)

한국어교육은 근본적으로 민간의 영역이고 성인교육의 영역이며, 내국인보다는 외국인의 영역이라 할 수 있다. 그래서 1959년 연세대학교 한국어학당의 설립 이후 재외 동포 교육용 한국어 교육과정과 교재, 그리고 한국 내 외국인 주재원과 유학생의 교육과정과 교재, 해외 각 대학들의 교육과정 교재가 제각각 존재했으며 그것을 당연한 것으로 여겼다. 그러나 고려대 3급 수료자와 서강대 3급 수료자의 수준이 같다고 할 수 있는지, 미국의 한국어과 3학년과 호주의 한국어과 3학년의 수준이 같다고 할 수 있는지 통용할 만한 기준이 없었던 것도 사실이었다. 1997년 한국어능력시험(TOPIK: Test Of Proficiency In Korea, 참고로 1997년 당시 이 시험의 영문명은 KPT였다가 2005년부터 TOPIK으로 바뀌었다) 시험이 시행된 이후, TOPIK으로 몇 급이냐는 것으로 어느 정도 숙달도를 확인할 수는 있었지만, 실제로 그 내용으로는 무엇이 담겨야 한다는 것을 구체적으로 제시하지는 못하는 상황이 2000년대 초반까지 계속되었다. 이러한 문제로 국립국어원에서는 2010년(1단계), 2011년(2단계), 2016년(3단계), 2017년(4단계)에 걸쳐 6급 체계의 한국어 등급 체계를 기준으로 소위 종합적인 교육 준거를 만드는데, 이를 가리켜 '국제 통용 한국어 표준 교육과정'이라고 한다. 사실 교육과정이라기보다는 등급별로 세부적인 해설을 담은 문서에 가까워 처음에는 '국제 통용 한국어교육 표준 모형'이라고 이름 붙였다가, 3단계 때부터 지금의 이름으로 변경했다. 현재 이 '국제 통용 한국어 표준 교육과정'을 기반으로 하여 국가 주도의 교재를 제작하고 있고, 국립국어원에서 제공하는 '한국어교수학습샘터'와 같은 공식 한국어 교육 자료에서 제공하는 표제어나 항목과 같은 정보에서 기준으로 활용되고 있다.

(2) 문화체육관광부 고시, "한국어 표준 교육과정" (2020년 고시)

언급한 것처럼 (1)의 "국제통용 한국어 표준 교육과정"은 일반적인 교육과정이라기보다는 한국어의 등급 체계와 등급체계에 따른 여러 세부 요소(듣기-말하기-읽기-쓰기, 주제, 문화, 어휘, 문법·표현)를 상세히 설명하고 있는 해설서에 가까운 문서였다. 따라서 이를 좀더 다듬어 교육과정 문서의 체계에 맞게 목표와 내용, 교수-학습 방법, 평가를 간명하게 제시한 공식적인 문서로 다듬어 문화체육관광부를 통해 정부가 고시한 공식적인 교육과정으로 만든 것이 바로 '한국어 표준 교육과정'이다. 이 교육과정 고시를 통해 한국어교육의 기본적인 교육철학이나 내용 체계, 영역 등이 분명하게 정리가 되었다.

(3) 교육부 고시, "한국어 교육과정" (2012년 고시, 2017년 개정 고시)

교육부가 고시한 '한국어 교육과정'은 '국어과 교육과정'과는 분명히 그 영역과 대상을 달리하여 한국어 의사소통 능력의 함양이 필요한 학생에게 기초적인 생활 한국어와 교과 학습에 진입할 수 있는 학습 한국어를 제공하는 것을 목표로 만들어진 교육과정이다. 2009년 개정 국가교육과정의 일환으로 2012년에 최초로 고시되었고, 2015년 개정 국가교육과정에 따라 2017년에 개정 고시가 되었다. 이 교육과정은 기본적으로 초·중·고에 재학 중인, 이주 배경으로 인해 한국어를 잘 구사하지 못하는 학생들을 대상으로 한 공교육 교육과정이므로, 교육부가 공식적으로 고시한 교육과정이라고 할 수 있다. 이 교육과정을 근거로 만든 교과서가 『표준 한국어』라는 것인데 글 마지막에 관련된 정보들을 얻을 수 있는 홈페이지를 덧붙이니 관심이 있다면 자세히 살펴보면 좋겠다.

(4) 교육부 발표, "해외 현지 초·중등학교 한국어 교육과정" (게시: 2021년)

위 (2)의 '한국어 표준 교육과정'은 한국과 한국어 안에서는 대표성과 표준성을 갖지만, 한국 밖에서, 또 다른 언어와 견줄 경우에는 통용성을 갖기 어렵다. 가장 극적인 예로, 최근 세계 여러 나라에서 중고등학교 정규, 혹은 비정규 외국어 교과목으로 한국어를 채택하는 경우가 많아졌는데, 이 나라에서 쓰일 한국어 교과서는 엄연히 해당 국가의 교육정책과 교육과정의 기조 위에서 이루어져야 하고, 또 다른 외국어(제2외국어) 교과목들과 병렬적으로 보았을 때 체계나 진도, 종착 수준이 비슷해야 한다. 해외 학교에서 외국어 교과로서 채택되고 있는 한국어의 개황을 살펴보면, 1999년 미국에 한국어반이 개설된 것을 시작으로 2020년 이후 30개국 이상의 나라, 1,800여 개 학교에서 한국어를 가르치고 있다. 그만큼 한국어가 학생들에게도 인기 있고, 배우고 싶은 언어가 되었다. 교육부에서는 교육국제교류의 차원에서 해외의 초중등학교에 한국어가 채택될 경우, 단계나 수준을 어떻게 제안하면 될지에 대해 고민하여 최근 여러 나라에서 여러 외국어 사이의 비교 기준으로 폭넓게 사용되고 있는 유럽공통참조기준(CEFR)을 도입하여 이를 기준으로 하여 이를 학령기 학생들에게 맞춘 버전을 만들었다. 이것이 2021년 4월에 발표된 "해외 현지 초·중등학교 한국어 교육과정"이다.

변화하는 시대에서 한국어는 다양한 매력으로 학습자들을 불러 모으고 있다. 아마도 현 시점에서 한국어의 가장 큰 매력은 한국의 문화 콘텐츠에 대한 선호로 여겨진다. 그러나 당연히 짐작하겠지만, 대중문화 콘텐츠와 특정 아이돌을 향한 관심과 열의는 유행에 따라 아주 빠른 순간에 뒤집어지고 바뀌는 것도 엄연한 사실이다. 한류와 한국어의 관계는 분명 긍정적인 관계지만 어느 순간 선순환이 아니라 악순환으로도 언제든지 바뀔 수도 있다. 긴 안목, 그리고 점진적이면서도 세심한 노력, 그리고 한국어를 향한 단기적 호기심이 장기적 학습 동기로 전환될 수 있는 지원하는 지혜로운 체계 구축이 그래서 필요하다.

※ 각종 교육과정을 확인하기 위해서는 다음의 사이트를 확인하면 된다.

- 국립국어원 한국어교수학습샘터(https://kcenter.korean.go.kr) : 상단의 링크 중 '연구자료-교육과정' 링크로 들어가면 (1)과 (2)에 대한 교육과정과 그에 따른 각종 연구자료를 살펴볼 수 있다.
- 한국교육과정평가원 국가교육과정정보센터(http://ncic.re.kr) : 좌측 배너 '우리나라 교육과정'의 링크로 들어가서 '전체 교육과정 보기-영역/교과목별'로 검색해 보면 (3)을 찾아볼 수 있다.
- 교육부 게시판(https://www.moe.go.kr/boardCnts/listRenew.do?boardID=350&m=0309&s=moe) : 교육부 홈페이지 상단 '정책-국외(유학)교육' 정책을 들어가 '해외 현지' 등으로 검색하면 2021년 6월에 게시한 (4)의 한국어판, 영어판 결과물을 확인할 수 있다.

한국어로 생존하려면
몇 개의 단어를 알아야 할까요?

어떤 사람이 전혀 언어를 모르는 낯선 곳에 갑자기 떨어지고, 그곳에서 죽지 않고 생존해 내려면 최소 몇 개의 단어를 알아야 할까? 이 질문은 간혹 추리 소설이나 우리의 상상 속에서 떠올려 보는 질문의 하나이기도 하다.

1627년 제주도에 표류하여 평생을 조선 땅에서 살았던 박연(朴淵, 얀 야너스 벨테브레이)이라는 사람이 있었다. 그는 일본으로 항해하던 중 제주도에 표류하여 독신으로 한국어를 사용하는 조선땅에 홀로 남겨졌고, 26년 후에 그를 만난 하멜은 그의 수기(흔히 "하멜 표류기"라고 불리는 그 책)에서 '그는 서툰 네덜란드 말로 나에게 무슨 말을 건넸으나 나는 그의 말을 제대로 알아들을 수 없었다.'라고 기록하고 있다. 그는 조선인 아내와 함께 가정을 이루었고 무관이 되어 화포를 담당하는 공무원이 되어 있었다. 그는 어떻게 그 누구도 한국어(당시의 조선어)를 가르쳐 주지 않는 환경에서 한국어를 익혀 살아남았을까? 최소한의 의사소통을 하기 위해 얼마만큼의 시간이 걸렸고, 그때 몇 개의 단어를 알았을까?

인간이 한 공동체에서 살아남기 위한 '생존에 필요한 최소한의 단어 개수는?' 이러한 질문에 처음으로 학술적인 의미의 대답을 내놓은 사람이 스와데시(M. Swadesh)라는 언어학자이다. 그는 역사언어학자로서 오랜 연구와 경험을 통해 언어에서 대체로 변하지 않는, 가장 기본적인 어휘를 목록을 작성했다. 여기에 속한 어휘들은 외래어의 영향에도 잘 변하지 않는 원소적 특성이 있는 것, 예컨대 '나, 너, 길다, 작다, 뱀, 숲, 피, 뼈' 따위의 단어 목록이다. 첫 기본어휘 버전인 1952년판에는 약 215개 정도를 제시하였고, 몇 번 수정을 거듭하다가 그의 사후인 1971년 정리된 100개의 목록은 서로 다른 언어들 사이의 친족관계를 밝히는 과정에서 아주 활발하게 사용하여 어휘통계학, 역사언어학 등에서 자주 인용되는 도구가 되었다.

그의 기본 어휘 목록은 2009년 '라이프치히-자카르타 목록(Leipzig-Jakarta list)'으로 새롭게 재구성된 바 있다. 스와데시 리스트가 가진 직관성을 극복하고자 세계 각지 41개국 언어학자들이 이른바 '차용어 유형론 프로젝트'를 발족하여 가장 많은 언어에 나타나며 가장 덜 차용되는 100개의 단어 목록을 만들었다.

이러한 스와데시 리스트나 라이프치히-자카르타 목록은 언어학적인 관심에서 비롯된 것이기에 외국어 교육에서 가질 만한 관심사와는 약간 다르다. 외국어 교육에서는 한 언어 공동체에서 의사소통을 위해 알아야 할 최소한의 단어에 초점을 맞춘다. 이를 가리켜 '기초 어휘(basic words/vocabulary)'라고 하는데, 아마 한국어 교사가 되기 위해 '한국어 어휘교육론' 등의 강의를 수강했다면 이 용어는 이미 알고 있을 수 있다.

한 가지 관심을 가지고 짚어보아야 할 것은, 한국어의 '기초 어휘의 개수' 혹은 '초급 등급의 어휘 목록'과 관련된 것이다. 이와 관련해서 외국어 교육(영어 교육) 영역에서 1930년대 만들어진 850개 단어 목록으로 제시한 오그든(Charles K. Ogden)의 'Basic English'이다. 그는 1932년에 7,500개의 사용빈도가 높은 영어 어휘를 이 850개의 단어만을 사용해 뜻풀이한 'Basic English Dictionary'를 만들기도 하였다. 즉 850개의 단어를 알면 7,500개에 대한 설명을 이해할 수 있다는 이치이다.

그렇다면 한국어도 대략 900~1,000개 정도의 어휘를 알면 일상생활을 하는 데 별로 지장이 없는 한국어 능력 수준이 될까? 아직 체계적 연구가 이루어지지는 않았지만, 그렇지 않다는 데 학자들의 의견이 모아지고 있다. 아래 〈표〉는 언어에 따라 일상 언어생활에 얼마나 많은 어휘가 필요한지를 보여주는 연구 결과인데, 한국어는 영어와 상당한 차이가 있음을 알 수 있다.

〈표〉 어휘 수와 점유율(송영빈, 2000: 38에서 인용)

언어 어휘수	영어	프랑 스어	스페 인어	독일어	러시 아어	중국어	한국어	일본어
1~500				62.83(512)	57.5	63.1	51.3	51.5
1~1,000	80.5	83.5	81.0	69.20(1,022)	67.46	73.0	61.4	60.5
1~2,000	86.6	89.4	86.6	75.52(2,017)	80.00	82.2	71.2	70.0
1~3,000	90.0	92.8	89.5	80.00(3,295)	85.00	86.6	75	75.3
1~4,000	92.2	94.7	91.3		87.5	89.7	79.9	77.3*
1~5,000	93.5	96.6	92.5	88.13(4,691)	92.0	91.7	81.3	81.7

(* 일본어의 경우 77.3는 1~3,500어휘 구간임)

위 〈표〉에서 알 수 있듯이, 영어는 약 1,000개의 단어가 일상의 언어생활에서 약 80%를 차지하는 데 비해, 한국어는 일상생활의 80%의 어휘를 알아들으려면 거의 5,000개의 단어를 알고 있어야 하는 것으로 나타난다. 그만큼 한국에서 '생존'하기 위해서는 알아야 할 어휘의 학습량이 분명 영어보다 많다는 것이다.

이렇게 한국어의 기초 어휘가 많은 이유에 대해서는 다양한 추정이 가능하다. 여러 가지 의견들이 제시될 수 있겠지만, 한국어에서 고유어계와 한자어계의 어휘가 동시에 모두 필수 어휘이고, 이들 두 계열의 어휘를 모두 알아야 일상적인 생활을 할 수 있다는 점에 있이 영어와 다르다. 간단하게 예를 들자면 '이'라는 고유어 단어도 알고 '치(齒)'라는 한자어 단어도 알아야 일상대화도 하고 병원에서 최소한의 치료를 받을 수 있는 것이 한국 언어 환경이라는 것이다. 실제로 한국어에서는 고유어계와 한자어계가 모두 필수 어휘이자 기초 어휘가 되는 경우가 많다. 당장에 한국에 온 이주자의 경우 '이름'이라는 단어도 알아야 하지만 '성명'이라는 단어도 알아야 출입국사무소나 주민행정센터에서 원하는 업무를 볼 수 있다.

한편으로 한국어 언어생활의 80%에 해당하는 5,000개 수준의 어휘는 어떻게 정하느냐의 문제도 중요하다. 국립국어원에서는 2003년 한국어에서 가장 빈번하게 쓰이는, 즉 빈도수가 높은 필수 어휘 목록에, 전문가들이 이를 평정해 보고 목록상 공백을 채우거나 보정해야 할 것들을 가려 '한국어학습자용총어휘목록'으로 총 5,965개(A등급 982개, B등급 2,111개, C등급 2,872개)를 제시한 바 있다. 그리고 이와는 조금은 별도의 과정으로, 2017년 '국제 통용 한국어 표준 교육과정'을 통해 초급 단어 1,835개(1급 735개, 2급 1,100개), 중급 단어 3,855(3급 1,655개 4급 2,200개)를 제시하면서 초중급 합계 5,690개 정도로 하여 모국어 사용자의 약 80% 수준을 맞추어 등급 어휘 능력을 제시한 바가 있다.

여기서 중요한 점은, 기초 어휘 수가 많다고 해서 그 언어가 반드시 배우기 어려운 언어가 되는 것은 아니라는 것이다. 인간의 지능은 기초 어휘의 개수가 2배 차이가 난다고 해서 언어 학습까지 2배로 비례해서 어렵게 느끼지 않는다고 한다. 가르치는 사람의 지혜와 더불어 체계적인 교수법이 마련되어 있다면 충분히 극복이 가능한 차이라는 점도 두루 알아두었으면 한다.

옥스퍼드 영어 사전에 'daebak(대박)'이 있다고요?

최근 한국의 문화 콘텐츠가 대단히 전 세계적으로 큰 인기를 얻으면서 한국 어로 된 콘텐츠가 어떻게 각 나라 말로 옮겨야 하는가에 대한 문제가 진지하게 다루어지고 있다. 2020년 아카데미 작품상을 포함해 4개 부문 수상으로 크게 주 목받은 영화 〈기생충〉을 번역한 영화 평론가이자 배우, 또 번역가인 달시 파켓 (Darcy Paquet) 씨는 해외에 소개될 한국 영화를 번역할 때 한국어 단어 하나하나, 표현 하나하나에 신경을 쓰지 않을 수가 없다고 하면서 이제 "'오빠'와 같은 단어 는 이제 'oppa'라고 써도 될 듯하다."는 언급을 남기기도 했다.

이제 어떤 면에서 한국어 단어 '오빠'를 'oppa'라고 쓰는 편이 관객과 독자의 이해를 훨씬 더 빠르게 해 주는 방법일지도 모른다. 그만큼 그 단어가 한국 문화 에 관심이 있는 영어권 사람들에게 굳이 별도의 어휘를 동원하지 않더라도 충분 히 이해할 수 있는 맥락이 될 만큼 보편적 단어가 되었기 때문이다. 그리고 'oppa' 라고 해야 그 뉘앙스, 말맛, 등장인물의 심리 등이 정확히 표현될 수 있다는 것도 인지하게 되었다고도 할 수 있다. 실제로 한국 가수들의 팬들 사이에서는 게시판 이나 사회소통망(SNS), 유튜브 댓글에 'oppa', 'unni'를 붙여 자신들이 응원하는 아 이돌을 호칭하는 것이 아주 자연스러워졌다. 그리고 그게 더 근사하고 멋지게 보 인다고 생각한다.

2021년 9월 영국 옥스퍼드 영어 사전(Oxford English Dictionary)에 한국계 단 어 26개가 새로 등재되었다. 옥스퍼드 영어 사전, 흔히 OED라 불리는 이 사전 은 1884년에 출간되어 11세기 중반부터 현재까지 영어권에서 사용돼 온 단어

60만여 개를 수록하고 있는 권위 있는 영어 사전 중 하나이다. 이 사전에 한국계 어휘가 처음 등장한 것은 1976년으로 거슬러 올라가고, 이때 'kimchi(김치)', 'makkoli(막걸리)' 등의 단어가 등재되었다고 한다. 이후 약 45년 동안 24개 정도의 한국 기원 어휘가 이 영어 사전에 올라갔는데, 2021년 9월에는 단번에 26개의 단어가 한꺼번에 올라가게 된 것이다.

새로 오른 단어들은 그야말로 한국 문화가 세계적인 영향을 미치고 있음을 반증하는 것이었다. 여기에는 드라마나 예능 프로그램에서 흔히 쓰일 만한 단어, 'aegyo(애교)', 'daebak(대박)', 'fighting(파이팅)', 'mukbang(먹방)', 'skinship(스킨십)' 등도 있고, 'banchan(반찬)', 'chimaek(치맥)', 'japchae(잡채)', 'kimbap(김밥)', 'samgyeopsal(삼겹살)'과 같은 한국에서 즐겨 먹는 음식들도 있다. 또 'Korean wave(한류)', 'K-drama(K-드라마)', 'K-, comb(K- 복합어)'와 같이 현재 세계인들에게 급속도로 친숙해지고 있는 한국의 문화 콘텐츠와 관련된 단어들도 있다. 그리고 'Konglish(콩글리시)', 'PC-bang(PC방)'과 같이 영어로서 신조어에 해당할 만한 어휘들을 받아들이기도 했다. 'oppa, unni, noona'와 같은 단어들도 이번에 들어갔는데, 'oppa'와 같은 단어들을 찾아보면 한국어의 사전적 의미라기보다는 영어권에 사용되는 'oppa'의 용례를 기준으로 뜻풀이를 한 것을 확인할 수 있다. 이 사전에서 'oppa'의 두 번째 뜻은 "2. An attractive South Korean man, esp. a famous or popular actor or singer." 즉 '매력적인 한국 남자, 특히 유명하거나 인기 있는 배우 또는 가수.'로 정의되어 있다.

옥스퍼드 영어 사전에 실린 표제어들은 한번 등재되면 절대 삭제하지 않기 때문에 그 선정에 대단히 신중한 편이다. 단순히 유행하고 있고 인기가 있다고 해서 올리지 않고 철저한 사전 조사를 통해 책과 미디어, 사회소통망(SNS)에 지속적으로 사용되고 있는지를 파악하고 대략 10년 정도 살아남아 있는 단어를 가려 심의위원들의 의견을 수렴한 후 올렸다고 한다.

한국의 미디어, 특히 소위 '국뽕' 유튜버들은 이 옥스퍼드 영어 사전에 한국 기원 단어가 26개가 실린 것을 한국 문화의 힘, 한국어의 저력으로 성취해 낸 쾌거처럼, 그래서 무슨 올림픽에 나가 금메달이라도 딴 것처럼 소개를 하고 있다.

한 일간지에서는 국립국어원도 아닌 옥스퍼드 사전이 '파이팅'을 한국어로 '공인'했다며 드디어 '파이팅'이 한국어가 되었다고 설명하기도 하였다. 그런데 정작 곰곰이 생각해 보면 대단히 모순적이고 당황스러운 상황임을 깨달을 수 있다. 먼저 이들 26개의 단어 중 상당수가 소위 '권위적인' 한국어 사전(예컨대 표준국어대사전)에 없거나 사용 용법이나 용례가 잘 반영되어 있지 않은 상태인 것도 놀랍고, 또 동시에 이들 단어 중 여러 개가 그간 소위 한국어를 황폐하게 만든다고 비판을 받던 '한글 파괴'의 주범들이자 순화할 대상이라고 지적당했던 단어라는 점도 우리를 혼란스럽게 한다. 그야말로 우리가 손가락질하며 '오염된' 단어들이라고 했던 것들이 해외에서 공인을 받자 그제서야 우리 문화의 힘과 저력을 '대영국 옥스퍼드 사전'에서도 인정해 준 대단한 사건이라고 말하는 꼴이 되어버렸다.

이참에 모순된 심리, 그리고 새 단어를 둘러싼 우리의 언어관, 사전에 단어를 정의하고 표제어로 인정하는 절차 속에 투영된 전문가의 인식 등을 우리는 한번 깊이 있게 성찰해 볼 필요가 있다. 외국인들이 한국어를 배우며 자연스럽게 받아들이고 즐겨 쓰는 이 단어들은, 한국어교육 전문가인 우리들에게 어떤 의미로 다가오는가?

※ 이 글과 관련하여 다음의 글을 참고하면 좋겠다.

- 서울신문 칼럼 [열린세상] 2022. 1. 18., 신지영 교수(고려대학교 국어국문학과) 기고, "옥스퍼드 사전에 오른 한국어를 보며" (https://www.seoul.co.kr/news/newsView.php?id=20220118029010)
- 한국일보 칼럼 [언어의 서식지] 2021. 11. 18., 백승주 교수(전남대학교 국어국문학과) 기고, "국어, 또는 매트릭스 ② 한국의 언어는 무엇인가?" (https://www.hankookilbo.com/News/Read/A2021111810270004508)
- Oxford English Dictionary [BLOG] 2021. 9. 6. Daebak! The OED gets a K-update(https://public.oed.com/blog/daebak-a-k-update)

한국의 마을 이름:
'대전(大田)'을 왜 '한밭'이라고 해요?

서울에서 경의선을 타고 문산까지 가는 전철을 타면 서울을 벗어나 고양시에 들어서서 몇 정거장을 가면 '강매역'이 나온다. '강매(江梅)'는 한자의 뜻으로 풀면, '강가의 매화' 정도로 번역할 수 있는데 강매역 근처에는 매화가 없다. 그런데 왜 마을 이름이 '강매'일까 궁금해졌다. 나중에 그 마을 토박이로 대대로 살아온 분에게 들은 이야기는 그 마을 이름이 강가의 작은 산밑에 있는 마을이어서 '가라뫼/가라메'이고 그렇게 지금도 부르고 있는데, 일제 강점기 일본 사람들이 '가라뫼'를 자신들이 좋아하는 매화와 연결시키면서 '강매(江梅)'가 되었다는 것이다.

현재 한국의 여러 지역이 행정 명칭과 전래 이름이 다른 경우가 많다. 지명이 달라진 것은 일제 강점기뿐만 아니라 그 이전 조선 시대, 고려 시대, 신라 시대를 거슬러 올라간다. 원래 마을이나 땅 이름을 한자로 바꾸면서 토박이 마을 이름에 한자 이름이 붙여져 복수 이름이 되기도 하고, 또 사람들이 이름에 다른 의미를 부여하면서 이름이 바뀌기도 하고, 외국어의 영향으로 원래 이름에 변화가 일어나기도 했다는 지명 연구 전문가의 설명을 들은 적이 있다.

한민족이 언제부터 한반도에 살게 되었는지 학자마다 주장하는 바가 다르지만 역사적으로 오천 년 이상 되었다는 것이 일반적 견해이다. 그 오랜 기간 살면서 한민족은 한민족의 언어로 물건 이름, 사람이름, 땅이름을 불렀을 것이다. 그런데 고유의 글자가 없어 한자를 빌려 쓰면서 고유의 물건 이름, 사람 이름, 땅이름을 한자식으로 고쳐 부르게 되었다. 특히 구전으로는 옛 이름을 그대로 쓰더라도 문서로 기록할 경우는 그 이름의 뜻을 반영하든지(훈차), 비슷한 소리를 내는 한자를 사용하든지(음차) 해서 표기를 하게 되었다.

『삼국사기(三國史記)』「지리지(地理志)」에 156개의 마을 이름이 기록되어 있다. 이에 따르면 신라 35대 경덕왕 16년에 당나라 제도를 본격적으로 받아들이고, 사람 이름도 땅이름도 한자로 바꾸어 기록하게 되어 많은 복수지명이 생겼다고 한다. 이들 땅이름은 삼국시대 한국어 연구의 중요한 자료가 되고 있다. 지명 기록은 『고려사(高麗史)』「지리지(地理志)」, 『세종실록』「지리지(地理志)」에도 여러 지명이 나온다. 한글 훈민정음이 제정된 후에 기록된 『용비어천가』 속에 훈민정음 주해가 달린 지명 자료는 지역의 한자 이름과 고유 땅이름 사이의 관계를 체계적으로 밝힐 수 있는 귀중한 자료가 되고 있다. '우현(牛峴)'을 '쇼재'로, '니현(泥峴)'을 '흙고개'으로, '마산(馬山)'을 '몰뫼', '石浦(석포)'를 '돌개'로, '사현(沙峴)'을 '몰애오개' 등으로 주해를 달아 둔 것은 당시 실제 마을 이름이 어떻게 불렸는지 파악할 중요한 자료가 되고 있다. 과거 문서상 한자 지명 기록에도 불구하고 산 이름, 마을 이름 등은 토박이말로 사람들 사이에서 불렸고, 이런 현상은 고려 시대, 조선 시대를 거쳐서도 이어져 왔다. 현재 큰 도시 이름 가운데 유일하게 순 한국어로 된 도시는 '서울'뿐이다. 서울도 과거에는 '한성(漢城)'이라고 기록하고 불렀으니 한자 땅이름의 영향을 짐작할 수 있다. 지역마다 '밤골'이 있고, '찬우물'이 있는데, 이를 '율곡(栗谷)리'로 바꾸고, '냉천(冷泉)동'으로 바꾸어 부르게 되었다. 현재 전라북도 익산시는 구 행정구역 이름이 이리시(裏里市)였다. 전주부 옥야현(沃野縣)이었는데 1906년 전주에서 분리되어 익산군에 편입되었다가 1912년 전라선과 군산선이 개통하면서 이리역이 생기고 1931년 익산면이 익산읍으로 되었다가 곧 이리읍으로 개칭되고 1947년 이리부에서 이리읍이 분리되어 시가 되면서 이리시가 되었다. 1995년 이리시와 익산군이 합쳐지면서 주민 의견을 수렴하여 익산시로 바꾸었다. 원래 이리는 전래 마을 이름이 '숩내'였는데 이것을 한자 의미로 바꾸어 이리(裏里)가 되었는데 1995년 통합시 이름에서 전통 이름으로 바꾸자는 의견이 우세하면서 익산시로 되었다. 대부분의 시와 군을 통합하여 통합시를 만들 때 군 이름보다 선호되는데 익산시는 군 이름이 최종 시 이름이 되었다.

한국의 많은 마을 이름이 그 마을과 관련한 산, 계곡, 강, 내, 못, 들, 우물 등의 특성을 따서 지어져 있음을 알 수 있다. 해안 마을의 경우에는 물, 바다 등과 관련 짓기도 하고, 해와 달, 비와 눈과 바람 등의 기후, 그 지역의 동식물과 관련한 이름도 자주 등장한다.

1980년대 민주화 운동이 일어나면서 마을 이름, 길 이름에 순우리말을 쓰자는 분위기가 있었지만 21세기 들어서면서 다시 영어 이름을 순우리말 이름보다 선호하는 사회 분위기로 바뀐 느낌이다. 새로 생기는 아파트 단지의 이름에 우리말 이름을 찾기 어렵고, 새로운 자동차, 화장품 등의 이름에는 우리말 이름을 기대할 수 없다. 전통적 마을 이름 붙이기 원리를 활용해서 최근 지형이나 날씨 등의 특색을 살린 마을 이름이 많이 나오기를 기대해 본다.

한국어에는 '내일'이 없나요?

한국어에서 때를 나타내는 기본 개념으로 때, 나절, 낮, 밤, 하루, 달, 해 등이 있다. 하루를 기준으로 날짜를 구분할 때, 현재의 날은 '오늘'이다. 지나간 날들을 가리킬 때 하루 이전의 날은 '어제', 어제 이전의 하루는 '그제', 그제 이전의 하루는 '그그제', 그리고 어제 이전의 며칠을 두루 뭉쳐 '엊그제'라고 한다. 미래에 다가오는 날들을 가리키는 말로 '내일, 모레, 글피, 그글피' 등이 있는데, 이상한 점은 '오늘, 어제, 그제, 모레, 글피' 모두 고유 한국어인데 '내일(來日)'만 한자어이다. 현재 '오늘'을 중심으로 과거와 미래를 가리키는 날들은 고유 한국어가 있는데 왜 '내일'만 없을까? 한국 사람은 내일이라는 개념이 없었을까? 그렇지는 않을 것이다.

한 언어의 가장 기본이 되는 기초 어휘와 개념들은 순수 고유어로 되어 있는 것이 자연스러운 원칙이다. 언어의 계통을 나눌 적에도 기본 개념어들이 일치하는가 아닌가는 계통을 나누는 중요한 기준이 된다. 예를 들어, 사람의 몸을 가리키는 '눈, 코, 입, 손, 발, 머리, 다리, 이, 혀' 등의 기본 어휘와 '하늘, 땅, 해, 달, 별, 비, 눈, 바람, 나무, 돌, 물, 풀, 꽃' 등 자연의 기본 어휘는 모두 고유 한국어로 되어 있다. 날짜를 가리키는 말, '오늘, 어제, 그제, 모레, 글피'가 고유의 한국어로 된 것은 어쩌면 당연한 이치라 할 수 있다. 그런데 왜 유독 '내일'만 고유 한국어로 되어 있지 않고 한자어를 쓰고 있을까?

'내일(來日)'은 한자 '올 래(來)'와 '날 일(日)'이 합쳐진 단어이다. '일(日)'은 한자 풀로 '날 일'로, 기본 훈이 '날'이지만 자전(字典)에 보면, '해, 햇볕, 날, 낮의 길이, 기한' 등의 뜻도 있다. 한자어 '내일(來日)'은 '올 날', 또는 '올 해'로 뜻풀이를 할 수 있는데, 이는 현재 한국어에서 사용하는 '내일'의 의미와는 다르다. '올 날'은 '미래(未來)'의 의미로 쓰이고 있고, '올 해'는 '금년(今年, this year)'의 뜻을 가지고 있다. 한자어 '내일(來日)'이 가진 원래 한자 훈으로 하면 '올 날' 또는 '올 해'가 된다. 그런데 왜 그런 의미로 쓰이지 않고 오늘과 모레 사이에 있는 미래의 하루인 '내일'이 되었는지 알 수가 없다. 가끔은 '내일'이 '다가올 앞날(올 날)'을 가리키기도 하지만 그 용례는 많지 않다.

국어학자들이 '내일'의 고유 한국어를 찾아내려고 애를 썼지만, 현재까지 뚜렷한 결과를 얻지 못하고 있다. '훈민정음' 창제(1443) 이전의 말소리를 정확히 기록한 것을 찾을 방법이 없고, 한국어와 같은 알타이 계열 언어에서 '내일'에 해당하는 단어들을 가지고 여러 가지 유추를 해 보려 했지만, 현재까지 합리적 설명이 가능한 근거를 찾지 못하고 있다.

송나라 손목(孫穆)이 지은 고려견문록 『계림유사(鷄林類事)』에 고려의 제도, 풍속 등 문화를 소개하면서 360개의 고려 어휘를 기록해 두었는데, 그 가운데 '내일'을 의미하는 고려어를 '轄載'로 썼다. 현재 한자음으로는 '할재'이지만 현대어 '이제, 어제, 그제' 등으로 미루어 보면, '할제' 또는 '하제'를 기록한 것이 아닐까 한다. 경상 방언에 현재도 쓰이고, 표준국어대사전에 올라있는 '후제(後-)'의 뜻풀이가 '뒷날의 어느 때'이다. 박경리 『토지』에도 "후제 크면 말 타고 총 들고 독립운동하자고."라로 나오는데, 현대어 '내일'이 '뒷날 어느 때'의 의미로 쓰이는 것을 고려하면, 고려 시대 '내일'은 '하제, 후제'일 가능성이 높지만 더이상 확증할 근거를 찾기 어려워 안타깝다.

한국에서 쓰이는 한자어 가운데 고대 중국의 한자어와 의미가 변하지 않은 대표 낱말로 '내일(來日)', '검토(檢討)' 등이 꼽힌다. 아마도 '내일'의 개념이 매우 기본적이고 자주 쓰이는 것이어서 그랬을 가능성이 있다. 고대 중국의 한자어 개념을 '내일'이 그대로 가지고 있다고 하지만 '미래'를 지시하는 '내일'보다 '오늘 바로 다음 날'의 의미를 가리키는 '내일'이 현재 한국어에서는 기본 의미라고 보아야 한다.

한국어는 중국 한자와 한자어를 빌려 썼지만 현재 중국어와 한자어의 개념이 변한 것들이 많은데 '내일'은 고대 중국에서 사용하던 개념이 그대로 한국어에 남아 있는 것이다. 한자 개념을 좋아하던 사람들은 '내일'과 같은 개념으로 '명일 (明日)'이라고 쓰기도 하고, 현재 중국어로는 '명천(明天)'이 한국어 '내일'에 해당하는 낱말이다.

날들을 지칭할 때 '날, 해'가 동시에 쓰이고, '지난 날/해, 온 날/해, 오는 날/해, 올 날/해' 등이 함께 쓰이면서 발음의 유사성이나 개념 구분의 혼란 등을 회피하기 위해서 한자어 '내일'이 '오늘 바로 다음 날'의 개념으로 확고히 자리 잡은 것이 아닐까 생각해 본다. 현재 한국 고대어의 정확한 형태와 발음을 밝혀내기가 거의 불가능한 상황이지만, '어제, 그제, 오늘, 모레, 글피(글페)' 등에 공통으로 존재하는 '날, 해(헤)'를 생각해 보면, '내일'은 이들 고유 한국어 날짜 이름 체계의 어지러움을 틈타 중요한 자리를 차지한 그야말로 굴러온 돌이 박힌 돌을 빼버린 대표적인 낱말임이 틀림없다.

기원전 108년 중국의 한사군 설치를 시작으로 한민족이 본격적으로 한자를 빌려 쓰기 시작하고, 신라가 당나라와 연합해서 한반도 통일을 이루어 유교, 불교 등의 종교와 교육 서적을 교류하면서 한자와 함께 지낸 세월이 이천 년이 넘었다. 언제 고유 한국어 '오늘 바로 다음 날' 자리를 한자어 '내일'이 빼앗았는지 확인이 어렵고, 이제 와서 되돌릴 수도 없으니, 한국어는 '내일'이 없는 언어로 살아가야 할 운명인지도 모른다. '고유 한국어로서 내일'은 없어졌지만 미래 발전 가능성으로서 '한국어 내일'은 밝아지기를 바란다.

저자소개

이창덕(李昌德)

경인교육대학교 국어교육과 교수. '질문행위의 언어적 행위에 관한 연구'로 박사학위를 받은 후, 국어교육 영역에서 화법(듣기, 말하기) 교육 연구와 교육을 해 왔다. 『삶과 화법』, 『화법교육론』, 『수업을 살리는 교사화법』 등 여러 권의 책을 썼으며, '대화분석과 국어교육' 등 여러 편의 논문을 썼다. 대화와 인간관계 개선의 길, 외국어로서 한국어교육에도 관심을 두고 있으며, 한글운동단체 '외솔회' 회장을 맡아 바른 우리말 쓰기 운동에도 힘을 쏟고 있다.

조형일(趙衡壹)

한국공학대학교 글로벌융합공학과 교수. '시소러스 기반 한국어 어휘 교육 연구'로 박사학위를 받은 후 한국어교육 영역에서 언어 본질에 대한 탐구와 문법, 어휘의 교육 및 교재 관련 연구를 꾸준히 펼쳐 왔다. 『한국어 교실 수업의 원리와 실제』, 『한국어문법론』 등 여러 권의 책을 집필하였다. '의사소통 기반 한국어 문법 교육 방향성', '환유 표현의 교육 원리와 방안' 등 여러 편의 논문을 썼다. 글로벌한국학의 시대에 세계 속 한국 사회와 문화 교육에도 관심을 두고 있으며, 국어교육과 한국어교육 관련 학술 단체의 임원(한국국어교육학회 부회장)을 맡아 활발히 활동하고 있다.

강남욱(姜南旭)

경인교육대학교 국어교육과 교수. '한국어 학습자를 위한 접속문 시간 표현의 교육 내용 조직화 원리 연구'로 박사학위를 받은 후, 한국어교육 영역에서 문법 습득, 교재사와 교재 평가, 교육과정 관련 연구와 교육을 해 왔다. 『한국어 교사를 위한 한국어학 개론』 등의 책과 『초등 징검다리 교과서』, 『온라인 세종학당 사이버 한국어 초급』 등 여러 교재의 집필에 참여하였으며, '한국어 학습자의 문법 습득 연구' 등 여러 편의 논문을 썼다. 여러 유관 학술 단체의 임원을 맡아 활발한 활동을 하고 있으며, 시대의 변화에 따라 일어나고 있는 학교 안의 언어 다양성과 언어 자원을 미래 한국 사회의 긍정적인 힘으로 만들 수 있는 교사의 역량을 키우는 데 관심을 두고 있다.

궁금하고 **알**아보면 **재**미있는
한국어 이야기

초판1쇄 인쇄 2023년 7월 28일
초판1쇄 발행 2023년 8월 16일

지은이   이창덕 조형일 강남욱
펴낸이   이대현
책임편집   이태곤
편집   권분옥 임애정 강윤경
디자인   안혜진 최선주 이경진
마케팅   박태훈

펴낸곳   도서출판 역락
출판등록   1999년 4월 19일 제303-2002-000014호
주소   서울시 서초구 동광로 46길 6-6 문창빌딩 2층 (우06589)
전화   02-3409-2060
팩스   02-3409-2059
홈페이지   www.youkrackbooks.com
이메일   youkrack@hanmail.net

ISBN 979-11-6742-398-6 03710